## Yazar Hakkında

Esra Ezmeci, İstanbul'da dünyaya geldi. 2008'de İstanbul Bilgi Üniversitesi İletişim Fakültesi'nin Halkla İlişkiler bölümünde lisans öğrenimini tamamladı. 2011 yılında ise İstanbul Haliç Üniversitesi'nde Psikoloji alanında yeniden lisans öğrenimi gördü. Bölümünü birincilikle tamamlayan Ezmeci, ardından aynı kurumda Klinik Psikoloji üzerine yüksek lisansa başladı. Yüksek lisansın ardından öğrenimine, Adli Bilimler alanında doktora yapmak üzere devam etti.

Kariyerine İstanbul Çapa Devlet Hastanesi'nin Psikiyatri bölümünde staj yaparak başlangıç yapan Ezmeci, sonrasında uzun yıllar boyunca İstanbul Zeytinburnu Balıklı Rum Hastanesi'nde Klinik Psikolog olarak çalıştı. Ardından kendi terapi merkezini kurarak, danışanlarına profesyonel destek vermeyi sürdürdü. Bireysel danışmanlık, aile-ilişki-evlilik danışmanlıkları, ergen psikolojisi, bağımlılık tedavisi vb. alanlarda klinik hizmeti vermenin yanında özellikle "Geçmiş Temizleme Terapisi" ve konuya yönelik kaleme aldığı makaleler ve kitaplarıyla farklı kitlelere danışmanlık vermeye devam ediyor. Uzman Klinik Psikolog Esra Ezmeci, *Süt Lekesi, Düştüğünde Kalkarsan Hayat Güzeldir, Kararı Ben Veririm, Kadınlar Sıcak Erkekler Soğuk Sever* ve *İz Bıraktığın Kadar Varsın, Vazgeçilmez Olmanın Sırrı* ve *Beni Neden Sevmedin Anne* adlı çok satan kitapların yazarıdır.

DESTEK YAYINLARI: 1867
PSİKOLOJİ: 43

**ESRA EZMECİ / CÜRET**



*İmtiyaz Sahibi:* Destek Yapım Prodüksiyon Dış Tic. A.Ş.
*Genel Yayın Yönetmeni:* Ertürk Akşun
*Editör:* Özlem Küskü
*Son Okuma:* Devrim Yalkut
*Kapak Tasarım:* Sedat Gösterikli
*Sayfa Düzeni:* Cansu Poroy

Destek Yayınları: Aralık 2023
Yayıncı Sertifika No. 43196

ISBN 978-625-6608-33-7


Abdi İpekçi Caddesi No. 31/5 Nişantaşı/İstanbul
Tel. (0) 212 252 22 42
Faks: (0) 212 252 22 43
www.destekdukkan.com
info@destekyayinlari.com
**facebook**.com/DestekYayinevi
**twitter**.com/destekyayinlari
**instagram**.com/destekyayinlari

Deniz Ofset – Çetin Koçak
Sertifika No. 48625
Maltepe Mahallesi
Hastane Yolu Sokak No. 1/6
Zeytinburnu / İstanbul
Tel. (0) 212 613 30 06

Uzman Psikolog

# ESRA EZMECİ

# CÜRET

*Meydan Okuma, Tabuları Yıkma ve Baştan Çıkarma*

# İÇİNDEKİLER

# 1. BÖLÜM

# GÜÇ NEREDEN GELİR?

## *Güçsüz Değilsiniz, Sadece Kontrolü Ele Almanız Gerekiyor*

*"Gücünüz olmayan şeyler üzerinde kontrol sahibi olmak yerine, üzerinde güç sahibi olduğunuz şeyleri kontrol altına almaya karar verdiğinizde hayatınızda inanılmaz değişiklikler olur."*

Pek çoğumuzun "Yeteri kadar iyi değilim, başarılı olmamın sebebi çoğu zaman şansımdı, ben zaten hiçbir şeyi beceremem, sevilmeyi hak etmiyorum!" diyen içsel diyalogları vardır. Çocukluğumuzdan itibaren yakın çevremizdeki insanların, rol modellerimizin, anne babalarımızın, öğretmenlerimizin zihnimize ektiği tohumlardır bunlar. Zamanla büyümüş ve köklerini tüm bedenimize dolayıp bizi sarıp sarmalamışlardır, öyle ki etimiz kemiğimiz gibi onlarsız bir yaşamı düşlemek zordur.

Zordur, çünkü pek çoğumuz bu içsel diyalogların farkında bile değilizdir, onları kendimizin doğal bir parçası sayarız, normalimiz haline getiririz. İçsel topraklarımızın en derininde gizlenmiş bu tohumlardan doğan mutsuzlukların, değersizliklerin asıl nedenini keşfedemeyiz. Bu gerçekçi olmayan diyaloglara inanmaya başladığımızda kendimize zulmetmeye başlarız, artık büyük bir düşmanımız vardır: Kendimiz! Sahi kaçımız kendine merhametli davranabiliyor hiç düşündünüz mü?

Genellikle diğer insanlara karşı daha sevgi dolu ve daha merhametli olma eğilimindeyken nedense konu kendimiz olunca daha acımasız davranabiliyoruz. Kendimizi sürekli eleştiririz, bir yerlerde doğru davranmadığımız için kendimize kızarız, yeteneksiz, beceriksiz, başarısız diye yaftalarız, girdiğimiz tüm mücadelelerin kaybedeni sayarız kendimizi.

Oysa bu içsel savaşların tek sebebi kendimizi yeteri kadar tanımıyor oluşumuzdur. Kendimizi tanımaksa neye cüret ettiğimizle alakalıdır, kendimize neyi değer gördüğümüzle, kendimizi neyle beslemek ve büyütmek istediğimizle ilgilidir...

Bir şekilde kendimizi bir dünyada buluruz, köklenmeye başlarız sonra... İlişkiler kurarız, öğreniriz, iş hayatına atılırız, evleniriz, anne baba oluruz. Ama mutlu ama mutsuz akıp gider hayatımız, kalbimize büyük hayaller ekeriz, aklımız hep olmayı arzuladığımız başka bir yaşamda takılı kalır. Bazen değişim isteği o kadar güçlü olur ki gücümüzü tüketir, depresyonun, tükenmişliğin kıyılarına vururuz. Pek azımız yaşadıklarının döngüsünü değiştirebilme gücünü almaya cesaret eder ve çemberi bir yerde kırar...

Bazen güçten düşer insan, sevmeye de gitmeye de takati kalmaz. Hele de son zamanlarda tüm dünya kaotik günlerden geçerken her birimiz daha umutsuz, daha çaresiz, depresif ve yalnız hissedebiliriz. Son birkaç yıldır tüm dünyanın üzerinde dolanan karabulutlar var, hem dış dünyada hem de kendi içimizde bunların etkilerini görüyoruz. Kendimiz üzerine daha çok düşünmek, geçmişimizle daha çok hesaplaşma eğilimindeyiz, terapi alan ve bu konudaki ihtiyacını ortaya koyan insan sayısı da hayli fazla.

Hayat koşullarının zorluğu ruh halimize de yansıyor. Belirsizliğin getirdiği kaygı, umutsuzluk herkesi etkiliyor. Haliyle bu durum ilişkilerimize, işimize, ailemize ve kendimizle olan içsel konuşmalarımıza da sızıyor. Kendimizi belki daha değersiz, daha yetersiz, daha ıssız hissedebiliyoruz.

Engeller her zaman dış dünyadan gelmezler, evet dünyada savaştan ekonomik krizlere kadar fırtınalar esebilir –ki tarih bunun eşsiz örnekleriyle doludur– ya da imkânsızlıklarla dolu bir hayata doğmuş olabiliriz. Belki bir kentte bile yaşamıyoruzdur, yaşadığımız küçük mahallenin içinde pek çok şeye ulaşmak bizim için ilk bakışta imkânsız da görünebilir. Oysa asıl engeller kendi içimizdedir ve onlar eninde sonunda önümüze dikilirler.

*Kendinizle hakiki bir tanışma*
*dürüstlükle başlar, dürüst*
*olduğunuzda kendi gücünüzü*
*ve potansiyelinizi keşfedersiniz.*

Kuru gürültüyü susturduğunuzda asıl konuşması gereken konuşmaya başlar: Gerçek benliğiniz. İşte gücünüzün kaynağı da burasıdır. Kim ve neye yaslanırsanız yaslanın, gerçekten kendinize yaslanmadığınız sürece her şey ama her şey yıkılmaya mahkûmdur. Gücünü asıl kaynağından alan hiçbir şey taklit değildir, o zarar etmez, gerçektir, paslanmaz ve çürümez. Bir ömür tüketeceğiniz sermayenizdir o. İşinizde de ilişkilerinizde de o sizin biricik rehberiniz ve pusulanızdır ve sizi asla terk etmez.

Gücü yeniden kazanmak için dürüstlük şarttır çünkü dürüstlük gücünüzü keşfetmek kadar zayıflıklarınızı görmeniz için de gereklidir. İşte hakikilik de buradan doğar. Zayıflıklarınızı kabul ettiğinizde onlara da nefes aldırmış olursunuz, her zayıflık kendini başka bir fırsata dönüştürme şansı yakalar.

Bu ne işe mi yarar?

Sizi özgürleştirir.

Yüzleşilen her zayıflık sizin güçlenmenize destek olur, çünkü artık nereye bakmanız ya da bakmamanız gerektiğinizi bilirsiniz. Bunu yerine onları yok saymak ya da bastırmak davetsiz bir misafirin yüzüne kapıyı kapatmak gibidir ama o kapının arkasında hâlâ beklemektedir.

Kendinizle ilgili takıntılarınızı abarttığınızda sürekli zayıf taraflarınıza oynarsınız, bedensel kusurlarınıza, kimi yetersizliklere, öğrenme kapasitenize, iletişim konusunda yaşadığınız problemlere, özgüven eksikliğinize, içekapanık olmanıza, bedensel görümünüze, konuşma ve kendinizi ifade ediş biçiminize, cinselliğinize ve daha pek çok şeye...

Her insan kendine yetecek kadar güçlü olmalıdır, hayatındaki insanların beklentilerini tatmin etmek için değil! Bir kadın için genel kanılar vardır, örneğin hem güzel olmalı, hem akıllı olmalı, hem aileyi evi çekip çevirmeli, hem de yuvasını korumalı... Ya da erkekler için, erkek babadır, evin direğidir, erkekler ağlamaz, güçsüzlüğünü asla sergilemez...

Bu tip cümleler insanı yetersiz ve değersiz hissettirmek için yeterlidir. Çocukluğundan itibaren bunları duyan her kız çocuğu yetişkinliğinde de bunları kusursuz bir şekilde yerine getirmek için çabalayacaktır, aynı şekilde bir erkek de kendini bulmadan rollerini savunmaya geçecektir. Ve nihayetinde herkes kendini bitkin, yorgun ve değersiz hissedecektir. Böyle bir yaşam anlam içermez, yapılanlar doyum getirmez ve adeta boşa kürek çekmek gibidir.

Bu kitap sizi olmayan biri haline dönüştürmeyi amaçlamıyor, aksine size yaraşır olan gücü hem de kendi içinizde barındırdığınız gücü yeniden keşfetmenizi sağlıyor. Kalkış noktanızı başkaları değil kendiniz yaptığınızda yaşamda arzuladığınız hedeflere ulaşmanız imkânsız olmayacaktır. Yeter ki kendiniz olmayı seçin, yeter ki buna cüret edin. Sadece kendinizi yaratma sürecine olan tutkunuz sizi aktif tutar, o zaman zorluklara daha kolay göğüs gerersiniz, vazgeçmeniz gerekenleri daha kolay bırakırsınız, kendinizi koruyabilir ve etrafınızdakilere de destek olabilir, bir rol modele dönüşebilirsiniz...

*Dürüstlük*
*kendiniz olmak demektir,*
*bir başkası olmak*
*demek değil...*

Doğada açan bir gül "Ben neden bir papatya değilim?" demez, avını yakalamak için atılan kaplan "Ben neden vejetaryen değilim?" diye kendine sormaz. Her şey ve herkes kendindedir ve doğa kanunları kendi yasalarımıza göre yaşamamızı söyler. İnsan insan gibi yaşamalıdır, güller gül gibi...

Peki siz yeteri kadar kendinizde misiniz?

Doğanıza, ruhunuza, aklınıza köklenmiş gerçek gücünüz ve potansiyelinizin farkında mısınız?

Nelere kabiliyetiniz var mesela, hiç o açılmamış kapılara gidip tıkladınız mı?

Uzanıp almak istedikleriniz için ne kadar isteklisiniz?

Nelere meyillisiniz, kırılmamış kabuğunuzun altında neler gizli hem de sizden habersiz?

İstediğiniz şeyi henüz keşfetmemiş olabilirsiniz ama eminim ki ne istemediğinizi gayet iyi biliyorsunuz. İstemediğiniz şeyleri hayatınızdan elemek ve istediğiniz şeyleri keşfetmek için ortalığı biraz toparlamanız, zihninizi berraklaştırmanız gerekecek. Gün içinde tonla düşünce zihnimizde bir solucan gibi dolanır, bazen zihin sesimiz o kadar yükselir ki tamamen kontrolü yitirir ve ona teslim oluruz ama o sesler bize ait değillerdir.

Bu kitapla birlikte içsel güce uzanan yolu birlikte adımlayacağız. Eylemlerle uyumlu olmayan bir donanıma sahipseniz sürekli takılıp düşersiniz, bu nedenle bu yolda gereken tüm bileşenleri nasıl bir araya getireceğinizi konuşacağız. Kendi doğanız hakkındaki gerçekleri ve gücünüzü keşfetmek, beden-zihin ve ruhunuzun uyumlu bir şekilde çalışmasını sağlamak, kendinizi terörize edici düşünce ve davranış kalıplarından kurtulmak, anlam ve amaç dolu bir hayat yaratmak, duyguların kölesi olmadan sakin ve dingin kalabilmek, manipülasyon döngülerinden kurtulmak, psikolojik dayanıklılık kazanmak, aşırı düşünme tuzağından kurtulmak, size güç verecek ve yaşantınızı yeniden organize edecek yasaları kavramak, iletişimde ustalık kazanmak, cinselliğinizin gücünü keşfetmek için derinlikli bilgiler, özel ve nokta atışı stratejiler sunacağım sizlere.

Korkmadan cesurca yaşayabilmek için gücünüzü elinize alma vakti. Çünkü yaşayabileceğiniz tek bir hayat var ve bu hayatı şekillendirebilmek içinse sadece bugününüz...

Ertelediklerimiz gelecekte pişmanlıklarınıza dönüşmesin. Henüz yaşamınızı değiştirebilme gücünüz varken yapın bunu. Hata yapmaktan da korkmayın, cesur olduğunuzda belki de yapacağınız muhteşem hatalarla gerçekleşecek dönüşümünüz. Her hata tıpkı zayıflıklarımız gibi bir fırsattır, iyi bir öğretmendir. Denemeden kendiniz için neyin en iyisi olacağını bilemezsiniz çünkü.

Bu sizin hayatınız! Hiç kimse sizin yerinize bu hayatı yaşayamaz, sadece siz yaşarsınız. Kendinize ve hayatınıza bakın, sevmediğiniz en ufak bir şeyi bile değiştirebilme gücünü elinize alın, kanıksamayın. Hayata da kendinize de meydan okuyun, yaratıcılığınızı ortaya koyun, kendinizi sabote etmeyin ve alan açın...

İnanın her şey kendiliğinden gelişecek.

Yeter ki isteyin ve cüret edin.

## Güç Nedir ve Nereden Doğar?

Güç, insan davranışı, sosyal etkileşimler ve zihinsel sağlık üzerinde geniş kapsamlı etkileri olan yaygın ve karmaşık bir kavram olarak karşımıza çıkar. Psikolojide güç, bireylerin veya grupların başkalarının düşüncelerini, duygularını ve davranışlarını etkileme yeteneğini ifade eder. Kendimizi ve başkalarını nasıl algıladığımızı, diğer insanlarla nasıl etkileşim kurduğumuzu ve hayatın zorluklarıyla nasıl başa çıktığımızı şekillendiren, insan ilişkilerinin dikkate alınması gereken temel bir yönüdür.

Güç başkalarını etkileme kapasitenizdir yani yaşamınızdaki insanları bir şey yapmaya, işbirliğine teşvik etme becerisidir ve bu iki yolla olur: Etkileme gücüyle ya da zorlamayla. Sosyal yaşantıda zorlamayla güç kullanımı cezalandırma, kontrol, manipülasyon, itaate teşvik ya da statü kullanımı yoluyla olur. Etkileme yoluyla güç ise saygı uyandırma, uzmanlık gücü, beceri, yetenek, zekâ gibi çeşitli meziyetlerle sağlanır.

İçsel güç için de çok sayıda tanım yapabiliriz. İrade, cesaret, kendine güven, öz-disiplin gibi tutumları içeren zihinsel dayanıklılık diyebiliriz örneğin ya da bir şeye başlama ve bitirme sürecinde yaslandığınız yüksek konsantrasyon ve inanç başka bir tanım olabilir. Her anlamda sizi ayakta tutan ve ilerlemenizi sağlayan şeydir güç.

Yaşama istikrarlı bir şekilde devam etmenizi sağlayan ve sizi zorluklarla uyumlu hale getiren davranışlar, tutumlar ve becerileriniz içsel gücünüzü tarif eder. Herkesin içsel güç kokteyli farklıdır, çocukluktan itibaren yetiştirilme tarzı elbette bu farklılığın sebeplerinden biridir, yine aynı şekilde karakter, mizaç, travmalar, içinde yaşadığınız toplum ve bağlantılı olduğunuz sosyal gruplar içsel gücünüzü etkiler.

Kimimiz kolay kolay pes etmez örneğin, kimimizse harekete geçmekte çok zorlanır. Her birimizin yaşam dinamikleri farklı farklıdır, bu nedenle yaşam yolundaki serüvenimizde de herkes kendi yolunu takip eder. Bu nedenle herkesin başvuracağı zihinsel ve duygusal kaynaklar başka başkadır.

İçsel gücümüzü keşfetmek için yaşama nasıl baktığımızı gözlemlemekle başlayabiliriz belki. Nasıl yaklaşıyoruz hayata? Korkak mıyız cesur mu? Şefkatli miyiz zalim mi? Sadece alıyor muyuz yoksa hayata kazandırdıklarımız da var mı? İlişkilerimizde nasılız, seviyor ve seviliyor muyuz? Sınırlarımız net mi? Nelerden vazgeçebiliyoruz? Alışkanlıklarımızın yerine kolayca sağlıklı olanı koyabiliyor muyuz? Kadınlığımızın ya da erkekliğimizin yeteri kadar farkında mıyız? Hayallerimiz uğruna savaşabiliyor muyuz?

---

*Güç iki türlü kullanılır:*
*Aydınlık ve karanlık tarafı*
*vardır onun. Her ikisi de bir*
*şekilde istediğini alır elbet ama*
*gücünüzü nasıl kullanmayı*
*seçeceğiniz*
*sizi siz yapar.*

---

İçsel gücü keşfetmek kadar ondan ne yönde faydalanabileceğinizi bilmek de önemlidir. Sevgiden ve iyilikten doğan güç yapıcıdır, çoğunlukla da bu yolu seçeriz. Ancak bazen hayatımızda bize karşı karanlık taraftaki gücü kullanan insanlarla karşılaşırız. Bu yüzden gücün her iki tarafıyla da yüzleşmek önemlidir. Bazen karanlık taraf kendi topraklarımızdan da doğabilir, kıskançlık, haset, yıkıcılık gibi olumsuz güçler bazen kendimize bazen de dışarıdaki insanlara yönelebilir.

Peki gücü elde etmek neye yarar?

Güç, bize yaşamımızdaki hedeflerimize ulaşmamız için gereklidir. Zor zamanlarda yola sakinlikle devam edebilmek, hayır diyebilmek, hayallerimizi inşa edebilmek ve anlamlı bir hayat sürebilmek için ona ihtiyacımız vardır. Güç bize kararlılık, sabır ve üretkenlik verir.

Güçlü bir insan kendi sınırlarını çizer ve yaşamın kontrolünü ele alır. Böyle biri mutluluğun kaynağının başkaları olmadığını bilir, hikâyesini değiştirebilme gücünün kendisinde saklı olduğunu da...

Güç kimi zaman da kendinize direnebilmektir, öğrendiklerinizi yeniden ele almak, zihinsel şablonlarınızdan kurtulmak, alışkanlıklarınızı dönüştürmek, eleştirel içsesinizi olumlu hale getirmek...

İnsan en büyük mücadelesini kendisine karşı veriyor olabilir, kendinizde kırılması gereken zincirleri görmek ve acılı da olsa değişimi istemek için güçlü olmak gerekir...

Gerçek güç en umulmadık zamanlarda ortaya çıkar. Kimi zaman şaşırtıcı derecede sakin, dayanıklı ve vakur bulabilirsiniz kendinizi. Örneğin zamansız bir kayıp, ciddi ekonomik bir zarar gibi durumlarda olağandışı bir sabırla dolabilirsiniz. Bu üst düzey farkındalık yeteneği beklenmedik bir şekilde ortaya çıkabilse de üzerinde çalışarak da geliştirilebilir bir şeydir.

Örneğin işinizi kaybettiğinizde zihninizde aniden beliren korku dolu bir senaryo vardır: Şimdi ne olacak, ya iş bulamazsam, faturalarımı nasıl ödeyeceğim?... Bir yandan içsel diyaloğunuz konuşmayı ele alır: Zaten sen hiçbir şeyi beceremezsin, bak işte her şeyi yine eline yüzüne bulaştırdın!...

Farkındalıkla baktığınızda ise aslında sorulabilecek tek soru vardır: Bir sonraki adımda verebileceğim en doğru karar ne olabilir?

Benzer şekilde biten ilişkilerinizde de gücünüzü kolaylıkla elden kaçırırsınız. Kapıldığınız zihinsel ve duygusal dalgalanmada olmamanız gereken yerlerde dolanmaya başlarsınız. Duygusal olarak ne kadar sarsılırsanız ayakta kalmanız o denli güçleşir. Ayaklarınız yere sağlam basmadığında sadece ufak adımlarla ilerlemek zorunda kalırsınız.

Hayatımız iç içe geçmiş bir matruşka gibidir, hiçbir alanı birbirinden kesin sınırlarla ayıramayız. Bir tarafta yaşanan bir fazlalık ya da eksiklik diğer tarafı da etkiler. Bir tarafta güçsüzseniz diğer tarafta da sallantılar başlar. Bu nedenle güçlenme çok boyutlu olmalıdır, içten dışa, tepeden tırnağa...

*İçsel gücünüzü elinize aldığınızda hayatınızdaki sarsıntılara daha mesafeli bakarsınız.*

**İçsel Güç Neden Gereklidir?**

- Size dayatılanlara maruz kalmaz kendi istediklerinizi alırsınız.
- İstikrarlı şekilde ilerlemeniz için gereklidir.
- Kararlılık ve azminiz buradan doğar.
- Zorluklara direnme kabiliyeti verir.
- Net sınırlar çizmenizi sağlar.
- Manipülasyon ve tuzaklardan korunursunuz.
- Disiplin ve dayanıklılık verir.
- Hedeflerinize ulaşmanızı sağlar.

- Zor insanlarla daha kolay başa çıkmanıza yardımcı olur.
- Gereksiz ve hatta zararlı düşünce ve dürtülerinizi kontrol etmenizi sağlar.
- Tembelliğinizi alt edersiniz.
- Erteleme ve diğer sağlıksız alışkanlıklarınızdan kurtulursunuz.
- Karar alma ve uygulama süreçlerinizi destekler.
- Zorluklara dayanma gücü verir.
- Yaşamın kontrolünü ele almanızı sağlar.
- Gerçek benliğinizi keşfedersiniz.

## Dişilikten Doğan Güç

Genellikle gücü erkeklikle ilişkilendirme eğilimindeyizdir. Kaba kuvvet, beden gücü, otorite gibi sertlik içeren güç daha çok erkeklere mal edilir. Bu haliyle "güçlü kadın" ifadesi de erkekleşmek ya da erkeksi kadınlıkla tanımlanır, elbette bu yanlış bir bakış açısıdır.

Güç denince yumruğunu masaya vuran, caydırıcı, ürkütücü gibi çeşitli sıfatlarla donanma ihtiyacı hissedebilir bir kadın. Oysa yumuşak güç dediğimiz bir güç tanımı da var ve dişil güç tamamen bununla alakalıdır.

Eril ve dişil özellikler birbirinden farklıdır, her iki taraftan özellikler her iki cinste de mevcuttur ancak kimi zaman şartlar bir kadının daha erkeksi olmasına neden olur. Empatik, işbirlikçi, nazik ve sezgisel bir donanıma sahiptir kadınlar. Tüm bu özellikler bir kadını güçlü kılmaya yetecek özelliklerdir aslında ve bu yüzden erkeksi güce yönelmeden ve bu tarz bir gücü benimsemeden de yükselebilmek mümkündür.

*Bir kadını ayağa kaldıracak dişil güç*
*onun sezgisinden, bilgeliğinden ve*
*nezaketinden doğar.*

Nezaket ve bilgelikten doğan yumuşak bir güç ayrıştırıcı olmaz, aksine birleştiricidir. Yumuşak gücü benimsemiş bir kadın gerek özel ilişkilerinde gerekse aile içindeki dinamiklerde etkili bir rol edinir. İnsanları etkileme sanatının en etkili harçlarından biri de bu yumuşak güçtür. Bir şeyi zorlarsak onu kırarız ama yumuşak güç en zor olanı bile esnetir, yumuşatır.

Yumuşak güce sahip olmak bir kadını da esnek kılar. Nasıl ki bir rüzgâra boyun eğmeyen dal kolaylıkla kırılırsa, yumuşama eğiliminde olan her şey sert bir fırtınada bile esneyerek yaşama tutunabilir. Otoriter ve daha tipik olarak erkeksi güç tarzlarını tercih eden kadınlar, büyüleyici ve baştan çıkarıcı güçlerinin neredeyse tamamını kaybederler. Benzer şekilde daha saldırgan bir erkek de sosyal cazibesini yitirip otoriter bir imaja daha kolay geçiş yapabilir.

Bilinen tarih boyunca kadının gücünü yok sayan ya da aşağılayan pek çok olaya şahit olmuştur dünya. Krallar, hükümdarlar çoğunlukla erkektir, bir şekilde gücü ele geçirmeyi başaran kadın sayısı çok azdır ve çoğunun ismi tarihin sayfalarından sökülüp atılmıştır.

Peki neden yok sayılmıştır kadın? Neden sadece evle ilgilenmekle, çocukların bakımıyla sınırlandırılmıştır hayatı? Bu sorunun yanıtı derin olduğu kadar düşündürücüdür de...

Kadınların gücü ellerinden alınmıştır, kendilerini yapmaya mahkûm oldukları çeşitli toplumsal rollere hapsolmuş olarak bulmuşlardır. Bedenlerini gizlemeleri, dişiliklerini ortaya çıkarmaları yasaklanmış, ayıplanmış, fikirlerini özgürce ilan etmelerinin bedelini yakılarak cezalandırılmakla dahi ödemişlerdir. Erkek, egemenliğini kurmak isterken harcamıştır dişiliği, yok etmek istemiştir. Derinlerinde pek çok çatışma nedeninin yer aldığı bu savaş halen de sürmektedir.

Bugün artık kadınların ve elbette erkeklerin kendi gerçek ve hakiki değerini keşfetmesi gerekiyor. Zihniyetin değişmesi ve sağlıklı ilişkilerin gelişmesi için her iki tarafında da kendini geliştirmesi, dönüştürmesi ve birbirini desteklemesi gerekiyor.

Bu ne mi getirir? Müthiş bir özgürlük hissi...

İçinizden gelen güce dokunduğunuzda özgürsünüzdür ve kendinizi yeniden inşa etme kapasitesine sahip olursunuz. Başkalarının sizden beklediği kurallara göre değil kendi seçimlerinize göre yaşamaya başlarsınız. Utanç, suçluluk döngüsünden çıkar, birilerinden daima özür dilemekten vazgeçer, gereksiz enerji sarfından kurtulur ve içsel enerjinizi sizin için gerekli olan şeyi yani hayatınızı yeniden düzenlemek için kullanırsınız.

Tüm bunların sizin için ne kadar hayati önemde olduğunu fark ediyorsunuz değil mi?

Yaşam kısacık bir zaman diliminde olup bitenlerdir ve bu zaman diliminde başkalarına göre yaşamak çok büyük bir kayıp değil mi? Bu aile düzeninizi dağıtmak ya da var olan ilişkinizi yıkmak anlamına gelmemeli ancak çevrenizde bir temizlik yapmanız, bazı şeyleri çevrenizdeki insanlara hatırlatmanız gerekecek.

---

*Gücün size verilmesini*
*beklemeyin, onu yaratın.*

---

Zihinsel ve duygusal açıdan güçlü bir kadın kendini tanır, mükemmeliyetçilik konusunda ısrarcı olmaz. Zayıflıklarının da farkındadır, güçlü yönlerinin de...

Güçlü bir kadın kendinden şüphe duymaz, başkalarının onu engellemesine izin vermez. Kendini iyileştiren her kadın toplumu da iyileştirir, bir kadın eğer anneyse kendi çocuğunun hayatına dokunur örneğin, bir evlatsa kendi anne babasına, bir kardeş kendi kardeşlerine...

Güçlü olmanın ne demek olduğunu kavramış bir kadın pek çok insan için dönüştürücü bir rol edinir. Çünkü kadınlar paylaşmayı, işbirliğini severler ve bu organizasyon becerisi evrimsel olarak kadına kodlanmıştır.

Dişil güç sadece kadınlar değil erkekler için de gereklidir. Kastettiğim zaten halihazırda ruhsal dinamiklerimizde bulunan dişil ve eril enerjileri bir araya getirmeniz... Yaşamda daha fazla yumuşaklığa, esnekliğe ve sevgiye yer açmak için dişil enerjiler önemlidir. Bir kadın kendindeki dişiliği yok sayıp bastırmamalı, bir erkek de sadece erkeklik üzerinden dişiliği imha edilecek bir şey olarak görmemelidir. Karşılıklı bir işbirliğiyle her iki taraf da güç toplar, böylece arzu ettiğimiz mutluluk dolu ilişkileri de inşa edebiliriz.

# 2. BÖLÜM

# GÜÇ NASIL KAYBEDİLİR?

*"Siz onlara vermediğiniz sürece hiç kimse üzerinizde güç uygulayamaz, hayatınızın kontrolü sizdedir ve seçimleriniz kendi kaderinizi belirler."*

## Güç Nasıl Kaybedilir?

Ruh halimiz, bedensel enerjimiz sürekli dalgalanır ve değişkendir. Her günümüz aynı değildir elbette ancak bazen kendimizi daha zayıf ve takatsiz hissederiz. Özgüvenimiz daha sönük bir moda bürünür ve yaşamda bir köşeye çekilmek isteriz. Etrafımızdaki yaptırımlara sınır çizemez, bize dayatılanlara karşı koyamayız. İlişkilerimizde çeşitli tuzaklara kapılır, daha sonrasında bu tuzaklara kapılmanın getirdiği çeşitli olumsuz duygulara saplanıp kalırız.

Peki gücümüzü nasıl yitiririz?

---

*Gücü yeniden ele almanın ilk kuralı kendi yolunuzdan çekilmektir!*

---

Gücü yitirmenin pek çok nedeni vardır. Güç, sizin neyi yapmak ya da neyi yapmamak istediğinizle ilgili gösterdiğiniz tavır ya da irade, yaratmak istediğiniz etkidir. Bu basit bir diyete başlamaktan büyük hedefler için harekete geçmeye kadar her şeyi kapsar. İrade, gücünüzün temel yakıtıdır.

Biyolojik olarak karar mekanizmalarınızı beyninizde alırsınız. Bir şeyi "Yapacağım!" ya da "Yapmayacağım!" dediğinizde beyninizde özel yerleri ateşlersiniz. İsteme mekanizması kiminizde çok daha güçlü çalışır, öğrenilmiş deneyimler, yetiştirilme tarzı bunda etkilidir.

Ancak kimisi de bu mekanizmaları kolayca harekete geçiremez. Değişimi başlatıp gücü ele geçirmenin önündeki en büyük engellerden biri irade eksikliğidir. Amerikan Psikoloji Derneği'ne (APA) göre irade, uzun vadeli hedeflere ulaşmak için kısa vadeli ayartmalara direnme yeteneğidir. Bu ayartmalar çoğunlukla dışarıdan gelir ve gücünüzü çalmak için oradadırlar.

Hedefiniz ne olursa olsun aşırı duygusal davranmak, dürtülere kapılmak, tatmin için sabırsız olmak, kaynaklarınızı savurganca harcamak sizi güçten düşürür.

---

*Gücü elde etme ustalığını*
*kazanmak için iradenizi*
*güçlendirin, korku ve suçluluk*
*duygularını alt etmeyi öğrenin.*

---

Kendi yolunuzdan çekilmenin önemli bir adımı da korku ve suçluluğu yok etmektir. Başarısızlık korkusu, yalnız kalma korkusu, birilerini kırmaktan çekinmek ve daha pek çok yanlış inanç sizi engeller. Kendi potansiyelinizi ortaya koymaktan duyulan korkunun temelinde başka insanları kaybetmek ya da kırmak istememek yatar. Ünlü psikanalist Freud bu korkudan çok ilginç bir şekilde söz eder.

Freud çok yoksul bir ailede büyümüştür, anne babası yeterince eğitimli değildir. Ancak öğrenme aşkı o denli büyüktür ki üniversite eğitiminden sonra kendisinin adının tarihe geçeceğinden neredeyse emin gibidir. Çocukluğunda tek bir hayali vardır Freud'un, yoksul mahallesinden kurtulup dünyaya açılmak, başka insanlar, başka coğrafyalar görmek. Yıllar sonra bu hayallerine kavuşur, ancak derinlerde bir yerlerde kendini çok suçlu hisseder Freud. Bunun nedeninin ne olduğunun yanıtlarını aramaya koyulduğunda şaşırtıcı bir gerçekle yüzleşir: Babasının ulaşamadığı yaşam koşullarına kendisi ulaşmıştır ve derinlerde bir yerlerde bunu hak etmediğine dair büyük bir suçluluk duygusu vardır.

Bazen böyledir, her kadar hayata atılmak istesek de derinlerimizde bizi tutan ve geriye çeken şeyler vardır. Bilinçaltımızdan sızanlar biz fark etmeden yönetir dünyamızı. Kendimize dair yanlış inanç kalıplarımızı fark etmek zordur. Fark etmek kadar onları aşmak da ciddi bir çabaya muhtaçtır. Ancak harekete geçtiğinizde hiçbir şey imkânsız değildir.

Kendinizi tanımak hedeflerinize, hayata yüklediğiniz anlamlara, motivasyon ve iradenize sahip çıkmaktır. Zayıf taraflarınızı görmek, başarısızlıklarınızı kabullenmektir. Sizi güçten düşürecek pek çok neden vardır aslında, iyi bir gözlemle bunları görmek dayanıklılık için atacağınız ilk adımınızdır.

## Güç Kaybına Neden Olan Bazı Büyük Hatalar

Hepimiz hayatımı mahvedebilecek benzer hatalara imza atabiliriz. Ancak hatalar bize büyük şeyler anlatırlar: Ne olmak istemediğimizi! Evet klasik bir laftır hatalardan ders almak, ancak gerçekten de ezbere bir laf olmaktan çıkardığımızda hatalar iyi bir öğretmendir. Hata yapmanın getirisi ilk etapta olumsuzdur, kalbimiz kırılır, üzülürüz, maddi kayıplar veririz, zamanımız ve enerjimiz çalınır... Bu ilk aşama...

İkinci aşama ise asıl odaklanmanız gereken yerdir: Bu hata size neyi yapmamanız gerektiğini söylüyor? Nerede kayboldunuz? Neyi unuttunuz? Nerede çizgiyi zorladınız ya da birilerinin bunu yapmasına izin verdiniz?

*Neyi kazanacağınızı bilmek*
*için önce neleri kaybettiğinizi*
*bulmanız gerekir.*

Bu büyük soruların pek çok geçerli nedeni vardır. Genel olarak gücünüzü yitirmenize neden olan büyük hatalara bakalım şimdi...

## Sahte Benlik

Diyelim ki yıllar sonra epeydir görmediğiniz bir arkadaş grubunuzla buluştunuz. Yıllar geçmiş ve herkes hayatının farklı bir evresinde oldukça iyi görünüyor. Aslı üniversiteden beri flört ettiği sevgilisi Ali'yle evlenmiş ve küçük bir çocukları var. En büyük mutluluğunun erken yaşta bir çocuk sahibi olmak olduğunu söylüyor, bir yandan da size oğlunun fotoğraflarını gösteriyor.

Ayşe nihayet çok istediği doktora programına kabul edilmiş ve kariyeri uğruna başka bir ülkede daha iyi şartlarda yaşamak için çoktan yaşadığı şehri terk etmiş. Yaşamaya başladığı yerde standartlar hayli iyiymiş ve doktora programını bitirmenin ona getireceği muazzam güçten söz ediyor.

Siz de üniversiteden sonra girdiğiniz şirketteki başarılarınızdan övgüyle söz ediyorsunuz. Erkek arkadaşınızla evlilik konuşmaları yapıyorsunuz, yakında evleneceksiniz ve çok iyi kazanıyorsunuz. Günün sonunda tekrar buluşmak üzere sözleşip ayrılıyorsunuz ama dönüş yolunda tüm gün yaşadıklarınızı birer birer zihninizden geçiriyorsunuz.

Aslında şirkette kazanılmış pek başarınız yok, birkaçı da başkalarının işlerini ele geçirmekle elde ettiğiniz birtakım manipülatif olayların sonucunda gerçekleşti. İlişkiniz o kadar kötü durumda ki zaman zaman maruz kaldığınız psikolojik şiddeti örtmenizde hiçbir sakınca yok, çünkü ne de olsa yalnızım demek sizin için çok daha ölümcül bir şey. Kendi hayatınızdaki vitrini bu şekilde göstermenizde de aslında pek sıkıntı yok, çünkü başka bir arkadaşınızdan çoktan haberleri aldınız ve tek yalan söyleyen siz değilsiniz.

Aslı yakında boşanmak üzere ve çocuk doğurmakla kariyerini mahvettiğini yıllarca eşine söyleyemediği için şimdi herkesten gerçek duygularını saklıyor. Ayşe ise kariyeri uğruna başka bir ülkede yaşıyor, sosyal medyasında yaşadığı yerin mükemmel olduğunu söylese de derin bir depresyon geçirdiğini pek çok kişiden saklıyor ve doktora tezini böyle bir durumda asla yazamayacağını da...

---

*Sahte benlik özgürlüğünü*
*yitirmiş ve kendine*
*yabancılaşmış bir durumun*
*göstergesidir, kendiniz*
*olamadığınızda gerçek güçten*
*söz edemeyiz.*

---

Sahte benlik sahip olduğunuz özellikleri, yetenekleri, değerleri ve hayata karşı geliştirdiğiniz fikirleri olduğu gibi yansıtamadığınız ve maske taktığınız bir benlik durumunu ifade eder. Hayatta her zaman kendi özgün kişiliğimizi ortaya koyamayacağımız anlar vardır elbette, hem kendi hem de diğer insanların sınırlarını korumak ve onların özgürlüklerine saygı duymak amacıyla bazen maskeler takar, bazı özelliklerimizi frenleriz. Ancak sahte benlik bunlardan çok daha öte bir durumu ifade eder.

## Gerçek benlikten doğan güç

Gerçek benlik, gerçek duygu ve isteklerinizin bir temsiliyken, sahte benlik davranışlarınızı değiştirmeyi, duygularınızı bastırmayı ve ihtiyaçlarınızı bir kenara itmeyi gerektirir çünkü bunları yaptığınızda kabul görmeyeceğinizi, sevilmeyeceğinizi, beğenilmeyeceğinizi, tercih edilmeyeceğinizi düşünürsünüz.

Bir soğanı düşünün, en merkezde gerçek benliğiniz vardır ancak siz gerçek benliğinizi örtmek için üzerini çok sayıda katmanla kaplarsınız. Bu durumda maske takmaktan daha tehlikeli bir durum ortaya çıkar, sahte benliği gerçek benliğiniz olarak sahiplenmeniz! Sahte benliğinize yapıştığınızda yaşantınızı başkalarının beğeni ve onaylarına göre şekillendirmeye başlarsınız. Sahip olduğunuz her şey emaneten üzerinize giydirilmiş kostümlerden ibarettir, üstelik bu kostümlerin hiçbiri gerçekte size ait olmadığından sık sık sizi sıkar, boğar ve yorar.

*Dış dünyanın taleplerine uyma çabası içsel canlılığın yitirilmesine yol açar, bu canlılığı elde etmenin kötü bir yolu sahte benlik geliştirmektir.*

Hepimiz maske takarız, aslında maskeler kimi zaman kurtarıcıdır ve birer savunma mekanizması olarak çalışırlar. Uygun yerde uygun kişilerle uygun ilişkiler kurabilmek için vardır maskeler. Esasında zaten en yakınımızdaki pek çok insana karşı bile en doğal tarafımızı göstermeyiz, gizleriz. İşyerinde, arkadaşlarımızla birlikteyken, bir toplantıda, iş görüşmesinde sosyal maskelere ihtiyaç duyarız. Ofisteyken evimizdeki gibi davranmayız, sevgilimizleyken de ofisteki gibi davranmayız. Bu sosyal maskelerin geçici ve abartılmamış dozlarda kullanılması ve işimiz bittikten sonra kaldırılıp atılması gerektiğini biliriz.

Sorun bu maskelerin abartılı ve gerçekçi olmayan dozlarda kullanılması ve uygunsuz maskenin yaşamın geneline sızmasıdır. Olduğumuzdan farklı bir benliği benimsemek bizi kendimizden uzaklaştırır, kendimizle olan o güçlü bağı koparır. Bu bağ koptuğunda ruhsal olarak çoraklaşır, duygularımızdan, beklentilerimizden bihaber oluruz. Yaşamdaki en büyük varlığımız kendimizizdir, kendi ihtiyaçlarımızı görmezden gelirsek dengemizi bulamaz, tutarlı ve bütün bir hale gelemeyiz.

Ünlü bir psikanalist olan Donald Winnicott sahte benliğin tanımını yapan kişidir ve o şöyle söyler: "Sahte benlik, kişinin kendi gerçek potansiyelini gerçekleştiremediği ve gizlediği durumlarda ortaya çıkar." Sahte benlik kendini erken çocukluk evrelerinde gösterir, örneğin bir çocuk anne babasının yüz ifadelerinden ve sözlerinden aldığı onayı sürdürmek, empati toplamak için doğru tepkiler vermeyi öğrenir. Aslında bu tepkiler hayatta kalmak için gereklidir, çocuk böylelikle ihtiyaç duyduğu güven duygusunu elde eder.

Çocuklar ve bebekler hayatta kalabilmek için ebeveynlerinin onayına ihtiyaçları olduğunu bilinçsizce anlarlar ve bu nedenle beklentilerini mümkün mertebe karşılamaya çalışırlar. Bu ihtiyaçları karşılarken de gerçek duygu ve düşüncelerini olabildiğince bahsettiğimiz örnekteki gibi soğanın merkezine doğru iterler, bu çaba uzun bir süre devam ettiğinde de sahte benlik kendini gösterir.

Bir bebek ya da çocuk henüz küçük yaşlardayken bunu bilinçli olmayan şekilde yapar ancak büyüdükçe kendi istek ve düşüncelerini ifade etmeye başlarlar. Çeşitli sebeplerden dolayı ilk bakım verenler bu beklentilere yanıt vermediklerinde çocuk ihtiyaç ve arzularının kabul edilemez olduğunu öğrenmeye başlar, bu noktada ise davranışlarında ayarlamalar yapmaya yönelir. Hayal kırıklığından kaçınma ve kendini koruma çabası bir uyum sağlamaya yönlendirir çocuğu, gerçek istekler saklanmalıdır. Sahte benlik bu topraklarda kök salmaya başlar.

Örneğin çocuk "Sevilmek istiyorum, birinin bana sarılmasına ihtiyacım var!" der ancak buna yeteri kadar zaman ayıramayacak, belki de depresyonda olan anne çocuğun bu ihtiyacına karşılık veremez. Bu talebini elde edemeyen çocuk isteklerini bastırır ve artık söyleyecek yeni bir cümlesi vardır: "Kimseye ihtiyacım yok, ben böyle çok iyiyim!" Ne acıdır ki yeni cümle ne kadar sık tekrarlansa da gerçek arzular ve istekler hâlâ orada duruyordur, o çocuk hâlâ sevilme ve kucaklanma isteğiyle bekliyordur.

Çocukluk döneminde edinilen bu davranış kalıpları uzun yıllar bizimle yaşayabilirler, öyle ki çoğunun farkında bile olmayız. Ta ki bizi zorlayana dek! Çocuklukta edinilen davranış kalıpları yetişkin yaşantımızda hayatımıza engel olmaya başlar, belli bir yaş dönemi için işlevsel olan kimi davranışlar bu nedenle terk edilmelidir, diğer türlü özgürlüğünüzü kısıtlayan zincirlerden başka bir işe yaramazlar.

*Başkalarına göre yaşamak*
*bitmeyen bir savaştır, bu savaşın*
*kazananı yoktur.*

Sosyal maskeler, sağlıklı sahte benlik için kullanılırlar. İnsanlarla iletişimi daha sağlıklı kılmak, nezaketi sağlamak için gereklidir. Sağlıklı sahte benlik, sınırları korumak anlamına gelir, kendinizi olduğunuz gibi göstermek saldırılara açık hale gelmek demektir. Bizi olduğumuz gibi kabul eden insanların dışında maskeler bir ihtiyaçtır ve kendinizi güvende tutmaya ve korumaya yönelik bir farkındalıktır.

Duygusal şantaj, manipülasyon ve karanlık psikolojiye değineceğimiz bölümde de göreceksiniz ki pek çok sorunun temelinde yer alır bu konu. Narsis, bağımlı, manipülatif ve duygusal şantajına boyun eğdirmeye çalışan pek çok kimse size sahte benlikle yaklaşır. Winnicott'a göre, bütün ciddi zihinsel hastalıklarda sahte benlik hâkimdir. Bu durumda kişi, bu sahte benliği inşa etmek ve onu korumak için kendisine sunulan tüm kaynakları hiçbir değeri gözetmeden kullanır. Amacı güvenilmez olarak görülen dünyayla başa çıkabilmektir.

Sizi sahte benliğe sürükleyen eylemler esasında öyle olmasa da şu düşüncelerle gelebilirler:

- Eğer çok güzel olursam hiç yalnız kalmam.
- Çok param olursa herkes beni sever.
- Eğer X kişiyi çok övsem işyerinde daha çok sevilirim.
- Çok bilgiliymişim gibi davranırsam daha fazla tercih edilirim.

- Eğer yaptıklarımı abartırsam daha çok beğenilirim.
- Kimi değerlere çok fazla vurgu yaparsam benim daha iyi bir insan olduğumu düşünürler.

*Eğer eylemlerinizde başarılı olmak istiyorsanız sizi bu eylemlere iten gerçek değer ve düşüncelere sahip olmalısınız. Gerçek güç taklit kaldırmaz.*

Yetişkin yaşama adım attığımızda çocuklukta deneyimlediğimiz bu talep etme ve talebin karşılanması döngüsünden çıksak da ifade ettiğim gibi sosyal maskelerle yürümeye devam ederiz. Kendi özgün benliğimizi çırılçıplak ortaya sermek bir anlamda tehlikelidir, incinebilir, reddedilebilir, kırılabilir, dışlanabiliriz. Her sosyal çevrenin beklentileri ve değerleri farklıdır, kendi içimizde öyle hissetmiyor olsak bile her şeyimizi olduğu gibi göstermekten kaçınabiliriz. Fakat bu korunma diğer insanlarla gerçekçi bağlar kurmamızın önündeki bir engeldir de aynı zamanda.

## Sahte benlik yerine otantik benlik

Sahte benliğin karşısında otantik benlik vardır, otantik benlik kendini şu şekilde gösterir:

- Düşünceleriniz, inançlarınız, davranışlarınız ve söyledikleriniz kaynağı sizsinizdir, her şey gücünü içinizden alır.

- Değerlerinize göre yaşarsınız, sözleriniz başka eylemleriniz başka olmaz.
- Kendi potansiyelinizin farkında olduğunuz kadar yapamadıklarınızın da farkındasınızdır, elinizdekilerin en iyisiyle benzersiz olan gücü ortaya koyarsınız.

Sahte benlikle yaşamak size şunları hissettirir:

- Olduğunuz gibi yaşayamamanın getirdiği tükenmişlik, yorgunluk ve duygusal uyuşukluk hisleriyle uğraşırsınız.
- Kendinizi daha "canlı" hissedebilmek adına ruh halinizi değiştirecek aktivitelere ya da çeşitli maddelere yönelebilirsiniz, elbette bunlar kimi zaman sizin için tehlikeli sonuçlar doğurabilir
- Daha sık depresyona girersiniz, yaşamdan doyum ve tatmin alamazsınız
- Sahte benliğin getirdiği eylemleri sürdürmekte zorlanır, kendinizi her şeye yabancılaşmış ve ilgisiz hissedersiniz.
- Duygusal olarak her şeye mesafeli ve uyuşuk hissedersiniz.
- "Yeterince iyi olmadığınız" hissini maskeleyen yüzeysel güven ve üstünlük duygusuna sarılırsınız.
- Başkalarının duygularını önemsemezsiniz.
- Sosyal olarak reddedilmek sizin için acıtıcıdır.
- Dış görünüşle ve sosyal statünüzle çok fazla meşgulsünüzdür.
- İlişkilerde kontrolü elde tutmak için suçluluk, para, güç, cinsellik, dalkavukluk gibi şeyleri daha fazla kullanırsınız.

## Gerçek benlik nasıl keşfedilir?

Bu zararlı etkilerden kurtulmak ve olabildiğince kendi içsel doğanızı sahiplenebilmek ve korumak için ustalık kazanmanız gerekir. Bunun için:

- Sosyal maskelerinizin farkında olun ancak bunların tüm yaşantınızı ele geçirmesine izin vermeyin.
- Sosyal maske takmanız gereken zamanlarda da benimsediğiniz değerlerle çelişecek büyük eylemler sergilemeyin, bu sadece kendinize dair kimi şeyleri örtmekle ilgili olsun. Evet bazen gizlenmek gereklidir ama büyük değerler çatışması başka problemlerin habercisidir.
- Sosyal maskeler uyumlu şekilde kullanıldığında değerli ve gereklidir, uygun zamanda kullanıldıktan sonra terk edin.
- Kendinizdeki özelliklerin farkında olun, bu özelliklerden hangisini ne zaman ve nerede göstermeyi seçeceğiniz konusunda kontrol sahibi olun.
- Kendinizi bir bütün olarak görün, zaman zaman farklı parçalarınızı dışarıya yansıtsanız da içinizde bu bütünleşmeyi sahiplenin, kalkış noktanız kendinizsiniz.

---

*Gerçek benlik kendine hastır ve*
*derinliği vardır.*
*Güç derinlikten gelir...*

---

Yapılan araştırmalar sahte benliğin aile, arkadaş çevresi ve toplum tarafından da teşvik edildiğini ve kullanılmaya itildiğini ortaya koyuyor. Özellikle kimi çalışmalar gençlerin ve ergenlerin kendilerini çevrelerine kabul ettirebilmek adına alkol, uyuşturucu gibi şeylere yönelmede özellikle sahte benliği benimsediğinin altını çiziyor.

Ailedeki çeşitli ebeveyn şablonlarının sahte benlik üzerinde oldukça güçlü etkileri vardır, örneğin koşullu seven bir anne baba çocuğuna ancak istenildiği gibi davrandığında vereceği sevgisiyle onun sahte benlik geliştirmesine önayak olacaktır. Kontrolcü anne babalar da kendi istek ve düşüncelerine uyumlu hale getirmek amacıyla uyguladıkları aşırı kontrolcü davranışlarla çocukta davranış değişikliklerini teşvik edeceklerdir. Aile içinde sahte benliğin ortaya çıkmasına neden olan bir diğer davranış da kıyaslamadır. Çocuğu başka insanlarla, kardeşiyle kıyaslamak, ona "Sen de böyle ol!" demek çocuğun kendi özgün kişiliğini gizlemesine neden olur, çünkü çocuk bilir ki aksi durumda davranmak maliyetlidir! Sevilmeme ve takdir edilmeme gibi istenmeyen yansımalar elde edebilir...

Yine aynı şekilde toplumda yerleşik hale gelmiş güzellik algısı, cinsiyet rolleri, inançlar gibi hemen her konuda sahte benlik geliştirmeye itiliriz. Eş seçiminden fiziksel görünümümüze, evlilik ve çocuk yapma kararlarımızdan maddi refahımıza dek yaşadığımız bu uyum çabalarının kurbanı olmak her zaman olasılık dahilindedir. Sırf ailemiz istediği için bir okulu bitirmek, sırf toplum tarafından kabul görmek için evlenmek, sırf içinde bulunduğumuz grupta aykırı görünmemek adına benimsemediğimiz fikirleri savunmak gücümüzü bizden çalar. Ödünç bir yaşam gerçek bir yaşam değildir...

Sahte benlik kendini romantik ilişkilerde de gösterir, evlilik, cinsiyet rollerinin hâkim olmasıyla hem erkek hem de kadın için kısıtlayıcı bir hale gelebilir. Örneğin bir erkeğin duygularını göstermesi pek de onaylanan bir davranış değildir, erkekler hep güçlüdür, erkekler ağlamaz gibi kabuller pek çok erkeğin sahte benlik geliştirmesine ve kendi imajlarını olduğundan farklı göstermesine yol açar. Yine benzer şekilde kadınlar için de benzer kabuller vardır, bu kabuller bir yerden sonra bir kadının partneri için bir kontrol mekanizmasına dönüşebilir.

Gerçek benlik yaratıcıdır, gerçek olan her şey özgür ve özgündür. Var olmak için başkalarının onayına ihtiyaç duymaz. Sahte benlik saklanmanın bir yolu olduğu gibi maniple etmenin de bir yoludur, bu da konfordan, huzurdan uzak bir yaşam demektir. Ancak bununla başkalarını maniple etmeyiz, asıl maniple ettiğimiz kendimizizdir. Özgürlük başkasının tuzağından kurtulmak kadar kendi tuzaklarımızdan kurtulmakla da ilgilidir.

Sahte benliği benimsemenin getirdiği en ağır yük yabancılaşmaktır. Kendine yabancılaşan bir insan gerçek değerinin farkında değildir, başarıları onu mutlu etmez, başkaları onu takdir etse de mutlu değildir, bu takdirin keyfini çıkaramaz. Böyle bir kişi başarılı olanın sahte kişiliği olduğunu bilir ve gerçeklikle kendisi arasında açılan uçurumun kıyısında gitgide kendine yabancılaşarak yaşamaya devam eder. Böyle bir yaşamda ne umut ne de sevinç vardır.

---

*Canlılık ve güç sahte*
*bağımlılıklardan kurtulmakla*
*başlar. İnsan olarak en büyük*
*görevimiz başkaları beğense de*
*beğenmese de kendimiz olabilme*
*cesaretini ortaya koyabilmektir.*

---

İçsel isteklerle gerçekçi olmayan seçimler arasında yaşanan tutarsız bir hayat karanlıkta körebe oynamaktan farksızdır ve kendinize sormanız gereken tek bir soru vardır: Bu yalanı yaşamaya değer mi?

Sahte benliği kırmak cesaret gerektirir, elinizdekileri kaybetmek uğruna da olsa gerçek benliğinize sahip çıkmak eşsiz değerdedir.

## Basit bir günlük çalışması

Sosyal psikolog Mafred Kuhn 60'lı yıllarda gerçek benliği netleştirmek için bir araştırma yaptı ve "Ben kimim?" sorusuna 20 farklı farklı cevap verilmesini istedi. Cevaplar, sosyal roller ve kişisel özellikler olarak iki ana gruba ayrılıyordu.

Siz de defterinizde "Ben kimim?" sorusunu 20 farklı şekilde cevaplayın ve cevapları değerlendirin. Cevapları aşağıdaki gibi daha da açarak yanıtlayabilirsiniz:

*Fiziksel tanımlar:* Uzun boyluyum, yeşil gözlerim var, biraz kiloluyum...

*Sosyal roller:* Öğrenciyim, ev hanımıyım, anneyim, Fenerbahçeliyim...

*Kişisel özellikler:* İçedönüğüm, kıskancım, kaygılıyım, eğlenmeyi severim, genelde depresifim, çalışkanım...

*Varoluşsal tanımlar:* İnançlıyım, dindarım, ateistim, hiçbir şeye inanmam...

Yanıtlarınızı inceleyin ve size en yakın olanları işaretleyin. En sona 5 yanıt kalana kadar devam edin. Kalan yanıtlar üzerinde derinleşin. Bu yanıtlarda size değerli gelen ne? Bunlar sizin seçiminiz mi yoksa size dayatılan bir şey mi? Hangilerinde iradeniz daha güçlü hangilerinde daha zayıf? Hangi özelliklerinizi güçlendirmeye ihtiyaç duyuyorsunuz? Hangisinde en özgürsünüz? Hangisinde bir başkasına bağımlısınız?

## Hayatın Kontrolünü Kaybetmek

Güç kaybının ana nedenlerinden biri de hayatın kontrolünü bir başkasına vermektir. Genelde ilişkilerde bir tarafın daha otoriter olması, ilişkinin merkezine yerleşmesine yol açar. Sadece aşk ilişkilerimiz için değil, kendi bireysel yaşantımızı ilgilendiren herhangi bir konuda annemiz, babamız, herhangi bir arkadaşımız yönetici koltuğuna kurulduğunda karar mekanizmalarımız sekteye uğrar.

Hayatınızın kontrolünü ele almak sahip olduğunuz her şeyi kontrol ettiğiniz anlamına gelmez, bu zaten mantıklı ve gerçekçi olmaz. Hayatta değiştirebildiklerimiz ve değiştiremediklerimiz vardır. Örneğin işimizle ilgili seçenekleri seçebiliriz ama işe giderken başımıza neler geleceğini bilemeyiz. Hayatın değişkenliği içinde gelenleri kucaklarken kendi hedefleriniz ve öncelikleriniz doğrultusunda ilerlemeniz gerekir.

*Kendinizin en doğru, en yüksek ifadesini gerçekleştirmek, amacınıza göre yaşamayı gerektirir. Ancak o zaman parlarsınız.*

Bazen her şey kontrolünüzün dışında hareket ediyormuş gibi görünür. Bu his sizi rahatsız edici düzeydeyse bir kontrol listesi oluşturmanın zamanı gelmiş olabilir. Bu stratejiler, kim olduğunuzu ve hayattan gerçekten ne istediğinizi net bir şekilde anlamanıza yardımcı olmayı amaçlar. Böylelikle hem kendi yolunuzdan çekilirken hem de diğer insanların öncelikleri tarafından kenara itilmenizi de engellersiniz.

## Kontrolü kaybettiğinizi nasıl anlarsınız?

Kendi kendinize "Hayatımın kontrolünü kaybettim!" diye düşündüğünüzde bu enerji kaçağının bazı belirtileri vardır. Bu belirtilere gelmeden önce kontrol kaybı yaşadığınızı düşündüğünüz alanı biraz daha netleştirmek gerekir. Bu kayıp tam olarak nerede gerçekleşiyor?

Örneğin iş hayatınızın kontrolünü kaybetmiş gibi hissettiğinizi varsayalım. Şu anda kariyer hedefleriniz olmayabilir, kendinizi hoşlanmadığınız bir konumda bulabilir veya mevcut iş yükünüze ayak uydurmakta zorlanabilirsiniz. Ya da romantik ilişkinizi düşünün, ilişkiniz tamamen raydan çıkmış olabilir ve mutsuzluk içinde beklemek ilişkinizde mutsuz olduğunuz yanılgısı yaratıyor olabilir.

Hayatınızın hangi kısmını kontrolünüz dışında hissederseniz hissedin, şu soruları düşünmek için biraz zaman ayırmanız faydalı olabilir, cevaplarınızı defterinize detaylı olarak yazın:

- Kendinizi en çok hangi alanlarda kaybolmuş hissediyorsunuz?
- Ne zaman kontrolü kaybettiğinizi hissediyorsunuz?
- Hayatınızın en çok hangi kısımları etkileniyor?
- Bu konudaki duygularınız ne, neler hissediyorsunuz?
- Bu konudaki düşünceleriniz neler?

- Bunu değiştirmeye neden ihtiyacınız var?
- Değiştirmezseniz sizin için sonuçları ne olur?

Bu sorulara vereceğiniz yanıtlar eşsiz önemdedir. Çünkü hayatınız sizin iradenizle yönlendirilmelidir. Diğer türlü yaşam hedeflerinizden uzaklaşacağınız gibi bunun getirdiği ağır yükler altında ezilirsiniz. Duygusal ve zihinsel olarak pek çok soruna kapı aralarsınız.

Aşağıda kontrol kaybının bazı yaygın belirtilerini göreceksiniz, alanınızı tespit ettikten sonra bunları değerlendirin. Aşağıdakilerden en az beşi mevcutsa bir sorunla karşı karşıya olabilirsiniz. Erken uyarı işaretlerinize farkındalık kazandırmak için aşağıda olmayan kendi kişiselleştirilmiş listenizi de oluşturabilirsiniz:

- Endişeliyim.
- Sürekli ağlıyorum.
- İnsanları ya da durumları sürekli kontrol etmeye çalışıyorum.
- X kişi tarafından sürekli kontrol ediliyorum.
- Uyku problemleri yaşıyorum.
- Kenarda kalmış gibi hissediyorum.
- Sorumluluk alamıyorum.
- İlgilendiğim işlerde inisiyatif alma gücümü kaybettim.
- İlişkimde hâkimiyetimi kaybetmiş gibi hissediyorum.
- Bunalmış hissediyorum.
- Odaklanamıyorum ve konsantrasyon eksikliği yaşıyorum.
- Özgür hissetmiyorum.
- İnsanlardan kaçmaya çalışıyorum.

- Hiçbir şeye enerjim yok, motive olmakta zorlanıyorum.
- Kararlarımı benim adıma başkaları alıyor.
- Uzun zamandır kendim için hiçbir şey yapmadım.
- Sosyal çevremden gittikçe uzaklaştığımı fark ediyorum.
- Sürekli gergin ve sinirliyim.
- Öfke patlamaları ve ağlama krizleri geçiriyorum.
- Panik atak geçiriyorum.

**Güç: Yeniden!**

Hayatınızda kontrolü tekrar ele almak için:

**Değerlerinizi netleştirin:** Çevrenizde, sosyal medyada ya da içinde yetiştiğiniz ailede yaşam hedeflerine dair daima bir şeyler empoze edilir. Mutlu evlilik şöyle olur, başarı ancak ve ancak şuna bağlıdır, mutluluğun kesin tarifi budur... Bu telkin ve yönlendirmeleri zihin süzgecinden geçirmediğinizde ve gerçeklerinizle uyumsuz bir şekilde yaşantınıza entegre ettiğinizde kendinizi kaybetmeniz kaçınılmazdır. Abartılı bir örnek olsa da şöyle düşünün, bu hiçbir eğitim almadan uzay yolculuğuna çıkmak istemek gibidir ve yerçekiminin, oksijenin olmadığı yeni bir dünyada hayatta kalamazsınız. En büyük kontrol kaybı da budur: Başkalarına ve başka dünyaların değer yargılarına göre yaşamak. Hepimizin yaşamdaki sosyal rolleri, kişisel özellikleri ve beklentileri farklıdır. Kendimiz olmaktan çıkıp başkalarının beklentilerine göre yaşamak bizi onların berbat bir kopyası yapar sadece. Özgür biri olmak ve kendi özgün karizmanızı sergilemek için kendi değer listenizi kendiniz oluşturun. Evet bu belki de aileniz, eşiniz ya da patronunuz için can sıkıcı olabilir ama güçlü hissetmenin değeri eşsizdir!

**İç ve dış motivasyonları belirleyin:** Eğer gitmek istemediğiniz bir yere sürükleniyormuş gibi hissediyorsanız muhtemelen motivasyonunuzu yitirdiniz. Çünkü herhangi bir konuda motivasyonunuzu yitirdiğinizde asıl yapmanız gerekeni yapmanızı sağlayan irade gücünüz kaybolmuştur. Bir yerdeki zayıflama başka bir yere doğru itilmenize neden olur. Direksiyondaki siz misiniz yoksa başka biri mi var? İç motivasyonlar içeriden gelir. Sizi tutku ve amaç ile doldururlar ve tamamen sizin ürünlerinizdir, kendi değerleriniz ve hedefleriniz tarafından belirlenirler. Dış motivasyonlarsa ebeveynleriniz, partneriniz, arkadaşlarınız veya içinde yer aldığınız gruplar tarafından belirlenen hedef ve beklentilere karşılık gelir. Dış motivasyon kaynakları aynı zamanda toplum tarafından belirlenen ve uyma konusunda baskı hissettiğiniz standartları karşılar. Bazen iç motivasyonlarımız ve dış motivasyonlarımız çatışır. Siz okulu bırakıp dünyayı dolaşmak isterken aileniz sizi doktor olarak görmek ister. Hayatınızın kontrolünü geri almak, tüm dış motivasyon faktörlerini ihmal etmek anlamına gelmez. Ancak bu, her ikisine de yer bırakacak bir denge bulmak anlamına gelir.

**Vizyon yaratın:** Kontrol kaybı yaşadığınızda bir adım geri çekilip vizyonunuzu tekrar gözden geçirin. Bunu sıkça yapmak faydalıdır, nerede oyalandığınızı, neye gereksiz enerji harcadığınızı ve ne yapmanız gerektiğini netleştirirsiniz. Örneğin bir kariyer hedefiniz için yola koyuldunuz diyelim, her şey gayet iyi gidiyor. Ancak aileniz ya da sevgilinizle yaşadığınız kimi problemlerden dolayı sürekli depresif hissediyorsunuz, onlarla uğraşmaktan kendi hayatınıza bakamıyorsunuz bile. Basit bir vizyon çalışmasıyla bu vakit kaybının size nelere mal olacağını fark edebilir ve gereksiz yükleri sırtınızdan atabilirsiniz. Vizyon çalışması size duygusal sağlamlık ve kararlılık katar. Duygusal yıpranmaların önüne geçer, hedefleriniz için daha motive olur ve gereksiz kişilerle daha kolay vedalaşırsınız.

**Katı şablonlardan kurtulun:** Öğrenilmiş sınırlayıcı şablonlarla vedalaşın, sizi koşmaktan alıkoyan ve ayağınızı sıkan ayakkabıları çöpe atın! Biraz cesaretle kendinizle yüzleşin. Muhtemelen yetişkinlik yaşamınıza ulaşana dek onlarca olumsuz senaryo kulağınıza fısıldandı: Yapamazsın, başaramazsın, bu iş çok riskli, bunu herkes yapıyor artık sen yapsan ne olabilir ki, kendine daha düzgün bir iş bul, evlenmeyecek misin, kuzenin doktor oldu sen hâlâ okulu bitiremedin... Hayatımızda bulunan pek az insan gerçekçi eleştiri yapabilme kabiliyetine sahiptir. Bazen en güvendikleriniz kimi nedenlerden dolayı sizi şablonlara hapsedebilir. Manipülasyon ve duygusal şantajla ilgili 4 Bölüm'de bu konuyla ilgili daha detaylı bilgiye ulaşabilirsiniz. Hayatınızın kontrolünü elinize almak, sınırlayıcı inançların sizi geride tutmasına izin vermeyeceğiniz anlamına gelir. İç diyaloğunuzu keşfetmek için bir çalışma yapın, defterinize içinizden geçen olumsuz şablonları yazın. Kendinizden şüphe etmenize yol açan bu sesler nereden geliyor? Bu paternler tanıdık mı? Belki annenizin belki de eski sevgilinizin sözleri çınlıyor kulaklarınızda... Kendinizin bir parçası olarak gördüğünüz pek çok şey gerçekten size ait olmayabilir ancak bunu keşfetmek dikkat, özen ve çalışma gerektirir. Kendinize dair yapacağınız her derin analiz önemlidir.

**Sorumluluk alın:** Hayatınızın kontrolünü yeniden ele geçirmek, kontrol edebildikleriniz ve kontrol edemedikleriniz arasındaki dengeyi bulmak anlamına gelir. Bu, neyi kontrol edebileceğinizi anlamak ve bu şeylerin yüzde yüz sorumluluğunu almaktır. Eylemlerinizi iyice gözden geçirmeniz ve ileriye dönük bazı değişiklikler yapmanız gerekebilir. Gerçekçi bir şekilde kendinize sorun: Yaşadığınız kontrol kaybından kısmen siz mi sorumlusunuz? Tekrar sorumluluğu almak için yapabilecekleriniz var mı?

Kendinize dürüstçe şunları sorun ve yanıtları değerlendirin. Çözümleriniz üzerine düşünün:

- Olmak istediğim alanda tam olarak mevcut muyum? *(Bu işiniz ya da ilişkiniz olabilir, kendi ağırlığınızı yeteri kadar bu alana yayıp yayamadığınıza bakın.)*
- Kendime yeteri kadar özen gösteriyor muyum?
- Zamanımı akıllıca yönetebiliyor muyum?
- Maddi kaynaklarımı akıllıca yönetebiliyor muyum?
- Romantik ilişkimde beraber olmak istediğim kişiyle mi birlikteyim?
- Ruhuma, zihnime, eğitimime, gelişimime yeteri kadar yatırım yapıyor muyum?
- Sosyal çevremden memnun muyum, bu alanda bana yansıyanlar neler?

**Tepki vermek yerine eyleme geçin:** Yaşadığınız kontrol kaybının nedenlerini tespit ettikten sonra eyleme geçin. Kızgınlık, suçluluk, pişmanlık ya da ağlayıp sızlamakla vakit kaybetmeyin daha fazla. Net sınırlar çizip, gereksiz fazlalıkları hayatınızdan budayın. Tepki vermek duygusaldır, eyleme geçmekse zekâyla ilgilidir. Kendimize yönelik bir tehditle karşılaştığımızda savunma mekanizmalarımızın devreye girmesi kaçınılmazdır ya da otomatik düşünceler kendiliğinden belirir. Bunlar bizi bilinçsizce duygularımıza teslim eder ve kendi yarattığımız bir dramanın içinde kalırız. Evet sürekli birileri bize haksızlık yapar, birileri hiç de hak etmediğimiz gibi davranır, kimisi nankördür, kimisiyle birlikte olmaktan ölümüne pişmanlık duyarız... Hayatta var oldukça bunlar sürekli olacaktır, sonucu belirleyen bizim bu olanlar karşısında alacağımız tavırdır. Diyelim ki gerçekten de çok öfkelendiniz, kendinize bağırıp çağırmak için biraz izin verebilirsiniz ama akabinde eyleme geçmelisiniz.

**Duygusal tetikleyicileri açığa çıkarın:** Duygularınız üzerinde kontrol sahibi olmak için tetikleyicilerinizi gözden geçirin. Çocukluktan edindiğiniz şemalar ve savunma mekanizmalarını anlamak size güç verir. Bunun için *Vazgeçilmez Olmanın Sırrı* kitabımdaki ilgili bölüme bakabilirsiniz.

**Bir eylem planı yapın:** Küçük adımlarla da olsa eylem planınızı oluşturun ve sadık kalın. Ana hedefinizi ve bu hedefe ulaşmak için gereken diğer küçük hedefleri belirleyin ve defterinize not edin. Büyük planları daha küçük parçalara bölmek hem işinizi kolaylaştırır hem de daha güçlü hissettirir. Belirsizliğin içinde ne yana gideceğinizi bilmek yerine ara duraklarda durmak, biraz nefes almak, küçük başarıları büyük bir sevinçle kutlamak yaşamınız üzerinde hâkimiyet duygusu sağlar.

**Günlük rutin yaratın:** Eğer odaklanma sorunu yaşıyorsanız ve sıklıkla dağılıyorsanız günlük rutin yaratın. Bu sadece kariyer hedefleri için gerekmez, kendi gündelik meşgaleleriniz ve hatta boş zamanınız için de önemlidir. Pek çok araştırma günlük rutinin psikolojimize iyi geldiğini ortaya koyar. İster ev hanımı olun isterseniz öğrenci, fark etmez... Gün içinde zihinsel ve bedensel enerjinizi doğru kullanın. Sosyal medyada gün boyu zaman harcamaktan ya da ekran başında saatlerce dizi izlemekten uzak durun. Bunlar hem sizi uyuşturur hem de hiçbir şey yapmasanız dahi kendinizi yorgun ve tükenmiş hissedersiniz. Önemsiz dikkat dağıtıcılarla aranıza sınır çekin, sadece belli saatlerde sosyal medyanızla ya da bilgisayar oyunu gibi aktivitelerle ilgilenin.

## Aşk Bağımlılığı

Aşk ayaklarımızı yerden kesen bir duygu ancak kimi zamanlarda da risklidir. Aşk bağımlılığı, kişinin aşka karşı sağlıksız ve takıntılı bir saplantı geliştirmesine neden olan bir durumdur. Sevmek ve sevilme ihtiyacımız aşikâr, ancak bağımlılık haline geldiğinde bu durum hem seven hem de sevilen için zararlı sonuçlar ortaya çıkarır. Aşk bağımlılığı ile ortaya çıkan duygu ve davranışlar sadece özel anlamda ilgi duyduğumuz kişileri değil çocuklarımızı, eşimizi ve çok sevdiğimiz yakınımızdaki kişileri de etkileyebilir.

Aşk bağımlılığına sahip biri gerçekçi olmayan, abartılı sevgi standartlar ve beklentilere sahiptir. Bu talepleri karşılanmadığındaysa kişilerin yaşamlarında pek çok sorun ortaya çıkar. Ciddi bir güç kaybına yol açan bağımlılıklar kendisini başkası üzerinde kontrol kurma çabası şeklinde gösterir. Takıntılı düşünceler, şüphe, kıskançlık gibi olumsuz tutum ve duygular bağımlılığın işaretleridir.

Sevgilinizi ya da sevdiğiniz kişiyi sık sık aramak, telefonlarını kontrol etmek, sosyal medya hesaplarını didiklemek, sosyalleşmesini kısıtlamak ve hatta onu takip etmek... Tüm bunlar bağımlılığın ve belki de saplantılı bir durumun göstergeleridir.

Aşk bağımlılığının gücünüzü çaldığının işaretleri şunlardır:

- Partneriniz olmadığında kaybolmuş veya köklerinden kopmuş hissetmek.
- Partnerinize karşı aşırı bağımlı hissetmek ve onsuz bir şey yapamamak.
- Partnerinizle olan ilişkinize hayatınızdaki her şeyden ve herkesten daha fazla öncelik vermek, hatta kimi zaman

işinizi ve diğer insanları tamamen ihmal etme noktasına kadar varmak.

- Sağlıksız veya toksik ilişkileri kolayca bitirememek ve bu tip ilişkilerden beslenmek.
- İlginize karşılık gelmediğinde depresyona girmek, değersiz hissetmek.
- Romantik bir ilişkiye girdiğiniz biri olmadığında veya bir ilişkiniz olmadığında kendinizi umutsuz, işe yaramaz hissetmek.
- Partnerinize karşı hissettiğiniz duygular nedeniyle kötü kararlar vermek (örneğin, işinizi bırakmak, ailenizle bağlarınızı koparmak).
- Partnerinizi veya sevdiğiniz kişiyi saplantılı bir şekilde hayatınızı etkileyecek kadar düşünmek.

## Neden aşk bağımlısı oluruz?

Bildiğiniz gibi aşk çok karmaşık bir duygular bütünüdür. Âşıkken beynimizde salgılanan pek çok kimyasal gerçekten de ayaklarımızı yerden keser. Tüm dünyayı unutur, yemeden içmeden kesilir hale geliriz. Ancak yine de bir zaman sonra dış dünyanın görüntüsü daha da netleşmeye başlar. İçimizdeki kıpır kıpır duygular yerini mantıklı kararlara bırakmaya başlar. Hayat boyu gerçekten âşık olduğumuz insan sayısı da azdır ancak aşk bağımlılığına sahip biri yukarıda saydığımız olumsuz durumları sürekli yaşar.

Yapılan araştırmalar âşıkken yaşadığımız duygu ve tutumların haz mekanizmamızı tetiklediğini ortaya koyuyor. Âşıkken beynimiz dopamin denen ve ödül mekanizmasını ateşleyen bir kimyasal salgılamamıza neden olur. Salgılanan diğer kimyasallarla birlikte âşıkken bağımlılık, arzulama, takıntı ve kontrol kaybı yaşama sıklığımız da artar.

Ağırlıklı olarak aşk bağımlılığına iten sebepler:

- Geçmişinizde ya da aile içinde deneyimlenmiş terk edilmeye bağlı travmalar
- Benlik saygısının düşük olması
- Geçmişte duygusal veya cinsel istismar yaşamış olmak
- Travmatik bir ilişki yaşamış olmak
- Çocukluk travmaları

## Aşk bağımlılığından kurtulmanın yolları

Çeşitli terapi yöntemleri bağımlılıklar konusunda imdadımıza koşarken ilişkilerde yaşadığımız bağımlılıklarda da yine terapi desteği alabiliriz. Bunun yanı sıra ilişki bağımlılığından kurtulmak ve gücü yeniden kazanmak için:

**Kendi başınıza zaman geçirmeyi öğrenin:** İlişki bağımlılıklarının temel sebeplerinden biri yalnız kalma korkusudur. En basit bir işi bile birinin yardımı olmadan yapamıyorsanız yavaş yavaş bu bağımlılığı terk etmek için çalışın. Kendi başınıza yürüyüşe çıkın, bir kafede tek başınıza oturun ve kahve için, kalabalık ortamlarda örneğin bir parkta tek başınıza oturun ve çevrenizi gözlemleyin. Tek başınızayken neler hissediyorsunuz, içinizden neler geçiyor dilerseniz defterinize yazın. Kaygı, umutsuzluk gibi olumsuz duygularınızın kökeninde hangi düşünceler var bunları tespit etmeye çalışın. Tek başınızayken mümkün mertebe kendinize odaklanın, telefonunuzla ya da sosyal medya hesaplarınızla ilgilenmeyin. Zamanla kendi başınıza geçirdiğiniz zamanları artırmaya çalışın, bu en başta belki bir saat olacak sizin için ancak gitgide bu zaman aralıklarını genişletmeye çalışın.

**İlişkilerinizde tekrarlayan şablonlara dikkat edin:** Aşk bağımlılığına sahipseniz farklı insanlarla kurduğunuz ilişkilerde benzer paternler olması muhtemeldir. Kendinizi sıklıkla kaptırdığınız döngüler var mı? Hep benzer insanlarla mı romantik ilişkiler içine giriyorsunuz? Örneğin beklentileriniz karşılanmadığında, reddedildiğinizde, ayrılıklarda yaşadığınız ve tekrarlayan şablonları fark edebiliyor musunuz? Benzer durumlarda aynı davranışları tekrarlıyor olabilirsiniz. Benzer şekilde yine tekrar davranışlarınızın temelinde yatan sebepleri keşfetmeniz neyi neden yaptığınızı anlamanıza yardımcı olacaktır.

**Kendinize yatırım yapın:** Kendi gücünün farkında olmayan insan başkasına bağımlı hale gelir. Sadece duygusal anlamda değil her açıdan kendinizi güçlendirin, eğer maddi olanaklarınız yeterli değilse bu alanda kendinizi geliştirin. Eğitimler alın, atölyelere gidin. Entelektüel açıdan kendinizi geliştirmek de sizi daha güçlü biri haline getirir. Her konuda az da olsa bilginiz olsun, özel uzmanlık alanları, hobiler edinin, kitap okuyun, dil öğrenin. Çok büyük hamleler değil amaç, kendiniz için yapacağınız küçük bir değişiklik bile size kendinizi daha bağımsız hissettirmeye yetecektir. Unutmayın güçlü hissetmek hislerle alakalıdır, basit bir adımı bile küçümsemeyin. Suya atılan minik bir taş dev dalgalar yaratır.

**Duygusal ihtiyaçlarınızı gözden geçirin:** Aşk bağımlılığı olan kişiler genellikle kendilerini ve kendi ihtiyaçlarını ihmal ederler. Sevilme, arzulanma gibi beklentilerinizi tatmin etmenin farklı yolları vardır, biraz bakış açınızı elden geçirin. Bağımlılık korkudan beslenir, sizi endişelendiren duygularınızdan kurtulmak için kendinize değer katacak eylemlere yönelin. Sosyal sorumluluk projelerinde yer alın, yardıma ihtiyacı olan insanlarla işbirliği yapın, eğer bir uzmanlığınız varsa ihtiyacı olan kişilere eğitimler düzenleyin. Tüm bunlar özgüveninizi ve özsaygınızı güçlendirir.

## Manipülasyon Tuzağına Düşmek

İlişkilerde talep edilme, sevilme, onaylanma gibi beklentiler içinde oluruz. Bir ilişkide bir şey istediğinizde dürüstlük göstermek iyidir. Ancak partneriniz doğrudan yapamadığında size istediklerini yaptırmak için manipülasyon gibi sınırlarınızı sinsice zorlayan taktiklere girişebilir.

Sevdikleriniz sizi duygusal olarak maniple ettiğinde sizin üzerinizde hâkimiyet kurmak ve sizi zayıflatmak istiyordur. Böylece kontrol mekanizmasını ele geçiren bu kişiler sizi diledikleri gibi parmaklarında oynatabilirler. Manipülasyon sonucunda güç kaybı bazen çok tehlikeli boyutlara dahi varabilir, sizi değersiz hissettirmenin ötesinde her anlamda yıkıma dahi sürükleyebilir. Bu nedenle bu konuyu ciddiye almanız gerekir.

Manipülasyon kimilerince kişisel kazançlar elde etmenin karanlık bir yoludur. Üzerinizde açıktan ya da gizlice hâkimiyet kurma amacıyla bir süreç içinde devam eden ve sizi gitgide zayıflatan bir eylemler topluluğudur. Çoğu zaman incelikli ve gizli yollarla yapılır ve bazen fark edilmesi çok zordur.

Manipülasyon kendisini sevecenliğin, kibarlığın, iyiliğin arkasında gizlediğinde tehlikeli bir hal alır. Bu tarz bir durumda manipülasyon tuzağını fark etmek neredeyse imkânsızdır, hele de bu maskenin ardında saklananlar çok yakınımızdaysa...

*Ustalıkla sürdürülen manipülasyonlar benliğinize zarar verir, gücü yeniden ele almanın yolu oyunu bozmaktır.*

Manipülasyonun çeşitli aşamaları ve bazı türleri vardır. İlerleyen bölümde çok daha detaylı bir şekilde bu konuyu ele alacağız. Ancak kabaca bunlardan bahsetmek gerekirse nelere dikkat etmeniz gerektiğini de kavrayabilirsiniz.

Manipülatif davranışlar güveninizi kazanmak, kontrol altına almak ve duygusal bağımlılık oluşturmak amacıyla yapılır. Amaç sizi tamamen güçten düşürmek ve iradenizi ele geçirmektir. Abartılı iltifat ve hediyeler, yoğun sevgi gösterileri, dalkavukluk, aşırı övgü, izolasyon, kafa karışıklığı yaratma gibi davranışlar tuzağın kurulması için sıklıkla kullanılan taktiklerdendir.

İltifat herkesin gururunu okşar ancak bombardıman şeklinde bir taktik olarak yapılan iltifatlar bir gün kesildiğinde zihninizde soru işaretleri oluşmaya başlar. Alışkın olduğunuz yoğun sevgi gösterilerinin neden durduğunu anlamaya çalışır ve tekrar eski konumunuza dönmek istersiniz. Eski konumunuzu tekrar elde etmek için bu kez kendinizden vazgeçmeye başlarsınız, çünkü karşı taraf size kurduğu tuzakla sendelemenize yol açmış ve sizi yetersiz hissettirmiştir bir kere.

Savunmasız kaldığınız bu andan sonra manipülatör artık isteklerini sıralamaya başlayacaktır. Zamanla sizi çevrenizden izole etmek, hayatınızın merkezinde yer alan şeylerden vazgeçmenizi sağlamak, belki işinizi, arkadaşlarınızı bırakmak dahi olabilir bu vazgeçişlerin konusu. Sizi vazgeçirme noktasına getirmek isteyen manipülatörler yine sinsice pazarlayabilirler bu isteklerinizi. Açıktan ifade edilmeyen kıskançlıklar, üstü kapalı değersizleştirmeler, incelikli eleştiri görünümünde kötülemeler, iyi niyetle maskelenmiş engellemeler, üstü örtük pazarlıklar... Belki de sonrasında bunların daha da ileriye taşındığı zorlama, baskı, taciz ve şiddet...

---

*Manipülatörlerden adaletli olmasını bekleyemezsiniz çünkü onun amacı sizin düzeninizi altüst etmek ve sizi kontrol altına almaktır.*

---

**İlişkinizde maniple edildiğinizin işaretleri**

**Sevgilinizle birlikteyken tam olarak kendiniz değilseniz:** Onun yanındayken olduğunuzdan farklı biri gibi mi davranıyorsunuz? Kendinizi sürekli tedirgin ve kaygılı hissediyor musunuz? Eğer partnerinizi hoşnut etme kaygısıyla onun hoşuna gitmeyecek şeyleri yaparken ve söylerken kendinizi gergin ve huzursuz hissediyorsanız muhtemelen manipülatör biriyle birliktesiniz.

**Her şey için özür dileme ihtiyacı hissediyorsanız:** Hatalı olmadığınız halde kendinizi sürekli suçlu hissediyorsanız, yaptıklarınızdan dolayı sürekli eleştiriliyorsanız sorun sizde olmayabilir... Manipülatör bir partner sizi güçten düşürmek için bir taktik olarak daima size oynar, yaptıklarınızı eleştirir, sürekli açığınızı kovalar, olmasa da icat eder ve sizi özür dilemeye zorlar. Herkes daima haklı olamaz ama manipülasyon içindeyseniz partnerinizin haklı çıkma dürtüsü sizi sürekli özür dilemeye zorlayacaktır.

**Basit istekleriniz bile yok sayılıyorsa:** Genellikle ilişki içindeyken özel günlerinizde, tatillerde ya da bazı kritik ve değerli zamanlarda beklentileriniz olabilir. Evlilik yıldönümleri, doğum günleri, mezuniyet törenleri, özel kutlamalar, hastalıklar gibi spesifik beklentilerin ortaya çıktığı zamanlardaki ya da gündelik akış içindeki kimi isteklerinizin sistematik olarak bertaraf edilmesi ve değersizleştirilmesi manipülasyonun bir parçasıdır. Bu gibi durumlar yine sizi belli bir çemberin içinde tutmaya yöneliktir, bahanesi ne olursa olsun sizi kendinizden ödün vermeye zorlar. Bir süre sonra hiçbir şey isteyemez hale gelirsiniz, zaten diğer tarafın arzuladığı da budur.

**Gittikçe yalnızlaşıyorsanız:** Usta bir manipülatör etrafınızın pek de kalabalık olmasını istemeyecektir. Sizi kendisine bağımlı kılmak için mümkün mertebe etrafınızdaki insanlarla iletişiminizi sınırlamaya yönelik hamleler yapacaktır. Partneriniz ya da size manipülasyon yapan her kimse kimlerle görüştüğünüzü soruyorsa, sizi aktif olarak insanlarla vakit geçirmekten alıkoyuyorsa, eğitim, çalışma ya da hobi amaçlı meşguliyetlerinizi engellemeye çalışıyorsa dikkatli olun. Yalnızlaştırma taktiğinin bir diğer ayağı da ilişkilerinizde rüzgâr tersine esmeye başladığında sizin çevrenizdeki insanları maniple ederek kendi tarafına çekmeye başlamaktır. Sizi diğer insanlara karşı kötülemek de yalnızlaştırmanın bir parçasıdır.

**Kendinizi tamamen değersiz ve işe yaramaz hissediyorsanız:** Hepimiz zaman zaman değersizlik duygularıyla boğuşuruz ancak sistematik bir manipülasyona maruz kaldığınızda değersizlik duyguları tavan yapmıştır. Sizi bağımlı kılmak isteyen biri sizin her türlü yeteneğinizi kötüleyerek, eleştirerek size yeteneksiz olduğunuza dahi inandırabilir. Kendi özerkliğinizi yitirdiğinizde, kendinizi gitgide zayıflamış bir halde bulursunuz. Kendinizi eskiden yaptığınız şeyleri yapmaya muktedir hissetmiyorsanız, çaresizlik duygularınız varsa, paralize olmuş gibi hissediyorsanız çevrenize daha dikkatli gözlerle bakın.

**Çifte standartlar varsa:** Manipülatif bir ilişkide olduğunuzun en bariz işaretlerinden biri çifte standartlardır. İlişkinizde iki kural vardır, biri sizin diğeri de karşı taraf için ve bu iki kuraldan biri siyahken diğeri beyazdır. Örneğin siz gece arkadaşlarınızla buluşmaya gidemezken, diğer taraf bu konuda özgürdür, dahası bu konu tartışmaya kapalıdır. Sınırlarınızı tanımazlar, onların çizdiği sınırlar dahilinde sizi hapsetmeye çalışırlar ve siz bu konuyu tartışmaya açtığınızda incindiklerini ileri sürerek sizi suçlarlar.

**Öncelik daima karşı taraftaysa:** Manipülasyonun hüküm sürdüğü bir ilişkide öncelik daima manipülatördedir. Her şeyin öncelik sırası onun beklentilerine göre dizayn edilir, o asla beklememelidir ve en önce onların ihtiyaçları karşılanmalıdır. Tüm bunlar ilişkinizin tek taraflı olduğu anlamına gelir, bu da sizi bitkin ve tükenmiş hissettirir. İhtiyaçlarınızın yok sayıldığı bir ilişkide siz de yoksunuzdur aslında. Manipülatörü memnun etmek adına verdiğiniz tavizler ve fedakârlıklar karşılığında hiçbir şey alamadığınızda kendinizi iyice önemsiz hissedersiniz ve ne yazık ki bunlar da sizin hareket etmenizi engellemek adına yapılan taktiklerden bir tanesidir. Çünkü önemsiz hissederken üzerinizde hâkimiyet kurmak çok daha kolaydır manipülatör için.

Eğer geçmişinizde toksik ebeveyn dinamikleriniz varsa, ihtiyaçlarınızı göz ardı ederek büyüdüyseniz, kendinizi korumak yerine başkalarını memnun etmeye öncelik verdiyseniz manipülasyon tuzağına daha kolay düşebilirsiniz. Sınırlarınız zayıf olduğunda, düşük özsaygı ve özgüvene sahipseniz manipülatörlerin elinde kolaylıkla bir ava dönüşebilirsiniz, çünkü onlar zayıf sınırlarınızı taktikleriyle hızlıca ele geçirirler.

## Tekrarlayan İşlevsiz Döngülere Kapılmak

Sizi hüsrana uğratsa da tekrar tekrar aynı döngüye girdiğiniz ve aynı işlevsiz ilişki kalıplarını tekrarladığınız oluyor mu?

Kendinize sıklıkla neden hep aynı tipte insanları hayatıma çekiyorum diye soruyor musunuz?

Neden kimi anne babaların çocukları da yetişkin olduklarında onların eleştirdiği kimi davranışları yapmaya başlıyor?

Genelde yıkıcı anlamda sonuçlar üreten işlevsiz ilişki kalıplarını tekrar etmemizin ardında bazı önemli nedenler var.

**Nöronların öğrenme gücü:** Beynimizdeki öğrenme mekanizmamıza baktığımızda bir şeyi ne kadar tekrarlarsak o kadar kalıcı hale getirdiğimizi görürüz, bilim bize böyle söyler. Bilimsel olarak artık bu bilgiye sahibiz, beynimizdeki nöronlar ateşleme yoluyla birbiriyle bağlantı kurarlar ve siz bir konuda beyninizi ne kadar ateşlerseniz o kısımdaki nöronlar arasındaki bağlantıyı güçlendirirsiniz. Örneğin bir müzik aleti öğrenmeye çalışırken saatlerce, aylarca ve yıllarca pratik yaptığınızda artık beyninizin bu konuyla ilgili kısmındaki nöronlar mükemmel bir bağlantısallık geliştirmiş olurlar. Başka bir örnek vermek gerekirse arabayla işten eve dönerken, bir andan sonra bu bağlantısallık sayesinde siz dikkat etmeseniz bile otomatik pilottaymış gibi yolu takip ederek eve ulaşırsınız. Bu iyi örneklerdeki mekanizma ne yazık ki travmalarda ve olumsuz deneyimlerde de benzer şekilde çalışır. Örneğin ihmalle geçmiş bir çocukluğunuz varsa beyniniz bu duruma alışmıştır ve siz farkında olmasanız da sizi ihmal edecek kişilerle bir arada olma eğiliminde olursunuz.

**Çocukluk deneyimlerimiz:** Çocukken içinde büyüdüğünüz aile dinamikleri, öğrendiğiniz kalıplar, izlediğiniz rol modellerinizden aldığınız davranışlar ve bunların sonucunda geliştirdiğiniz savunma mekanizmaları çok derinlerinize yerleşmiştir. Kaydettiğiniz tüm bu kalıplar henüz siz daha çok savunmasızken öğrenilmiştir ve yıllarca kullanılan kalıpları değiştirmek için çaba harcamak gerekir.

**Travmalardan öğrendiklerimiz:** Çocukken yaşadığınız travmalar sonucunda kendinizi sevilmemiş, reddedilmiş, güçsüz hissetmişseniz yıllar sonra bu travmalar üzerinde hâkimiyet sağlayabilmek adına size aynı duyguları hissettirecek insanlarla beraber olma eğiliminde olabilirsiniz. Bu eğilimin esasen tek bir amacı vardır: Travmayı yinelemek ve bu kez onu alt ederek iyileşmeyi sağlamak. Tekrar tekrar bu sonucu değiştirmek için bilinçsizce sürüklendiğimiz bu çaba sizi aynı döngüde tutan nedenlerden biridir.

**Düşük özsaygı:** İstismar ve ihmalle geçen çocukluk deneyimleri düşük özsaygıya yol açar. Bu durumda da yetişkinlik yaşantısında dahi yerleşik hale gelen kimi düşünce kalıpları aktifleşir. Erozyona uğramış bir özsaygı kişide acıyı, istismarı ve utancı hak ettiğine dair bir algıya dönüşür. Bu algı da onu tekrarlayan işlevsiz ilişki kalıplarına mahkûm eder.

## İşlevsiz döngüler nasıl kırılır?

**Aile içindeki ilişki kalıplarınızı fark edin:** Her aile dinamiği birbirinden farklıdır ve haliyle bebeklikten itibaren içinde bulunduğumuz kimi anormallikleri fark etmek de zordur. Pek çok kişi çocukken ihmale uğradığını seneler sonra fark edebilir ya da daha ağır travmalara şahit olduğunu anlaması zaman alabilir. İçine doğduğunuz dünya sizin normalinizdir, orada nelerin ters gittiğini anlayabilmeniz için sağlıklı referans noktalarına ve örneklere ihtiyacınız vardır. Bunun çarpıcı örneklerinden biri ormanda vahşi hayvanlarla büyüyen çocuklardır. Normal bir aile yaşantısı yerine vahşi hayvanlarla büyüyen çocuklar o ortamın atmosferine uyumlu hale gelirler ve öğrendikleri kalıplar bir daha eski haline gelmeyecek biçimde şekillenir. Bu anlamda modern yaşamın içerisinde kendimize referans alabilecek pek çok şeye sahibiz aslında. Eğer ailenizde olumsuz kalıplar olduğunu düşünüyorsanız bu konularla ilgili araştırmalar yapabilir, güvendiğiniz insanlara danışabilir, bir uzmandan yardım alabilirsiniz.

**Kendinizi gözlemleyin:** İşlevsiz bir ilişkinin içinde aynı döngüye kapıldığınızı hissediyorsanız kendinizi gözlemleyin. Buraya sizi ne sürükledi? Duygunuz, düşünceniz ne? Defterinize yazarak analiz edin. Her türden eyleminizin arka planında bilinçli bir şekilde algılayabileceğiniz güçlü nedenler vardır, neyi telafi etmeye çalışıyorsunuz? Kendinize neyin peşinde olduğunuzu sorun. Elbette pek çok neden bilinçdışında farkında olmadığınız etkilerden kaynaklanıyor ancak sürekli aynı şeyleri yaşadığınızda yaşanan durum kadar sizin zihninizde ve duygu dünyanızda da tekrarlayan örüntüleri fark etmeniz kolaydır.

**Yaralarınızı iyileştirin:** Ağır travmatik deneyimler ruhumuzda izler bırakır. Bu yaralar kapanmadıkça ve karşılanmayı bekleyen ihtiyaçlar karşılanmadıkça sizi çaresiz hissettiren insanları yaşamınıza çekmeye devam edersiniz. Sağlıklı, sevgi dolu ilişkiler kurabilmek için kendinizin sevilmeye layık olduğuna inanmaya ihtiyacınız var. Değerli hissetmeyi öğrenin, iyi şeyleri hak ettiğinize inanın ve yaşamınızda kendinize hediye edeceğiniz şeyler belirleyin. En umulmadık acılar bile hafifler ve en kapanmaz yaralar bile kapanır unutmayın. Güçsüz hissettiğinizde uzmanlardan, güveneceğiniz insanlardan destek istemeyi ihmal etmeyin.

**Yeni yollar açın:** Eski ilişki kalıplarınızı terk edin. Nöronlarımızda öğrenmenin nasıl kalıcı hale geldiğinden bahsetmiştik, insan beyni o kadar inanılmazdır ki siz ona yeni yollar öğretirseniz bu kez bunları güçlendirmiş olursunuz. Kendinizi değersizlik, utanç ve suçluluk döngüsünden kurtarmak için size layık olacak duygulara yönelin ve kendinize bunları telkin edin. Size kendinizi değerli hissettirecek insanları hayatınıza alın, paylaşmayı ve sevmeyi önemseyen insanlarla vakit geçirin.

**Kendinize nazik davranın:** Değişim zaman ister, kendinize karşı nazik ve sabırlı olun. Her geçen gün ufak da olsa değişim için adım atın. Kendinizi şımartın, bazen ödüllendirin, "Aferin bak bunu hak ettin..." deyin sesli bir şekilde. Tüm bunlar zihin yapınızı değiştirecektir, güleceğiniz, kahkaha atacağınız ortamlarda bulunun.

**Sınırlarınızı netleştirin:** Sizi değersiz hissettiren, zayıflığınızı kullanarak üzerinizde otorite kurmak isteyen insanlarla aranıza sınır çekin. Size iyi gelemeyecek durumlarda net bir şekilde hayır deyin. İlk başlarda zorlanabilir, içinizde bunun yanlış olduğuna dair hislerle dolabilirsiniz. Endişelenmeyin, geri adım atmayın. İnsanlar birkaç kez denedikten sonra kurallarınızı kabul edeceklerdir.

## Sınır Çizememek

*"Sınırlar kişisel bakımın bir parçasıdır."*

Doreen Virtue

Unutmayın ki sonsuza kadar harcayacağınız sınırsız bir enerjiniz yok. Hepimizin yapabilecekleri ve tahammül sınırları bellidir. Sizi güçten düşüren, enerjinizi çalan ana nedenlerden birisi de sınır çizememektir.

Sınırlar ilk etapta kulağa insanları yaşantınızdan uzaklaştırmak gibi gelebilir, oysa sınır çizmek kişisel alanlarınızı muhafaza etmek, huzurunuzu korumak ve gücünüzü dengelemek için hayati önemdedir.

Sağlıklı sınırlar ilişkilerinizin kalitesini artırdığı gibi size de gereken güçlü imajı verir. Esasen insanlar güçlü insanlarla yan yana olmak isterler, kimse zayıf bulduğu ya da kolaylıkla maniple edebildiği birinden etkilenmez.

*Güçlü ve etkili bir imajın,*
*cazibe yaratmanın altın*
*anahtarlarından biri de*
*kendi kurallarınızı insanlara*
*hatırlatmaktır.*

Aile, arkadaş ya da romantik ilişkilerin tümü sınırlara ihtiyaç duyar. Sınırlar cinsel yakınlıktan her türlü fiziksel temasa, duygularınızdan hayattaki hemen her maddi paylaşıma dek etkin bir şekilde vardırlar. Basit bir para alışverişinden birinin omzuna dostane bir tavırla dokunmaya dek iletişimin en önemli noktasıdır. Farkında olarak ya da olmayarak birinin sınırlarını zorlamak kişinin özel alanına temas etmek anlamına gelir ki kimi zaman bu konu gerçekten de çok büyük önem kazanır.

Sınırlarınızın çok açık ya da çok katı olması da istenmez, sağlıklı bir orta yol bulmanız gerekir. Açık sınırlar yaşamınızın talan edilmesine, katı sınırlarsa insanlardan kopuk ve mesafeli durmanıza neden olur. Genelde sınır çizme konusunda en büyük problem açık sınırlara sahip olmaktır, sınırlarınız ne kadar belirsiz olursa ihtiyaçlarınızdan, isteklerinizden ve değerlerinizden o denli tavizler verirsiniz.

*Sınırları ihlal edilmiş bir ilişkiyi*
*geri döndürmek en zor olanıdır,*
*bu yüzden güçlü sınırlar*
*çizebilmek için net ve*
*kararlı olun.*

Bazen sınırlarınızın nasıl yok olduğunu dahi anlamak zordur. Eğer sınırlarınız baştan belirlenmemişse nelerin ihlal edildiğini fark etmek güçleşir. Bu nedenle kendinizde bir gözlem yapın:

- Kendinizi nerelerde sıklıkla öfkeli, gergin ve mutsuz hissediyorsunuz?
- Kimlere hayır demekte zorlanıyorsunuz ve gerekçeniz ne?
- Hayatınızın hangi alanında daha fazla taviz veriyorsunuz?
- Hayatınızın hangi alanında kendinizi daha çok tükenmiş hissediyorsunuz?
- Sizi en çok yoran şey ne ve kim?
- Düşündüğünüzde bile strese sokan bir şey var mı?
- Düşündüğünüzde bile sizi endişeye sürükleyen bir şey var mı?

Sınır ihlalleri kendini zihninizde, bedeninizde çok açık bir şekilde gösterir. Sizi tüketir, endişeye sürükler, şimdiki anda olmanıza en büyük engeldir. Sınırların yok olması bir başkası adına sürekli çırpınmak, aşırı fedakârlık, kaygı gibi ağır yükümlülükler getirir size. Bu da kendiniz için harcamanız gereken enerjiyi boş yere sarf etmeniz anlamına gelir.

*Aklınızda bunu daima tutun,*
*bir başkasını tatmin etmeniz*
*için sınırlarınızı açmanız kendi*
*hayatınızı feda etmenizle*
*eşdeğerdir ve kaybettiğiniz*
*zamanı geriye döndürmeniz*
*imkânsızdır.*

**Hangi alanları korumanız gerekir?**

**Fiziksel sınırlar:** Bedeniniz sizin dış dünyayla aranızdaki en mahrem sınırdır. Bedeninize yönelen her tür istenmeyen temas bu sınırın aşılması anlamına gelir. Dokunmak, sarılmak, öpmek, el sıkışmak, mahrem bölgelere dokunulması vb. fiziksel yakınlaşmalar bu gruba girer.

**Cinsel sınırlar:** Romantik ilişkilerinizde, evlilikte benliğinizi korumanız gereken alanlardan biridir. Cinsel yakınlaşmalar sizin rızanıza tabi olmalıdır, neler yapacağınız, zamanlama ve kiminle yapacağınız gibi seçenekleri ancak siz belirlersiniz. İstenmeyen ve zorlama içeren her türden yakınlaşma cinsel sınırların ihlal edilmesi anlamına gelir.

**Zihinsel sınırlar:** Zihinsel sınırlar düşünce, inanç, değer yargılarınızı içerir. Hepimiz düşüncelerimizi ve kendimizi ifade etme özgürlüğüne sahibizdir. Eğer düşünceleriniz katı bir şekilde eleştiriliyorsa, değersizleştiriliyorsa, kendi yaşamınızla ilgili karar verme mekanizmaları engelleniyorsa, olduğunuzdan başka biri gibi davranmaya zorlanıyorsanız zihinsel sınırlarınız ihlal ediyor demektir.

**Duygusal sınırlar:** İletişimin en güçlü bileşenlerinden biri duygularımızdır, insanlarla duygularımız üzerinden temas kurarız. Ağlamak, öfkelenmek, neşelenmek gibi duygularla kendimizi ifade ederiz, talep ve beklentilerimizi duyururuz – elbette doğru yerlerde, açık ve net bir iletişim sağlamak adına. Duygusal ifade yollarınız başkalarınca küçümseniyor, eleştiriliyor ve aşağılanıyorsa duygusal sınırlarınız ihlal ediliyor olabilir.

**Finansal sınırlar:** İstemediğiniz halde borç vermeye zorlanmanız, eşyalarınızın gasp edilmesi, herhangi bir şeyinizi ödünç vermeye zorlanmak finansal kaynaklarınızla ilgili sınırlarınızın ihlal edilmesi anlamına gelir.

**Zamanla ilgili sınırlar:** Yaşamımızdaki en değerli ve belki de en savurgan harcadığımız zamanımız en çok ihlal edilen sınır ihlallerindendir. Basit bir telefon konuşmasından herhangi bir işle ilgili gereksiz ayrıntılara dek zamanla ilgili sınırlarımız sıklıkla ihlal edilir. İnsanların bitmeyen taleplerini karşılamaktan sorumlu olduğumuz insanların zaruri sorunlarını çözmeye dek belki de en bulanık alanlardan biridir.

## Güçlü sınırlar çizebilmek için ne yapmalısınız?

**Saygıyı hatırlayın ve hatırlatın:** Güçlü sınırlar sizin özsaygınızla ilgilidir. Hem kendinize hem de başkalarına bunu hatırlatın. Özsaygıyı hatırlamak kendinize değer vermek anlamına gelir. Başkalarınızı hoşnut etmek adına kendi değerlerinizden taviz vermeyin. Benzer şekilde başkalarına da aynı şeyi yapın, onların da sınırları olduğunu unutmayın.

**Hayır demekle barışın:** Hayır demeye ve hayır kelimesini duymaya kendinizi alıştırın. Genellikle reddedilmekle eşdeğer bir kelime olan "hayır"ı duymaktan hoşlanmaz yakınımızdaki insanlar, bu bazen onları çeşitli pazarlıklara sürükler. "Neden hayır dedi, beni sevmiyor mu, istediğimi nasıl alabilirim?" gibi düşünceler belirir ve nerede durmaları gerektiğinin nedenleri buharlaşır. Hayır demenin kişisel olmadığını söyleyin onlara. Sınır çizmenin gerekçesi aslında nettir ve karşı taraf ısrarcı davranırsa geri atmadan net bir şekilde hayır deyin.

**Açık olun:** Özellikle romantik ilişkilerinizde neden sınırlara ihtiyaç duyduğunuzu partnerinize anlatın. Hepimizin nefes odalarına ihtiyacı vardır, ilişkinin sağlamlığı için de güçlü sınırlar gereklidir. İlişkide her iki tarafın kendi özel alanının olması ilişkinizi besler. Bunun birbirinize saygı duymakla ilgili olduğunu ona anlatın. Kendiniz kadar onun da sınırlarını önemseyin.

**Tutarlı davranın:** Sınırlar konusunda ne kadar net olursanız o kadar başarılı hale gelirsiniz. Bir gün başka diğer gün başka türlü davranmanız karşı tarafın yine kolaylıkla sınırlarınıza girmesine olanak sağlar. Parmaklıklarınızı güçlendirin, gerekli mesafeyi yaratmaktan korkmayın. Bazı insanlar ilk başlarda tepki gösterip, eski davranışlarınıza dönmeniz için sizi maniple edebilirler. Duygularınıza değil, mantığınıza sığının.

**Küçük adımlarla başlayın:** Ani değişiklikler bazı insanları korkutacaktır, örneğin anneniz, babanız ya da eşinize tam bir U dönüşü hissi vermek yerine ufak ufak alıştırma adımlarıyla gidin. Kibarca isteklerini öteleyin, erteleyin, daha sonra yapabileceğinizi söyleyin ve zamana yayarak sınırların oturmasını sağlayın. Ciddi bir istismar durumunda elbette hemen harekete geçin, gerekliyse destek alın.

## Güçlü sınırlar için güçlü stratejiler

Güçlü sınırlar için hayatınızda uygulayabileceğiniz bazı stratejiler:

- Gün içinde ve haftanın belli günlerinde yalnız kalabileceğiniz zaman dilimleri yaratmak ve yakınınızdakilere buna ihtiyaç duyduğunuzu söylemek.
- Henüz yeni tanıştığınız birisi fiziksel olarak çok yakın temasta bulunuyorsa rahatsız olduğunuzu ifade etmek.
- İnsanların hayatınızın mahrem alanlarıyla ilgili sorduğu soruları yanıtsız bırakmak ve bu konuları konuşmayı tercih etmediğinizi söylemek.
- Sizden zorla borç ya da herhangi bir eşyanızı ödünç isteyenlere müsait olmadığını iletmek.
- Mesai saatleri dışında telefonlarınıza ya da e-maillerinize dönmemek.
- Telefon ya da e-maillerinizi kontrol etmek isteyenlere izin vermemek.
- Cinsellik esnasında istemediğiniz ve hoşunuza gitmeyen durumları istemediğinizi ifade etmek ve hayır demek.
- Tartışma öfkeli bir noktaya taşındığında rahatsız olduğunuzu ve daha sonra konuşmak istediğinizi söylemek.
- İş arkadaşınıza sorumlulukları konusunda gerekli hatırlatmaları yapmak ve kendi iş yükünü üstlenmesini istemek.
- Patronunuza özel hayatınızla ilgili müdahalelerde bulunamayacağını hatırlatmak.
- Aile üyelerinize özel eşyalarınızı, çekmecenizi karıştırmamaları gerektiğini söylemek.
- Eşinize ya da sevgilinize biraz alana ihtiyaç duyduğunuzu söylemek.

- Dini, ruhsal, siyasi fikirlerinizi açıklamaya zorlandığınızda bu gibi ortamlardan izin isteyerek ayrılmak.
- Anne babanızın beklentilerine ve zorlamalarına hayır demek.
- Hafta sonlarınızı kayınvalidenize ayırmak yerine kendinize ayırmak istediğinizi eşinize söylemek.
- Liderlik pahasına işyerinde yapamayacağınızdan fazla iş üstlenmemek.

Sınırlarınızı belirlemek için örnek cümle kalıpları:

- ✓ Fiziksel görünümümle ilgili bu şekilde konuşmanı istemiyorum.
- ✓ Bu konuda kararımı verdim, bu şekilde olmasını istiyorum.
- ✓ Seninle tartışmak istemiyorum.
- ✓ Seninle görüşmek iyi olurdu ama ne yazık ki bu hafta müsait değilim.
- ✓ Bu konuyu seninle konuşmak istemiyorum.
- ✓ Bugünlerde çok yoğunum, bunun için sana söz veremem.
- ✓ Sana yardımcı olamayacağım.
- ✓ Bunu düşünmek için biraz zamana ihtiyacım var.
- ✓ Bana bu şekilde dokunman beni rahatsız ediyor.
- ✓ Yüksek sesle konuşmaya devam edersen gitmek zorunda kalacağım.
- ✓ Önerilerin için teşekkür ederim ama ben kendi kararlarımı kendim verebilirim.
- ✓ Umarım bu konuyu çözmenin bir yolunu bulursun.
- ✓ Yaşadıklarından dolayı üzgünüm ama sana yardımcı olmam mümkün görünmüyor.

- ✓ Bu aralık ek iş yapamayacağım.
- ✓ Bu proje benim alanım dışında.
- ✓ Ne yazık ki bu sefer sana yardımcı olamayacağım.
- ✓ Üzgünüm bu sefer gelemeyeceğim, belki daha sonra.
- ✓ Bunu kişisel algılama ama benim biraz yalnız kalmaya ihtiyacım var.
- ✓ Bunu daha sakin bir zamanda konuşalım mı?
- ✓ Ne yazık ki ekonomik olarak borç veremeyecek durumdayım.
- ✓ Özel hayatımla ilgili sorularına cevap vermek istemiyorum.
- ✓ Bundan hoşlanmadım.
- ✓ Ne yazık ki akşamlarımı kendime ayırmayı tercih ediyorum.
- ✓ Seninle bu konuda aynı fikirde değilim.
- ✓ Bu proje için daha fazla zamana ihtiyacım olacak.
- ✓ Benden istediğin yardım benim yeteneklerimin dışında.
- ✓ Aciliyetini anlıyorum ama daha fazlasını yapmam mümkün değil.
- ✓ Kişisel gerekçelerimi açıklamak zorunda değilim.
- ✓ Ben bir yetişkinim ve senden korkmuyorum.

**Konfor Tuzağı**

*"Tekne limanda güvendedir. Ama teknenin amacı bu değildir."*

Paulo Coelho

Konfor alanı genel anlamda kendimizi güvende ve kontrol altında hissettiğimiz psikolojik bir durumdur. Belirsizlikten hoşlanmaz beynimiz, daha önce de değindiğimiz gibi bilindik olanı tercih etme eğilimindeyizdir, bu bizim fazla enerji sarf etmemizi engeller. Öngörülebilirlik hayatta ihtiyaç duyduğumuz şeylerden biridir, belirsizlik yaratan her şey bizi huzursuz eder, içten içe kemirir. İlişkimizin sallantıda olması, işyerinde patlak veren bir problem, ne olduğu anlaşılamayan bir sağlık sorunu, niyetini pek kestiremediğimiz insanlar... Bir an evvel yanıt almak isteriz.

Haliyle bu durum bizi bilindik olanın bataklığında tutar. Keşke iyi şeyler için sınırlı olsa bu durum, bazen ne yazık ki kötü deneyimlerin yaşandığı alanlarda da konfor bölgesinden yani "alışıldık" olandan uzaklaşmak zordur.

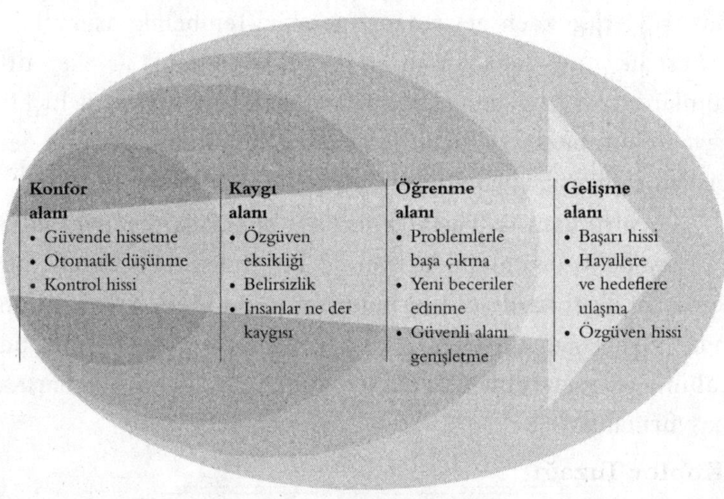


Her gün aynı kitabın sayfalarını karıştırdığınızı düşünün ya da aynı filmi tekrar tekrar izlediğinizi ve tüm bunları yıllarca yaptığınızı... Heyecan nerede? Yenilikler nasıl sizinle buluşacak?

*Konfor alanı çekicidir,*
*sizi cezp eder ve sizi*
*bir bataklık gibi yutar.*

Yaşamınızda yeni bir senaryo yaratmak için bilinmeyen sulara atlamanız gerekir. Kötü giden bir ilişki, artık kanıksadığınız ve size bir şey kazandırmayan fikirler, yeni insanlar, yeni iş fırsatları ve daha fazlası kendinizi sınamanız için olanaklar koyar ortaya.

Zorluklar kendinizi test etmeniz için muazzam fırsatlardır ve bizler gelişimimizi buna borçluyuzdur. Hatta şöyle diyelim hayatınızda problem yoksa bu problemin ta kendisi olabilir, bazı şeyleri gözden geçirmeniz gerekir. Tembellik, asosyallik, çabasızlık, umursamazlık insan olarak sıyrılmanız gereken tutumlardır. Hayata karşı aktif bir tavır sergilemediğinizde hiçbir şeye dokunmazsınız, hiçbir şey de size dokunmaz ama bu değiştirme gücünü kaybettiğinizi gösterir.

Her birimizin en başta kendimize sonra da diğer insanlara karşı belli sorumlulukları vardır. Bir annenin çocuğuna, bir kardeşin diğer kardeşe, eşlerin birbirine, bir meslek uzmanının ona ihtiyacı olan kimselere... Bu nedenle saplanıp kaldığımız bu tutumlardan sıyrılmalı ve gücü yeniden ele almanın yollarına başvurmalıyız.

*Konfor alanında yaşamak*
*yeteneklerinizi köreltir ve gerçek*
*potansiyelinizi yitirmenize*
*neden olur.*

Uzun süre konfor alanında yaşamak özgüven kaybına yol açar, kişisel gelişiminiz sekteye uğrar, başkalarına bağımlı hale gelirsiniz. Durgun bir göl eninde sonunda bataklığa dönüşür, akarsular her daim berrak ve temizdir. Fırsatları ancak konfor alanınızdan çıktığınızda yakalayabilir, kendinizi ancak böyle sınayabilirsiniz.

Yeni bir iş görüşmesinden, yeni bir ilişkiye adım atmaktan, topluluk önünde yapacağınız önemli bir konuşmadan, hayatınızı değiştirecek hayaliniz için adım atmaktan, çok arzu ettiğiniz senaryonuzu yazmaktan, filminizi çekmek için harekete geçmekten, eğitiminiz için sınava girmekten kaçınmak ve korku kalesine sığınmak hem fiziksel hem de zihinsel nedenlerden kaynaklanabilir. Harekete geçmek strese sebep oluyorsa saklanmak en iyisidir.

*Korku, hayata meydan okuma gücünüzü elinizden alır. Yeni beceriler geliştiremez, hedeflerinize ulaşamazsınız.*

Konfor alanına saplanmak sizi tatminsiz ve sıkıcı birine dönüştürür. Bu de çevrenizdeki insanların sizden uzaklaşmasına neden olur. Mesleki anlamda sınırlarınızı zorlamadığınızda kendinizden de tatmin olmazsınız, bir başkasına dokunmadığınızda yalnızlık hissiyle dolarsınız. Gelişim her zaman risk barındırır, bu riskleri göğüsleyebildiğiniz ölçüde yaşamınız da genişler. Korkuyu meydan okumaya çevirmek için kendi gücünüze "Evet!" deyin ve yeni olanı denemekten kaçmayın.

Konfor alanında yeni hiçbir şey yetişmez. Orada bahçemizdeki çiçekler için yeteri kadar güneş yoktur, hava akımı yoktur, yeteri kadar su bulunmaz. Uzun süre konfor alanında kalmanın bedeli çok ağırdır, pişmanlıklar, suçluluk duygularına hapseder sizi. Hayat korkaklığı kaldırmaz, her ne olursa olsun cesaretle hareket emek ruhunuzu tazeler, topraklarınızı verimli kılar.

Korku, o görünmez hayalet sizi sardığında kulağınıza fısıldadığı kimi cümleler vardır: Yapamazsın, beceremezsin, rezil olacaksın, sen zaten hak etmiyorsun, falanca kişi senden daha iyi, yapacaksın da ne olacak, buna gücün yetmez... Bu cümlelerin bir kısmı öğrenilmiştir, bir kısmını da biz kendimize telkin ederiz. Tekrar tekrar zihnimizde dönen ve iyice yerleşik hale gelen bu otomatik düşünceler bir yerden sonra sahte bir ikinci kişiliğe dönüşür. Gerçek benliğimizi susturur ve bizi ele geçirir.

*Yapamazsın, beceremezsin diyen otomatik düşünceler sahte bir kişilik yaratır ve gerçek benliğinizi evden kovar.*

Yeni bir durumla karşılaştığımızda otomatik olarak kendimize bazı sorular sorar ve bazı tepkiler veririz:

– Benden istenen ne?
– Bunu yapabilecek kaynaklara sahip miyim?

Bizden istenen durumu tespit ettikten sonra –hatta bazen tespite bile yeltenmeden– ikinci soruya hayır deyip kaçınma refleksi gösterdiğimizde karşılaştığımız durumu bir tehdit olarak görmüşüz demektir. Hayır demek yerine evet demekse bunu bir fırsat olarak görmek anlamına gelir. Karşılaştığımız her türlü durumda otomatik düşüncelerimizden sıyrılıp yeni gözlerle bakmak kendimize gelişim için bir alan açmaktır.

Otomatik düşünceler, zihnimizde belli bir anda refleks şeklinde aniden gelişen düşüncelerdir. Bilinçli bir yargılama olmaksızın ortaya çıkan, eylemlerimiz ve duygularımızı derinden etkileyen zihinsel işlevlerdir. Mantık süzgecinden geçirilmeden olduğu gibi kabul edilen bu düşünceler tesadüfen ortaya çıkmazlar, temelinde kalıplaşmış inançlar ve şemalar vardır ve sıklıkla tekrar edilirler.

**Konfor alanında sıkıştığınızı gösteren işaretler**

- Sıkılıyorsanız ve nedenini bulamıyorsanız
- Verimli ve üretken değilseniz
- Kendi yeteneklerinizden şüphe ediyorsanız
- Her gününüz birbirinin kopyası haline dönüştüyse
- İlişkinizi bir türlü bitiremiyorsanız ve mutsuzluk sizin için bir alışkanlığa dönüştüyse
- En son ne zaman yeni bir şey denediğinizi hatırlamıyorsanız
- Yeni insanlarla tanışmıyor ve sohbet etmiyorsanız
- Her şeyi erteliyorsanız
- Harekete geçmekte zorlanıyorsanız
- Sosyalleşmekten kaçınıyor, evden dışarı çok zor adım atabiliyorsanız
- Teklifler size tehdit gibi geliyor ve bu yüzden stresli, gergin ve huzursuz hissediyorsanız
- Yalnız kalmaya her zamankinde çok ihtiyaç duyuyorsanız

Tüm bunlar sıkışıklığın bir belirtisidir. Konfor alanından çıkmak paraşütle uçaktan atlamak gibidir, öncesinde gergin ve sinirli olabilirsiniz. Ancak atladıktan sonra keyifle süzülür ve yeni bir şey denemenin heyecanını tadarsınız.

**Konfor alanından kurtulmak için 5 adım**

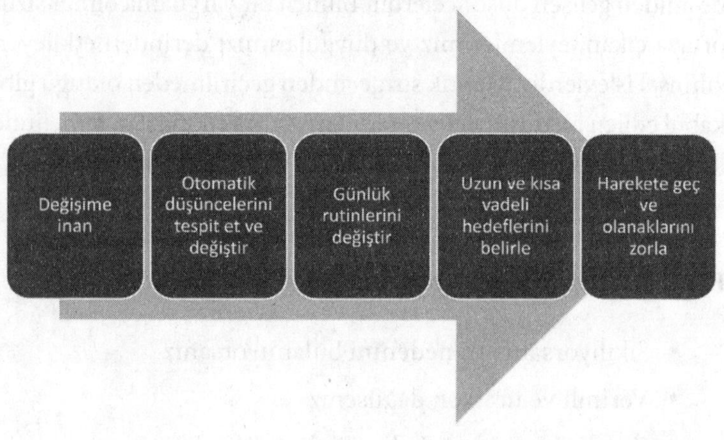


**Başarısızlığa da evet deyin:** Başarılı olmayı kim istemez ama her başarının ardında hatalar da vardır. Risk almadan neyi başarıp neyi başaramayacağınızı bilemezsiniz. En basitinden ilkokuldayken yani henüz hiçbir şey bilmiyorken derslere giriyorduk ve belli dönemlerde de sınavlar yapılıyordu. O masum halimizle bazen iyi notlar bazen de kötü notlar alıyorduk ama her geçen gün daha geliştik, okuma yazmayı öğrendik. Kendinizi geliştirmek istediğiniz alanlara biraz da bu gözle bakın, herkes benzer yollardan geçti, herkes bir şeyleri deneyerek öğrendi. Cesur olun ama kendinize karşı şefkatli de olun.

**Rahatsızlığa kendinizi açın:** İlk başlarda huzursuz, gergin ve karmaşık duygular hissedebilirsiniz. Bu duyguların yaşamasına izin verin, onlara bir gözlemci konumunda dışarıdan bakın. Tıpkı bir bebek gibi ağlayıp sızlanacak kimi duygularınız ama unutmayın siz duygularınız değilsiniz. Köken düşünce ve yargılarınızı değiştirmek evinizdeki eşyaların yerini değiştirmek gibi, yerini değiştirdiklerinizin altından toz çıkabilir ve biraz gürültü çıkması da normal. Her şey yerli yerine geldiğinde ayaklarınızı uzatıp bir yorgunluk kahvesi içeceğiniz o an eninde sonunda gelecek. Sadece sabırlı olun ve duygularınızla özdeşleşmeyin, onlara yenilmeyin. Olması gerekenleri olması gereken yere koyarken karşılaşacağınız karışıklık zamanla yerine oturacaktır.

**Küçük adımlarla başlayın:** Bazen değişim için adım atmak gerçekten zordur, ani ve acı verici bir kayıp yaşamak, zor bir hastalıktan çıkmak, ağır bir finansal çöküşten sonra tekrar güç toplamak birden olmayacak. Bu gibi durumlarda bazen bir süre durmamız, yas tutmamız, acımızı yaşamamız için zamana ihtiyacımız vardır. Ancak yine de biliriz ki acı günlerin en iyi ilacı aktif bir yaşamı kucaklamaktır. Depresif duygularınızı alt etmek için küçük adımlarla başlayın, belki ilk etapta günlük rutininizi değiştirmek, gündelik alışkanlıklarınıza yenilerini eklemek, yavaş yavaş insanlarla temas kurmak bunlardan birkaçı olabilir.

**Sizi neyin alıkoyduğunu ve neye ihtiyaç duyduğunuzu tespit edin:** Sizi konfor alanında tutan şeyin arka planında yatan yanlış inanç ve şemalarınızı bulun. *Vazgeçilmez Olmanın Sırrı* kitabımda şemalar konusunu detaylı bir şekilde anlatmıştım. Yerleşik düşünce kalıplarınızı bulduktan sonra ihtiyaçlarınıza yönelin, size ne iyi gelir? Hayatta neyi yapmak sizi mutlu eder? Değerleriniz neler, hangi değerler sizi motive ediyor? Belki de yanlış yerde ve yanlış insanlarlasınız gerçekten de ve hayatınızda köklü değişimler yapmayı arzuluyorsunuz. Kendinizin üzerinde sıkı bir çalışma yapın ve güç kaybına neden olan ana sorunları bulun.

**Ulaşılabilir hedefler belirleyin:** Büyük hedefleriniz olabilir ama bir anda hedefinizi tam on ikiden vurmanız zamana ve başka etkenlere bağlıdır. Bazı hedeflere erişmek gerçekten de zaman ister, o konuda gelişmeniz, kaynak üretmeniz ve tıpkı bir elması işler gibi üzerinde çalışmanız gerekir. Ancak ana hedefinize doğru yürürken bir yol haritası çizebilir ve belli periyotlar dahilinde ufak ara duraklar yaratabilirsiniz. Örneğin, şu anki işinizden ayrılıp yeni bir iş kurmak istiyorsanız önce bu işle ilgili araştırma yaparsınız, gerekli olan finansal kaynakları belirlersiniz, bu iş için almanız gereken eğitimleri planlarsınız, işi kuracağınız mekânı, ekibi belirlersiniz vs. Tüm bu adımları belirledikten sonra da bir yol haritası çizer, 6 aylık ya da yıllık bir takvimle adım adım ufak hedeflerinize yönelir ve nihayetinde de örneğin 3 yılın sonunda arzuladığınız o işi kurarsınız.

**Dayanıklılığınızı güçlendirin:** Her macera sizi yıpratacaktır, bu yüzden zihinsel, bedensel ve ruhsal sağlığınıza özen gösterin. Kendinize şefkatli olun, dinlenmek ve molalar için zaman yaratın. Kendinizi besleyin, farklı insanlar, farklı fikirlerle haşir neşir olun. Egzersiz, yürüyüş ve sporu hayatınıza katın, bedeni çalıştırmak sizi zihinsel ve ruhsal olarak da güçlendirir. Sizi destekleyecek, güçlendirecek insanlarla vakit geçirin. Rol modelleriniz olsun ve onlardan ilham alın.

**Olanaklarınızı zorlayın:** Çeşitli bahanelerin arkasına sığınmaktan vazgeçin, ekonomik nedenler, geçmişinizden gelen çaresiz ve yoksunluklardan dolayı harekete geçmekte zorlanabilirsiniz. Emin olun bunların hepsi aşılabilir, yeter ki güçlenmek için adım atın. İhtiyaç duyduğunuz yerlerde insanlardan destek istemekten kaçınmayın. Örneğin bir eğitim için burs olanaklarını araştırın, yapmak istediğiniz iş için doğru insanlara ulaşın ve kendinizi anlatın, projenizi destekleyecek kaynakları soruşturun. Mücadeleci ve meydan okuyucu tavrınızı ortaya koyduğunuzda insanların size inanmasını sağlarsınız. Size engel olan insanları hayatınızdan uzaklaştırın, ayağınıza dolanan ne varsa söküp atın. Yaşamınızı değiştirme gücünü ele alın ve sınırlarınızı zorlayın. Siz ne kadar zorlarsanız o kadar esnediğini hayretle göreceksiniz, buna inanın.

**Ödüllerin farkına varın:** Evet dizleriniz kanayacak, acı çekeceksiniz ama ilerledikçe çeşitli ödülleri de toplamaya başlayacaksınız. Gözünüz ana hedefteyken uğradığınız ara duraklarda edindikleriniz için kendinizi takdir etmeyi unutmayın. Takdiri daima başkalarından bekleriz ama en güçlü takdir bizim kendi içimizden doğan takdir ve onay duygusudur. Başardığınızı gördükçe kendinize olan inancınız ve saygınız da artar. Kendinizin en kıymetli şey olduğunun farkına varmak size güç verir.

## Kendine Acımak ve Kurban Zihniyetini Benimsemek

*"İnsanı acı değil, kendine acımak bitirir."*

Dostoyevski

Kurban zihniyeti ve kendine acıma çeşitli düşünce ve tutumlarla kendini gösterir: Hayat asla adil değildir, kişi daima haksızlıklara maruz kalır, zaten kaderi doğuştan kara yazılmıştır, o hep kaybedendir ve tüm dünya onun üzerine geliyordur...

Zaman zaman hayat üzerindeki kontrolümüzü yitirdiğimiz olur ancak kurban zihniyetini benimsemiş bir insan için bu his uzun süredir vardır, hayatın her alanında bunu deneyimliyordur ve sürekli ihanete uğruyor, hayal kırıklığı yaşıyordur.

Kurban rolünü benimseyen bazı kişiler bunu manipülasyon aracı haline getiren ve 4. Bölüm'de bahsedeceğimiz narsistik ya da aşırı büyüklenmeci insanlar da olabilir. Ancak bizim burada bahsedeceğimiz kimseler sıklıkla kendilerini sabote edecek davranışlara yönelen bir zihin yapısına sahip olanlar olacak. Not etmekte fayda var, iki grubun da bazı ortak özellikleri mevcut.

Kendine acıma duygusu taşıyan ve kurban zihniyetinde olan kişiler şu tutumları gösterirler:

- İşler yolunda gitmediğinde daima başkalarını suçlarlar.
- Sorumluluk almaktan kaçınırlar.
- Kendilerine de başkalarına da eleştireldirler.
- Kendilerini sabote ederler.
- Daima geçmişteki acılarından beslenirler.
- Dünyayı adaletsiz bir yer olarak görürler.
- Kimseye kolay kolay güvenmezler.
- Yapıcı eleştiriyi kabul etmezler.
- Kaygı, endişe, depresyon, kendine güvensizlik, öfke ve yalnız kalma gibi duygular sergilerler.
- Aksiliklerle başa çıkmakta zorlanırlar.
- Yaşamda değişiklik yapmakta zorlanırlar.
- Düşük özgüvene sahiptirler.
- Sadece siyah ve beyazları görürler, grilere yer vermezler.
- Empati yoksunluğu yaşarlar.
- Sürekli tetiktedirler.
- Sürekli başarısız hissederler.
- Derin çaresizlik duyguları vardır.
- Felaketleştirici düşüncelere sahiptirler.
- Kendilerinden başka herkesin çok mutlu olduğunu düşünürler.

Kendine acıma duygularına kırgınlık, çaresizlik, içekapanıklık, dünyadan elini ayağı çekme gibi davranışlar eşlik eder. Hayatınızda yaşadığınız travmalar ve hayal kırıklıkları nedeniyle ortaya çıkabilir bu duygular. Güçsüz hissetmenize neden olan zorluklar bir şekilde geçip gitse de tortuları hâlâ sizinle birlikte olmaya devam edebilir. Özellikle büyük travmalardan sonra eve dönüş zorlayıcı olabilir. Güvende hissetmek, aidiyet duymak, kendinizi tekrar yaşama adapte edebilmek her zaman kolay olmayabilir.

Başımıza gelen her travmatik durumda farklı reaksiyonlar gösteririz, bazen savunma mekanizmalarımız yeteri kadar güçlü olmaz, bazen zırhımız daha geçirgen, kabuğumuz daha yumuşaktır. Hayatın her evresinde olaylara ve dünyaya bakışımız değişiktir. Yaş aldıkça güçleneceğimizi zannederken aksine daha kırılgan bir ruh haline bürünebiliriz, kendimizi daha korunaklı limanlara atmayı, daha güvenilir kollarda bulmayı haklı olarak isteyebiliriz. Ancak beklentilerimiz ve iyi niyetimiz her zaman karşılık bulmaz, hayat güzellikler kadar üzüntülere ve kalp kırıklıklarına da gebedir. Yapmamız gereken, her ihtimale kendimizi açmak ve saklandığımız yerden çıkmaktır.

*Acıma duyguları, küskünlük ve*
*kurban zihniyeti yaşamın gücünü*
*ele alma kabiliyetimizi bizden çalar.*
*Hayat bütün ihtimalleriyle birlikte*
*hayat ve insan her türlü ihtimali*
*kucaklayabilme cesaretiyle insandır.*

Evet belki kalbiniz kırıldı, hayat size hiç de adil davranmadı, sevdiğiniz bir insanı, sevdiğiniz bir şeyi, size dair saklamak istediğiniz o muhteşem ruh halini ve güzel duyguları çaldı... Tüm bunların sadece sizin başınıza geldiğine inandınız ve kapıları pencereleri kapadınız. Hayatınızın hiçbir anı için sorumluluk almamaya başladınız. Size destek olmaya gelen insanları reddettiniz, onları anlayışsızlıkla suçladınız.

Bütün ömrünüzü bu şekilde geçirmeye razı mısınız?

Asıl önemli soru ise şu: Bu şekilde davranmakla aslında ne yapmış oluyorsunuz?

Farkında olsanız da olmasanız da kurban zihniyetine bürünmenin ve kendine acımanın getirdiği ikincil kazançlardan faydalanıyor olabilirsiniz. Görünüşte reddetseniz de ilgilenmiyor görünseniz de çevrenizdeki insanların yardım talepleri ve çabaları sizi rahatlatıyor olabilir. Hatta bu şekilde sempati, ilgi ve alakayı üzerinizde tutmak da isteyebilirsiniz. İnsanların zihnindeki imajınızın sizi daha korunaklı bir alanda tuttuğuna dair bir algınız da var olabilir, çünkü böyle bir durumda kimse sizi incitmek istemez. Eğer kurban zihniyetini sergilediğiniz insanlar bir şekilde size mevcut travmayı yaşatan kişilerse onlarda her daim bir suçluluk duygusu yaratmak da istiyor olabilirsiniz.

Kurban zihniyetine bürünmek sizin için işlevsel bir maskeye dönüşmüş olabilir, yani benimsediğiniz tutum sahte bir benlik haline gelmiş olabilir. Ancak arka planda sürdürdüğünüz bu durum bir şekilde hayata katılma ve her şeyi olağan akışına döndürmenize engeldir. Pes etmiş bir görüntüyle daima insanları suçlamak ve saplanıp kalmak yaşamınızı içten içe kemirir ve kurutur.

---

*Kendinizi daima mağdur ve kurban zihniyetinde hissetmenizin bedeli ağırdır: Daima acı dolu bir geçmişle kaygı dolu bir gelecek arasında gider gelir ve şimdinin sizi değiştirebilme gücünü imha edersiniz.*

---

Travmatik olaylardan sonra zayıflamış, güçsüz ve çaresiz hissetmeniz normaldir. Ancak bu durumun yaşam tarzı haline dönüşmesi ve mağduriyet algısının uzun bir zamana yayılması yaşamınızda kontrol mekanizmalarını iptal eder. İyileşme, dönüşme ve gelişmeye dair tüm fırsatları reddedersiniz, bundan kazanç sağlasanız da bu sahte kazançlar kaybettiklerinizin yanında oldukça değersiz olacaktır.

## Kurbanın zihninden hangi cümleler geçer?

Kurban zihniyetine bürünmüş biri daima kendini sabote eder, zihninde sürekli olumsuz düşünceler, karanlık senaryolar vardır, dahası bu senaryoları başkalarına da dayatır.

Kurban zihniyetine saplanıp kalmışsanız çeşitli kök inançlarınızı keşfetmeniz işinize yarayabilir. Bir anlamda öğrenilmiş çaresizlik olarak da tanımlayabileceğimiz bu psikolojik durumda kendinizi sıklıkla şu cümleleri söylerken bulursunuz:

- Kötü şeyler hep beni buluyor.
- Hayatımın kontrolünü bir türlü ele alamıyorum.
- Gelecekte hayatım çok daha kötü olacak.
- Asla mutlu ve başarılı biri olamayacağım.
- Benden başka herkesin hayatı mükemmel.
- Başıma gelenleri hak ettim.
- Boşuna uğraşmanın anlamı yok çünkü hiçbir şey değişmeyecek.

## Kurban zihniyetinden kurtulmanın yolları

**Başkalarını suçlamayı bırakın:** Olmaması gerekenler oldu ve şimdi artık değişimi arzuluyorsunuz. İlk adımı suçlamayı bırakmak. Hayatın herhangi bir anında, çeşitli olasılıklar dahilinde travma yaşayan milyonlarca insandan birisiniz ve geçmişi ardınızda bırakmaya karar verdiğinizde kurtulmanız gerek ve size ağırlık yaratan bu duygudan vazgeçmelisiniz. Sözlerinizle ve davranışlarınızla doğrudan birini suçladığınızda kötü deneyimlerinize dair tortuları da her seferinde havalandırmış olursunuz. Kendinize yeni ve yapıcı düşüncelerle duygular yaratmaya çalışın. Sizi kısırdöngüye sokacak suçluluk, utanç gibi duygulardan kendinizi izole edin.

**Sorumluluk alın:** Geçmiş ve gelecek arasındaki sallantıya son verin ve bugünden değişimi başlatın. Şimdi, tam şu anda neredesiniz? Ne hissetmek, nasıl yaşamak istiyorsunuz? Hemen bugünden, şu andan başlayın. Artık hayatı daha fazla ertelemeyin, atılması gereken o adımı kimse atamaz, yapılması gereken değişimi sizden başkası yapmayacak ve yapamaz da. Hayatınızın sorumluluğunu ele alın ve yepyeni bir başlangıç için ayağa kalkın.

**Güçsüzlük duygularınızın nedenlerini bulun:** Kimi yerleşik inançlar ve şemalar nedeniyle saplanıp kaldığınız yerden çıkamıyor olabilirsiniz. Ya da kimi travmalar da benzer etkilere sebebiyet verir. Gücünüzü kim çaldı? Nedenlerinizi araştırın. Bu konuda uzmanlardan destek almayı deneyebilirsiniz.

**Kendinize şefkatli davranın:** Kendinize acıdığınızda ya da mağdur hissettiğinizde aslında kendinize iyi davranmış olmazsınız. Bunun yerine kendinize tıpkı hiç tanımadığınız bir çocuğa yardım eder gibi şefkatle yaklaşarak özen gösterin. Gerçekten yardıma ihtiyacı olan küçük bir çocukla karşılaşsaydınız ona ne derdiniz? Nasıl davranırdınız? Muhtemelen sarılır, güvende olduğunu söyler ve diğer ihtiyaçlarını karşılamaya girişirdiniz. Yaşadıklarınızdan dolayı uzun süre karanlıkta kaldınız, şimdi kendinizi aydınlığa çağırma vakti. Kendiniz için en güzeli ve en iyiyi düşleyin, en değerli şeyin sizin varlığınız olduğunu kendinize hatırlatın. Ne yaşanmış olursa olsun hâlâ bir şeyler yapabilmenin gücünü hissettiğinizin farkında olun.

**Yardıma ihtiyacı olan diğer insanlarla bir araya gelin:** Bazı toplumsal travmalar, soykırım, doğal afetler, büyük kazalar neticesinde pek çok insan ortak acılar yaşarlar. Bedensel bir tahribata maruz kalmak, çok küçük yaşta yakınlarınızı kaybetmek, ekonomik, ruhsal ağır darbeler almak... Aslında pek çok insanın yaşadığı şeylerdir bunlar. Dünyanın her yerinde benzer ortak acıları deneyimleyen insanlar vardır ve onlarla bir araya gelmek, duygudaşlık geliştirmek, sizden çok daha zor şartlarda olan insanlara destek olmak sizi güçlendirir. Emin olun hayatta türlü felaketlere şu anda maruz kalan milyonlarca insan var, farklı insanların hikâyelerine kulak verdiğinizde yalnız olmadığınızı görecek ve hayata sarılacak gücü içinizde bulacaksınız.

**Minnettarlık duygunuzu geliştirin:** Yaşamda sahip olduğumuz fakat değerini ancak kaybedince anladığımız o kadar çok şeyimiz var ki. Ancak tabiatımız gereği genelde hep elimizdekini değil de daldaki kuşu arzularız. Kimimiz daha çok paranın, kimimiz daha çok güzelliğin, şöhretin, zekânın peşindedir. Kimi daha güzel ve büyük bir evde yaşamayı hayal ederken kiminin tek isteği akşam uyuyabileceği sıcak bir yatağının olmasıdır. Kimi buzdolabını açıp kararsızlıktan dışarıda yemeğe gitmeye karar verirken kimisi günlerce ağzına bir lokma koyamamıştır. Bu karşılaştırmalı bakış açısını anlamak önemlidir çünkü yaşama karşı minnettarlık geliştirmek bizi güçlendirir. Her gün sağlıklı uyanabilmek, görebilmek, basit de olsa, küçük de büyük de olsa isteklerimize erişebilmek, sevdiklerimizle temas kurabilmek... Tüm dünyada salgınlar, depremler, savaşlar ve büyük bir çöküş sürerken basit ayrıntıları görebilmek size güç verir.

**Eylem planı yapın:** Yaşadıklarınızın sizde yarattığı olumsuz durumları nasıl tersine çevirebilirsiniz, nelere ihtiyacınız var defterinize yazın. Her kötü olayda mutlaka bir çıkış yolu vardır, travmanın olumsuz etkisini tersine değiştirin ve buradan doğan bu itici gücü sizi ileriye taşıması için kullanın.

**Kendinizi affedin:** Suçluluk ve utanç duygularından sıyrılın. Olanlar için kendinizi suçlamayın, evet bazı şeylere maruz kalmış olabilirsiniz ama bu sizin hatanız değil. Kendinizi kırgın düşüncelerle oyalamak yerine affetmenin gücünden faydalanın.

**Yabani otları ayıklayın:** Toplum, aile, sevgili gibi kişilerin beklentilerini, size dayatılanları, empoze edilen yetersizlikleri fark edin. Kendinize dair yanlış algılardan sıyrılmak için bu içedönüş çalışmasını sıklıkla yapın. Çatışma içinizden yükselenlerle dışarıdan dayatılanlar arasındadır, dayatılanlara boyun eğmeyin, mücadele gücünüzü koruyun.

Unutmayın, farkındalık kazandığınızda değişim yapabilme beceriniz de geri gelir. Kendinizi yüreklendirin, önünüzü aydınlatacak o meşalenin ateşini şimdi tutuşturun ve artık geçmişin karanlığını değil, önünüzde uzanan yolu aydınlatın.

## Bağımlılık

Bağımlılık yaratan davranışların kökeninde bir tür duygusal stres vardır; bu sorun kişinin bilinçaltında o kadar derinlere gömülüdür ki bunu ele almak çok bunaltıcıdır. Stresi hafifletmek, uzaklaştırmak içinse çeşitli davranış ve uyaranlara yönelinir.

Bağımlılığın psikolojisini ele alırken duygusal stresin tam olarak ne olduğunu anlamak gerekir. Duygusal stres birçok biçimde ortaya çıkabilir, nedenleri de kişiden kişiye değişir. Örneğin aile içi şiddet (fiziksel, cinsel, sözlü veya duygusal), istismar, narsis eş ya da ebeveynler, zor insanlarla bir arada bulunmak zorunda kalmak, yaşamın getirdiği zorluklar duygusal stres yaratırlar.

Duygusal stres depresyon, endişe, panik atak ve intihar düşüncelerine kadar uzanabilen ciddi bir konudur. Travmaya sebebiyet verebilecek düzeyde olan duygusal stres, kişi kendi hayatına dair derin endişelere kapıldığında ortaya çıkar. Üzeri örtülen ya da çözülmeyen duygusal stres, zararlı ve yıkıcı davranışlara sebep olur, alkol, uyuşturucu, seks, kumar, aşırı çalışma gibi eylemlerle bu yoğun stres bastırılmaya ve geriye itilmeye çalışılır.

Yapılan çalışmalar kimi insanların bağımlılığa daha yatkın olduğunu da ortaya koyar, beyindeki dopamin mekanizması bunda etkilidir. Kendini tekrarlayan takıntılı davranışlar da yine genetik olarak aktarılabilir.

Bağımlı kişilik şu davranışları sergiler:

- Dürtüseldir.
- Hazzı ertelemede zorluk çeker ve ulaşmak için sabırsızdır.
- Toplum kurallarından hoşnut değildir.
- Aile, evlilik gibi kurumlara karşı yabancılaşma içindedir.
- Özsaygısı düşüktür.
- Strese karşı dayanıksızdır.
- Aşırı tepkiseldir.

Bağımlılık güç kaybına sebep olur ancak çeşitli gerekçelerle bu olumsuz durum rasyonalize edilmeye çalışılır. Pek çok yönden yaşantıya zarar verse de eğer bir şeye bağımlıysanız makul gerekçelerle olayın zararlarını ötelemek isteyebilirsiniz. Örneğin yaptığınız eylem size zarar verse de bunun aslında sorun yaratmadığını söyleyebilirsiniz ya da eskiye göre daha azalttığınızı, bunu yapmadan rahatlayamadığınızı, bunu deneyimlerken kimseye zarar vermediğinizi söyleyebilirsiniz. Tüm bu gerekçeler bir savunma taktiğidir.

Pek çok davranış dışarıdan bakıldığında bağımlılıkmış gibi görünebilir. Örneğin sosyal içici olarak birkaç gün alkol almak zararlıdır ama bağımlılık değildir. Bir davranışın bağımlılık kategorisine alınması için yaşamınızı ciddi düzeyde etkilemesi gerekir. Eğer bir davranışı geride bırakmakta çok zorlanıyorsanız ve bunun sonucunda sevdiklerinizi, işinizi kaybetmenize rağmen yapmaya devam ediyorsanız bağımlısınız demektir.

**Bağımlılığın aşamaları**

Bağımlılık davranışı dört aşamalıdır:

**Tetiklenme:** Tetikleyiciler dışsal bir eylem ya da içsel düşünceler olabilir. Bu eylemler veya duygular büyük olasılıkla olumsuzdur ve tek başınıza yüzleşmek ya da çözmek sizin için zorlayıcıdır. Bazı tetikleyiciler işten kaynaklanan stres, travmatik bir anı ya da bir ilişkiyi noktalamak gibi nedenler olabilir.

**Kaçınma:** Bu baş edilmesi zor tetikleyicilerle yüzleşmek yerine, duygular veya eylemler bir kenara itilir ve kaçınma davranışı ortaya çıkar.

**Yer değiştirme:** Maddelerin veya davranışların uyandırdığı olumlu duygular, bu olumsuz duyguların ikamesi olarak kullanılır. Bu kısa süreli uzaklaşma sağlar ancak sorunu ortadan kaldırmaz.

**Tekrarlama:** Sorun ortadan kalkmadığı için olumsuz duygu veya eylemlerle baş etmeyi ertelemek adına bu eylemler tekrarlanır. Böylece bağımlılık başlar.

## Bağımlılığın üstesinden nasıl gelebilirsiniz?

Bağımlılık türüne göre yöntemler değişkenlik göstermekle birlikte aşağıdaki gibi bir yol haritasını uygulayabilirsiniz:

**Bağımlılığınızı kabul edin:** Öncelikle bağımlılıktan kurtulmak için kendinizle yüzleşmeniz ve bunu kabul etmeniz gerekir. Yukarıda saydığımız ve bağımlılığınızı hafifleten gerekçelerin gerçekçi olmadığını bilmelisiniz.

**Uzmandan destek alın:** Kimi bağımlılıklar sadece sizin değil etrafınızdakilerin hayatını da zorlaştırabilir ya da riske atabilir. Kumar ya da uyuşturucu bağımlılıkları bu türdendir. Yardım istemekten çekinmeyin, bu konuda destek veren özel kurumlara başvurun.

**Terapi alın:** Terapiler sizi bağımlılığa iten duygusal stresi çözümlemek için oldukça faydalıdır. Geçmişinizde gerçekleşen ve altından kalkmakta zorlandığınız travmalar, aile içi yaşantılar stresle başa çıkma kabiliyetinizi sizden çalmış olabilir. Umudunuzu koruyun ve bu konuda destek olabilecek kişilere yönelin.

**Sosyal çevrenizi değiştirin:** Genelde kimi bağımlılıklara sosyal çevreniz de eşlik eder. Eğer buna son vermeye niyetliyseniz sosyal çevrenizi sınırlayın. Bunun yerine size daha sağlıklı ve huzurlu gelecek aktivitelere, hobilere yönelin. Sosyal etkileşimi, eğlenceli boş zaman aktivitelerini, fiziksel ve zihinsel sağlığınıza fayda sağlayacak veya stresi yönetmenize yardımcı olacak diğer aktiviteleri içerebilecek yeni rutinleri geliştirin.

**Tetikleyicilerinizi fark edin:** Sizi bağımlılık davranışına sevk eden tetikleyici nedenleri bulun. Mümkün mertebe bu tetikleyicilerden uzak durmaya çalışın, bunlar bir kişi, bir düşünce, bir ortam olabilir. Örneğin sizi tetikleyen şey stresli işinizse, sizi özellikle neyin rahatsız ettiğini belirleyin ve bunun çözülebilmenin yollarını düşünün. Her sabah işe gitmekten korkarak uyanmak yerine, patronunuzla konuşmayı ve nerede değişiklik yapılabileceğini tartışmayı deneyin.

**Güçlü ilişkiler kurun:** Her ne koşulda olsun sevdiklerinizle birlikte olun. Onların desteğini alın ve sizi zorlayan anlarda yardım istemekten çekinmeyin.

**Kendinize şefkatli olun:** Kendinize davranma şeklinizde daha nazik olun, geçmiş hatalarınız için kendinizi affedin. Kendinize daha fazla bakım uygulayın, spor, egzersiz, yoga ile fiziksel olarak güçlenin. Meditasyon, nefes pratikleriyle zihinsel olarak rahatlayın ve kendinize öz şefkat uygulayın.

**Daha büyük bir şeyin parçası olun:** Zamanınızı, enerjinizi ve yeteneklerinizi önemsediğiniz değerlerle diğer insanlara yardım etmeye veya başka bir kişinin hayatında olumlu değişiklik yapmaya ayırın. Bu sizi güçlü kılacaktır.

## Mükemmeliyetçilik ve Imposter Sendromu

Güç kaybının nedenleri dış dünya kadar kendinizle de ilgilidir. Kendi zihinsel şablonlarımıza takılıp kaldığımızda enerji sarfının önüne geçmek mümkün olmaz.

Mükemmeliyetçilik, kusursuzluğu hedefleyen, yüksek standartları olan ve genellikle başarı ile ilişkilendirilen bir kişilik özelliğidir ve bu özellik her zaman işe yaramaz. Mükemmeliyetçilik, kişinin kendisine, başkalarına ve durumlara karşı aşırı yüksek beklentileri olması ve bu beklentilere ulaşma konusunda yoğun bir endişe duyması durumunu ifade eder. Mükemmeliyetçiler kendilerine karşı aşırı eleştireldir ve hata yapmak onlar için hayati anlamlar taşır.

*Mükemmeliyetçilik kusursuzluk peşinde koşanların en büyük engelidir, gelişme ve büyüme kusursuzluktan değil kusurlardan dersler almakla sağlanır.*

Mükemmeliyetçilik bir kişilik özelliğidir. Çocukluk yaşantıları, aileden gelen birtakım öğrenilmişlikler, okul ya da sosyal hayat gibi etkilerle bu kişilik yapısı yerleşik hale gelebilir. Aşırı övülme ya da aşırı eleştirilme gibi davranışlar mükemmeliyetçiliği pekiştirdiğinde ortaya imposter sendromu denen bir psikolojik rahatsızlık çıkabilir.

## Imposter (Sahtekârlık) sendromu

Imposter sendromu sahtekârlık sendromu olarak da bilinir. Sahtekârlık sendromuyla mücadele eden insanlar, başarılarını ve aslında genel olarak kendilerine duyulan yüksek saygınlığı hak etmediklerine inanırlar. Başkalarının düşündüğü kadar yetenekli veya zeki olmadıklarını ve çok geçmeden insanların onlar hakkındaki gerçeği keşfedeceklerini düşünürler. Bu insanlar genelde başarılı ve iyi konumdadırlar, hatta çok iyi akademik görevlerde bulunacak kadar da başarılıdırlar ancak sahip oldukları içses onlara sürekli bu başarının sebebinin kendileri olmadığını fısıldar.

Kanıtlanmış başarılarına rağmen başarıyı içselleştiremeyen bu kişiler içlerindeki yoğun endişeyi yatıştırmakla mücadele ederler. Bu sendromun ortaya çıkmasının nedenlerinden biri rekabetçi ortamlardır. Çocuklukta anne babanın rekabetçi teşviki ya da eğitim ortamlarında benzer tutumlar bu sendromu tetikleyebilir.

Sahtekârlık sendromu alçakgönüllülükle ilgili değildir, genelde başarılarımızı hafife alma eğiliminde olabiliriz ya da başarılarımızın parlatılmasından, övülmesinden kaçınabiliriz. Ancak burada altta yoğun bir kaygı, korku ve endişe hâkimdir. Hatta daha ilerleyen durumlarda kariyeri sonlandıracak kararların verilmesine dahi yol açabilir.

Imposter sendromu bilişsel bir çarpıklıktır. İnsanların becerilerinden ve başarılarından şüphe duymalarına neden olur. Başkalarının kendilerine olan saygısından şüphe duydukları gibi kendi geçmişlerinden ve geçmiş performanslarından da asla emin değildirler. Başarının sevincini yaşayamazlar çünkü sürekli yetersizliklerinin, sahtekârlıklarının ortaya çıkmasını beklerler. Genelde kadınlarda daha çok görülen bu sendrom yeteneklerin ve potansiyelin ortaya çıkmasının önünde bir engel yaratır.

Kadın olarak güçlü hissetmek, gücü ortaya koymak toplumsal olarak her zaman onaylanmaz. Özellikle evliliklerde ya da uzun ilişkilerde kimi partner tutumları kadının fazla ön planda olmasına izin vermez. Otomatik olarak kaygılı bir yapıya bürünen pek çok kadın kendini yeterince ortaya koyma konusunda pek de cesur davranamaz. Ancak sorun şu ki başarı kendini gösterdiğinde dahi olumsuz şablonları yıkmak kolay olmayacaktır. Pek çok insan engelleri yıkıp aştıktan sonra bu endişeli ruh haline bürünebilir.

**Sahtekârlık sendromunun nedenleri**

- ✓ Başarıya aşırı anlam yüklenen bir ailede büyümek.
- ✓ Onay ve değerin başarı ile ilişkilendirildiği bir toplumda ya da grupta olmak.
- ✓ Başarıyla aidiyet hissini birlikte ele almak ve başarısızlığı dışlanma korkusu olarak kabul etmek.

- ✓ Baskı, şüphe gibi duyguları içselleştirmeye daha yatkın bir kişilik yapısına sahip olmak.

**Sahtekârlık sendromu nelere yol açar?**

- ✓ Kendinden şüphe duymak.
- ✓ Kişisel başarıları sabote etmek ve riskli kararlar almak.
- ✓ Başarının tesadüfen geldiğine inanmak ya da dış etkenlere bağlamak.
- ✓ Tükenmişlik.
- ✓ Yüksek beklentileri karşılayamama korkusu yaşamak.
- ✓ Kaygı ve endişeli ruh hali.
- ✓ Yetersizlik hissi.
- ✓ Odaklanma sorunları.
- ✓ Elde edilen başarılara gerektiği takdiri vermemek.

**Sahtekârlık sendromuyla nasıl başa çıkılır?**

**Duygu ve düşüncelerinizle yüzleşin:** Sahtekârlık sendromuna sahip olup olmadığınızı merak ediyorsanız kendinize şu soruları sorun:

- İşinizdeki en küçük hata veya kusura bile üzülüyor musunuz?
- Başarınızı şansa ve dış etkenlere mi bağlıyorsunuz?
- Bugünkü başarınız sizce tamamen tesadüfen mi gerçekleşti?
- Yapıcı eleştirilere bile duyarlı mısınız?

- Yetersizlik korkuları hayatınızı engelleyecek düzeyde mi?
- Eninde sonunda bir sahtekâr olduğunuzun ortaya çıkacağını mı düşünüyorsunuz?
- Gerçekten diğerlerinden daha yetenekli olduğunuz alanlarda bile kendi uzmanlığınızı küçümsüyor musunuz?
- Kendinizi daha fazla devam edemeyecek kadar tükenmiş hissettiğiniz oluyor mu?
- Başarınızı sekteye uğratacak riski kararlar aldığınız oluyor mu?

Bunlara ek olarak aşağıdaki soruları kendinize sorun ve yanıtlarınızı defterinize yazarak düşünün:

- Kendim hakkında hangi temel inançlara sahibim?
- Bu halimle sevilmeye layık olduğuma inanıyor muyum?
- Başkalarının beni onaylaması için mükemmel mi olmalıyım?

Duygu ve düşüncelerinizle yüzleşmek derinlere kök salmış yerleşik inançlarınızı keşfetmenize yardımcı olur. Bu soruları yanıtlarken rahat olun, itiraf etmekte zorlandıklarınızın bile nedenlerine inin.

**Yeteneklerinizi gerçekçi olarak değerlendirin:** Size ait değillermiş gibi gelse de başarılarınızı yeteneklerinize borçlusunuz. Yine defterinize elde ettiğiniz başarıları ve bu başarıları elde ederken hangi yeteneklerinizi kullandığınızı yazın. Emin olun hepimizin süper güçleri var, her birimiz farklı yeteneklerle donanmış durumdayız. Örneğin organizasyon beceriniz çok iyiyken, başka bir konuya uzun süre odaklanma beceriniz iyi olmayabilir ama iyi olduğunuz yetenek muhakkak ele aldığınız görevde fark yaratmanızı sağlar. Her alanda iyi olamayacağınız gibi her alanda da kötü değilsiniz, gerçekçi gözlerle donanımınızı gözden geçirin. İsterseniz güvendiğiniz ve objektif bir arkadaşınızdan bu konuda fikirlerini alabilirsiniz.

**Ufak adımlarla ilerleyin:** Mükemmeliyetçiliğe oynamayın, işleri ufak adımlarla makul derecede iyi yapmanız yeterlidir. Küçük başarılarınız için de kendinizi ödüllendirin ve takdir edin. Başarılarınızı değersizleştirmekten kaçının ve onları kutlayın. Sosyal çevrenizde başarılarınızdan bahsetmekten çekinmeyin, onların değerlendirmelerini isteyin ve iyi kötü her türlü eleştiriyle yüzleşme cesaretinizi geliştirin. Bu kabiliyetinizi güçlendirdikçe kendinizi çok daha rahatlamış hissedeceksiniz.

**Kendinizi karşılaştırmayı bırakın:** Bu dipsiz kuyudan çıkın, bunun bir sonu yoktur. Her zaman sizden çok daha iyisi ve başarılısı olacak. Hepimizin eksikleri, kusurları, hataları vardır. Bunun yerine kendinizdeki iyiyi görme eğiliminde olun, en güçlü özelliklerinizin ayrımına varın.

**Duygularınızla savaşmayı bırakın:** Ait olmama duygularıyla savaşmayın. Bunun yerine onlara yaslanmaya ve onları kabul etmeye çalışın. Ancak bu duyguları kabul ettiğinizde sizi geride tutan temel inançları çözmeye başlayabilirsiniz.

**Kendinize engel olmayın:** Ne kadar sahtekâr olduğunuzu düşünseniz ve bir yerlere ait olmadığınızı hissetseniz de, bunun sizi hedeflerinize ulaşmaktan alıkoymasına izin vermeyin. Devam edin ve durdurulmayı reddedin.

# 3. BÖLÜM
# GÜCÜ ELDE ETMENİN 5 YASASI

*"Güç yalnızca onu almaya cesaret edenlere verilir."*

Dostoyevski

Her yolculuk kişiseldir, bu nedenle her problemde kendi içsel gözlerinizle hayatınıza, eylemlerinize, ilişkilerinize ve bedeninize bakmanızı istiyorum. Bu basit röntgen çalışması tıpkı bedeninizdeki kemikleri, dokuları incelemek gibidir. Nerede kırık var, neresi çatlamış, hangi ekleminizde bir sorun mevcut...

Hayatınızın herhangi bir yerinde yaşadığınız güç kaybının sebebini tespit etmek için bütünsel bakmanız ve güçlenme için de bütünsel bir güçlenme planı yapmanız gerekir. Şöyle düşünün, evinizin salonunda bir tütsü yaktığınızda tütsünün kokusu görünmez bir şekilde her tarafı kaplar ve diğer odalara yayılır. Problemler de olumlu enerjiler de aynı şekilde çalışır. Bir yeri iyileştirmek başka yerleri de iyileştirir ya da bir yerdeki sorun başka yerlerde de aksamalara yol açar. Bir yerinden çürümeye başlayan bir meyve kısa sürede tamamen bozulur.

İçsel dengeyi korumak bu nedenle önemlidir. Bu yüzden de bütünsel çalışmak gerekir. Genelde yaptığımız hatalardan biri meselelere tek boyutlu bakmaktır ancak hiçbir mesele o denli basit değildir. Çünkü insanın kendisi karmaşıktır, birbirine dolanmış bir yumağı çözmek gibidir bu.

Psikolojimizi, zihnimizi etkileyen o denli çok şey vardır ki aynı olaylar bu nedenle herkesi aynı ölçüde etkilemez. Bu nedenle sorunlar benzer olsa da çözümler kişiye özeldir. Ana başlıklar bellidir ama eylemlerinizi siz belirleyebilirsiniz. Yol haritanızı, kararlarınızı, planlarınızı bu nedenle siz oluşturmalısınız.

*Zayıf düşmek hepimizin başına gelir, güçlenmek için basit bir plan yapmak bile sizi ayağa kaldırmaya yetebilir.*

Gücünüzü depolamadan önce onu nasıl kullanacağını bilmek de önemlidir, tıpkı bir alarmı kurmadan önce gereken hazırlıkları yapmak gibi düşünün bunu. Alarm çaldığında artık harekete geçme zamanı gelmiştir. Şimdi yol haritanızı netleştirmenin zamanı.

### 1. Yasa / Ustaca Bir Eylem Planı

Gücü elde etmenin ilk yasası sıkı bir eylem planı hazırlamaktır. Eylem planı mevcut koşulları değerlendirmekle başlar yani şimdide... Şimdide başlayan hareket geleceğe uzanır.

Motivasyon kelimesine aşinasınızdır, basitçe motivasyon bir eylemi gerçekleştirmek için harekete geçme isteği duymaktır. Hem bedensel hem de duygusal olarak pek çok şey bizi güdüler, acıktığımızda beslenmek isteriz, cinsellik, başarı, takdir, ödüller gibi pek çok şey bizi harekete geçirir.

Ödüller dışarıdan da içeriden de gelebilir. Örneğin cinselliğin ödülü içsel bir hazdır, beyinde kimyasal patlamalardır.

Başarılı bir projenin ödülüyse maddi bir kazanç ya da popülerliktir.

---

*Sizi eyleme geçirecek motivasyon kaynaklarınız içsel olmalıdır, dışarıdan talep edilen her şey kısa süreli motivasyon sağlar.*

---

Ustaca bir eylem planı için:

**Mevcut koşullarınızı gözden geçirin:** Konuşmak harekete geçmekten kolaydır. Zihnimizde geleceğe dair planlar yapmayı daha çok severiz, gerçekleştirmek istediklerimize uzanıp erişmek içinse bir adım bile atmak istemeyiz. Konfor tuzağı kadar, alışkanlıkların büyüsü kadar tembellik de bizi alıkoyar hareket etmekten. Üstelik değişim büyük bir güç gerektirir. Sizi harekete geçmekten alıkoyan nedir tespit edin. Gerçekçi bir arkeolojik kazıyla derinlerinize inin, zaaflarınızla, istek ve hedeflerinizle göz göze gelin.

Aşağıdaki soruları defterinize not ederek kendiniz için detaylı bir şekilde yanıtlayın:

- ✓ Neye ihtiyaç duymaktasınız, neler sizi aldatıyor ve yanılsamanın çıkmaz sokaklarına sürüklüyor?
- ✓ Hangi yalanlarla kendinizi avutuyor, hangi zaaflarınıza yenik düşüyorsunuz?
- ✓ Sizi kısıtlayan şeyler neler? Zaman ya da kaynak sıkıntısı mı çekiyorsunuz, bunları nasıl zenginleştirebilirsiniz?

- ✓ Mükemmeliyetçi bir yapınız mı var? Başkalarının sizi eleştirmesinden ve beğenmemesinden mi korkuyorsunuz?
- ✓ Dikkat dağınıklığı, hiperaktivite, tükenmişlik, depresyon gibi çalışma koşullarınızı zorlaştıran başka problemlerle mi uğraşmaktasınız? Çözüm için yardım aldınız mı?
- ✓ Sürekli geçmişte yaşanan olumsuz tecrübeleri mi düşünüyorsunuz?

**Alışkanlıklarınızı değiştirin:** İster ilişkilerinizde isterseniz kendi yaşam tarzınızda alışkanlıkları tersyüz etmek, rutini bozmak, kabullendiğiniz şeyleri tersine çevirmek sizi yeniler. Varsa olumsuz alışkanlıklarınızı terk edin ve yerine yenilerini ekin. Şimdiye dek öğrenilmiş kabullerinizi bir kez daha sorgulamaktan korkmayın. Sosyal çevrenizi, gün içindeyken otomatik pilotta yaptıklarınızı, zamanınızı sizden çalan gereksiz meşguliyetleri, bedeninize ve zihninize zarar veren kötü davranışları -örneğin sigara içmek, dedikodu yapmak, tembellik yapmak, hareketsizlik vb.- sizi oyalayan insanları yeni bir gözle değerlendirin. Unutmamalısınız ki değişim acıtır, hele ki pek çok insan sizi zayıf zırhınızla gördükten sonra kendi gücünüze kavuşmanızı istemeyecektir. Aileniz, eşiniz, sevgiliniz, eşiniz, dostunuz her kimse şöyle bir cümleyle karşılaşabilirsiniz: "Sen eskiden hiç böyle değildin, ne kadar da değiştin."

**Değerlerinizi gözden geçirin:** Harekete geçmek kadar yolda motivasyonumuzu kaybetmeden seyrimize devam etmek de önemlidir. Kısa vadeli ateşleyiciler kısa bir süre sonra pes etmenize, güçten düşmenize ve vazgeçmenize neden olur. Bu nedenle kalenizi sağlam bir zemine, yüksek bir tepeye inşa etmelisiniz.

*Yanlış zihinsel şablonlarla yaşamaya çalışmak yanlış gözlükle dünyaya bakmak gibidir.*

Değerler, niyetlerinizin yakıtı ve gücüdür, değerlere göre yaşamak demek dolu dolu yaşamak demektir, suya bırakılan bir damla mürekkep tüm alanlarınıza etki eder ve izler bırakır. Sizi siz yapan imzanız değerlerinizde gizlidir. Ancak kimi değerler de potansiyelinizin üzerini örter, sizi zincirlerle bağlar.

Değerlerinizi keşfetmeniz sahte benliğinizden kurtulmanızı ve hakiki benliğinize sahip çıkmanızı sağlar. Değerlerinize göre planlanan bir eylem planı sizi gücünüzün ve potansiyelinizin zirvesine taşır.

Değerlerinizi belirlemek size şunları sağlar:

- ✓ Amacınızı netleştirir ve sizi güç kaybından alıkoyar.
- ✓ Yolda zihninizi çelecek ve sizi engelleyecek tuzaklardan korur.
- ✓ Kendinize güvenmenizi sağlar.
- ✓ Başka biri değil kendiniz olursunuz.
- ✓ Kararsızlıktan kurtulur, neyi neden dolayı yapacağınızdan emin olursunuz.
- ✓ Zihinsel çatışmaları önler ve gereksiz yere enerji harcamanıza engel olur.

Şimdi değerlerinizi belirlemek için defterinizi alın ve kendinize şu soruları sorun:

- İnsan olarak hayatta gerçekten değer verdiğim şeyler neler?
- Değer verdiğim şeyler doğrultusunda neler yapabilirim?

Aklınıza gelen her şeyi bu soruların altına yazın. Örneğin değerleriniz şunlardan biri olabilir: aile, özgürlük, yardımlaşma, bilgi, para, toplum, din, eğitim, eğlence, doğruluk, evlilik, güç, güven, macera, zenginlik, umut, yaratıcılık, sağlık, bağlılık, mutluluk, mizah...

Daha sonra diğer soruya aklınıza gelen tüm cevapları yazdıktan sonra sizin için en öncelikli olan ilk beş tanesini sıralayın.

- Bu ilk beş şu an hayatınızda aktif mi?
- Hangi alanlarda bunlar sizin temel motivasyonunuz?
- Eğer bunlar hayatınızda aktif değilse değiştirmek için neler yapabilirsiniz?

**Vizyon yaratın:** Değerler çalışması deniz feneri gibi işlevseldir, sizi limana getirir. Değerlerinizi belirginleştirip onları parlattığınızda ne uğruna harekete geçeceğinizi de netleştirmiş olursunuz. Kendi içsel doğanızdan doğmayan hiçbir şeyi yapmaya kalkmayın, sahtece bir güç gösterisinden öteye gitmeyecektir bu. Bizim peşine düştüğümüz şey sizin kendi gücünüz, sizde var olan, sadece biraz eşelemenizle toprağın altından kendini gösterecek doğal gücünüz... Bu nedenle umutsuzluğa kapılmayın, o hep orada, belki de sadece yanlış yerlere baktınız, yanılsamalar içinde eve gidiş yolunu kaybettiniz. Kısa ve uzun vadede hayal ettiklerinizi belirginleştirin, korkmadan vizyonunuzu gözünüzde canlandırın. Bunun için defterinize yazarak çalışabilirsiniz, hatta dilerseniz defterinize resimler yapıştırabilir, şekiller çizebilirsiniz. Zihninizde kalıcı imgeler bırakmak vizyonunuza motive olmanız için size güç verir. Olumlu düşünceler geliştirin ve kendinize bunu başaracağınızı telkin edin.

**Kararlı olun:** Zorluklarla karşılaştığınızda, akıntının tersine kulaç atmaya başladığınızda, alışkanlıklarınızı kırdığınızda kısaca eski hayatınızı bırakıp yeni bir sayfa açmaya cüret ettiğinizde kaçınma davranışları baş gösterebilir. Yeni ve farklı olanlar ilk başta rahatsızlık hissi verecektir. Şimdiye dek nasılsa alışılmış yollarla süregiden bir yolu kapatmak ve akıntının yönünü değiştirmek elbette rahatsızlık vericidir. Kararlı olup bu rahatsızlık hissinin geçeceğine inanın, bazı şeyler sizden kopup giderken onlarla vedalaşmayı bilin, hiçbir şey sıkı sıkıya tutunmakla hayatınızın doğal yollarla bir parçası haline gelmez. Doğal olanlar siz izin verdiğinizde kendini gösterirler.

## 2. Yasa / Amaca Uygun Bir Yaşam

Kendinize acilen gerçekleştirmeden ölmek istemediğiniz bir amaç bulun. Amacınız yoksa hayatta savurulursunuz, hiçbir yere konamaz, kök salamaz ve güçlenemezsiniz. Köklenmek amaçlarla olur, bir aileye köklenebilirsiniz, bir arkadaşlığa, bir topluluğa... Ancak gerçekçi amaçlarınız yoksa toprağınıza sıkıca tutunmanız mümkün olmaz.

*Hazlar geçici, amaçlar kalıcıdır,*
*hayattan haz alın ama gerçek*
*güç için gerçekçi amaçlar edinin.*

Dürtülerimiz bizi her daim tetikte tutar, seks yapmak isteriz, kafamızı dağıtmak isteriz, romantik ilişkilerimize gömülüp dünyayı unutmak isteriz ancak hayat bir yandan hızla akar, zaman bizden sakinlikle vaktimizi, enerjimizi çalar. Yaşamda mutlulukla haz sıklıkla birbirine karıştırılır ve haz=mutluluk gibi bir ön kabul vardır.

Hazlar anlık uyarıcılardır, sigara ya da alkol kullanmak, seks yapmak, bilgisayar oyunu oynamak, yemek yemek gibi davranışlarımız dürtüseldir. Bu eylemlerin sonucunda beynimiz dopamin hormonu salgılar ve bu bizim için ödüldür, rahatlarız, sakinleşiriz, ta ki bir sonraki dürtü gelene dek. Bu mekanizma biz ölene kadar sürer ve dürtüler doyurulamaz, onlar sürekli dolar ve boşalırlar ve daima şarj edilmesi gerekir.

Buna karşılık anlam ve amaç dolu bir hayat hazları ertelemeyi gerektirir, bu nedenle de zahmetlidir, sıklıkla dikkatimiz dağılır, sıkılırız. Ancak pek çok araştırma gösterir ki sürekli haz peşinde koşmak insanı mutsuz eder, kalıcı doyum için başka yollar icat etmek gerekir.

*Amaç ve anlam dolu*
*bir yaşam size güç verir,*
*bu yol zahmetlidir*
*ama meyvesi tatlıdır.*

Şimdi kendinizle bir sözleşme yapın, defterinize şu soruların yanıtlarını yazın:

- Ne yapmaya hazırsınız?
- Ne zaman yapmaya hazırsınız?
- Nerede yapmak istiyorsunuz?

Amaçlarınızın belirgin olmadığı bir yaşam sisin içinde dolanmakla eşdeğerdir, önünüze neyin çıkacağını, hangi yamaçtan yuvarlanacağınızı bilemezsiniz. Gerçekçi bir şekilde hayatınızın sorumluluğunu almak amaçlarınıza göre yaşamakla mümkündür. Bir amaç doğrultusunda yaşamak size zor zamanlarda başa çıkma gücünü verir.

Amaca uygun bir yaşam için:

**İçsel çağrınıza kulak verin:** İzlediğimiz filmlerden, okuduğumuz hikâyelerden bildiğimiz bir gerçek vardır: Pek çok insan içinden gelen bir dürtüyle yola çıkar ve maceraya atılır. Buna çağrı denir. Yaşam bazen sizin için tıkanır, ilişkiniz, yıllarca severek sürdürdüğünüz mesleğiniz, yaşadığınız şehir sizi boğar ve uzaklaşmak, başka dünyalara yelken açmak istersiniz. Haliyle bu her zaman mümkün olmaz, bir ebeveynseniz ya da başka yükümlülükleriniz varsa tıkanıklık sizi daha da boğar.

İçsel çağrılar derinlerden yükselir, basitçe geçiştirilecek ya da göz ardı edilecek anlık ilgiler değildirler. İçsel çağrılar günlük alışkanlıklarınızın, anlık tatminlerinizin ötesine uzanan ve pek çok şeyi aşan, sizi çok daha büyük bir amaca davet eden sestir.

*Çağrılar size seslenirler ve sizi*
*olduğunuzdan çok daha başka*
*bir şey olmaya davet ederler,*
*henüz fark etmediğiniz gizli*
*gücünüzü bulmaya…*

Kadınlar çok daha sezgiseldir ve bu çağrıları daha güçlü şekilde duymada da maharetlidirler diyebiliriz. Kulak verilmeyen çağrılar, bir anlamda bastırılan istekler kendini duyurmak için pek çok yol ararlar: Depresyon, bedensel ağrılar, tatsızlık ve boşluk hissi bunlardan birkaçıdır.

İçsel çağrılar sizin içsel tutkularınızı ateşlerler. Sizi olmak istediğiniz yere taşıyan bir kayık gibidirler. Dünyada gerçekleştirmek istediğiniz amaçlarınız için çalan alarmlardır ve bu alarmı ertelemek gücünüzü, potansiyelinizi göstermeyi ertelemektir. Psikanalizin babası Freud'un "Bastırılan her şey geri döner..." derken kastettiği önemli bir nokta vardır. Benlik çeşitli dürtü ve isteklerin bilinç düzeyine çıkmasını istemez. Bu istekler normal şartlarda uygulanabilir şeyler olduğu gibi kimi zaman da toplumsal açıdan yapılması yasaklanmış şeyler de olabilir. Bastırma, savunma mekanizmalarından biridir ve bizim öfke, utanç, suçluluk gibi olumsuz duygularla başa çıkmamıza yardımcı olurlar.

*Gücünüzü doruğa çıkarmanın önemli adımlarından biri içsel çağrıyı duymak ve yola koyulmaktır.*

İçsel çağrılar ruhunuzdan yükselirler, gerçek manada arayışınızı taçlandıracak ve sizi doyuma ulaştıracak olanlar bunlardır. Yaşadığımız hız dolu çağda gündelik alışkanlıklar zamanı tüketmekten, zihni oyalamaktan ve anlık tatminler sunmaktan öteye gitmez. Eninde sonunda o içsel çağrı kapınızı çalar.

Esasen bunu yaşadığımız küresel salgından sonra daha yakından deneyimleme fırsatı da bulduk. İzolasyonun bizi mekânlarda, evlerimizde ya da bilgisayar, telefon ekranlarında sınırlamasıyla pek çoğumuz gerçek anlamda elimizdekileri sorgulamaya başladık. Salgının başlangıcından itibaren ortaya çıkan istatistikler şaşırtıcıydı, binlerce insan evliliğini bitirdi, binlercesi işini değiştirdi, başka şehirlere taşındı hatta ülke değiştirdi.

*En büyük çağrı kendi özgün benliğimizi keşfetmektir.*

İçsel çağrınız herhangi bir konuda olabilir, gerçekleştirmek istediğiniz bir hayal, ayrılmanız gereken bir kurum, noktalamanız gereken bir ilişki, başlamak istediğiniz bir eğitim, derinleşmek istediğiniz bir alan... İlham veren insanlara baktığınızda onların kendi içsel çağrılarına kulak verenler ve harekete geçenler olduğunu görürsünüz.

**İkigainizi bulun:** İkigai, "varlık nedeni" anlamına gelen Japonca bir sözcüktür, kısaca sizi sabah yataktan neşeyle uyandıracak bir tutkunuz gibi de düşünebilirsiniz. Özellikle strese bolca maruz kalanlar için gücü artırmanın pratik yollarından biridir bu. İkigai yeni bir amaç inşa etmek kadar elimizdekilerde bizi mutlu edecek tarafları fark etmeyi de içerir. Yani halihazırda yaptığınızı ve sıkıldığınız herhangi bir işe yeni gözlerle bakın. Yaptığınız bu iş başka birileri için faydalı oluyor mu, bir şekilde başka insanlara dokunuyor mu? Ya da kazancınızla başka insanlara fayda sağlamanızı olanaklı hale mi getiriyor? Bazen çözümler bakış açısında gizlenir, sizin için çekilmez görünen bir şeyi çekilir hale getirip güç kazanmak da mümkündür.

**Daha güçlü ilişkiler kurun:** İlişkilerinizi derinleştirin, niceliktense niteliğe odaklanın. Romantik ilişkilerinizi güçlendirmek için ilerleyen bölümlerden faydalanabilirsiniz, iş, ortaklık ve diğer ilişkilerinizde aradığınız değerleri yerleşik hale getirin. Daha samimi, daha içten ve bağımlılık yerine bağlılığın olduğu, işbirliğinin, paylaşımın merkezde olduğu ilişkilere odaklanın.

Güçlü ilişkiler sizi besler, güçlü sosyal bağlantıların zihinsel ve ruhsal güçlenmeyi desteklediğini biliyoruz. İlişkilerinizin güçlenmesi demek yaşam amaçlarınıza paralel olarak çeşitli insanların da hayatınıza dahil olmasıdır. Ortak amaçlar, grup halinde ilerlemek, ortak bir tutkuyu paylaşmak size güç verir ve ufkunuzu anlık hazlardan ziyade çok daha öteye taşır.

**Bakış açınızı ve zihniyetinizi değiştirin:** Bakış açınız daima gelişmeye yönelik olsun, her ne yaşarsanız yaşayın olanları kazanıma ve deneyime dönüştürmeye odaklanın. Her deneyim büyümek için fırsattır. Zorlukları sizi alt eden krizler olarak değil, kendinizin daha başka bir versiyonunu yaratacak ya da gücünüzü ateşleyecek eşikler olarak görün. Yılgınlık, küskünlük, alınganlık içinde olmayın, hayatın içine atılın ve cesur olun. Yapıcı eleştiriler hepimizin gururunu okşar, yıkıcı eleştirilere de kendinizi açın çünkü sizi geliştirecek olan dersler orada gizli...

**Kendinizi eğitin:** Eğitim sadece okulla ya da meslekle ilgili değildir. Hayatınızın herhangi bir noktasında hiç bilmediğiniz bir konuda ya da size hiç para kazandırmayacak bir konuda eğitim alabilirsiniz. Örneğin içinde yaşadığınız dünyayı daha iyi anlamak için tarih, kendi bahçenizi geliştirmek için tarım ya da yabancı dil öğrenebilirsiniz. Her şeyi maddi kazanca endekslemeyin, kendinize yaptığınız yatırım size özsaygı ve özgüven olarak geri döner. Basit konularda bile fikriniz olsun ama belli konularda uzmanlaşın. Duygusal dünyanızda ne kadar derinleşirseniz o kadar güçlenirsiniz, derinleşmenin yolu da empati ve anlayışla diğer insanlara bakabilmektir.

Kitap okumak, özellikle roman ya psikoloji kitapları okumak empati yeteneğinizi güçlendirir, bu da diğer insanlara başka gözlerle bakabilme ve daha zenginleşme olanağı yaratır.

Sadece kendi dünyanızda hapsolmayın, çevrenizdeki her insanın farklı yaşantılara sahip olduğunu ve farklı içsel dinamiklerininim olduğunu unutmayın. Farklılıkları kucaklayın, başka coğrafyalarda yaşayan, farkı dil, din mensubu insanların da bu dünyada var olmaya hakkı olduğunu unutmayın.

**Almak kadar vermeyi de bilin:** Yaşamın içinde amaç yaratmanın güçlü yollarından biri de vermek ve paylaşmaktır. Her birimizin iyiliği ve güçlenmesi çevremizdeki güçlü insanların sayısının artmasıyla da olanaklıdır. Bireysel huzur, tatmin ve mutluluk olanaklı değildir, aynı çatı altında yaşadığınız birinin mutsuzluğu sizi de etkiler, aynı şekilde, komşunuzun, sokağınızdaki bir hayvanın, yolda hiç tanımadığınız ve zor durumda bir insanla karşılaşmanın sizi etkilememesi kaçınılmazdır. Ulaşabildiğiniz zor durumdaki insanlara ulaşmak, yardım kuruluşlarına bağışta bulunmak, bir çocuğun eğitimini desteklemek sizi daha büyük bir amacın parçası haline getirir.

**Şimdiyi kucaklayın:** Şimdinin yaratıcı gücünü sahiplenin, geçmişin ve geleceğin belirsizliğinin yarattığı zihinsel hapishanenizden çıkın. Harekete geçebildiğiniz tek an şimdidir, bunun anlamını içinizde derinleştirin. Elinizdeki olanakların farkında olun, geleceğiniz için hedeflerinize yönelik adımlar atarken şu an bulunduğunuz noktadaki hareket edebilme kabiliyetinizi yok saymayın.

**Birkaç kısa bir de uzun vadeli amacınız olsun:** Kısa vadede elde etmek istediklerinizin yanına en uzakta erişmek istediğiniz bir hedef yerleştirin. Uzun vadeli amaçlar sizde adanma duygusu yaratır ve içsel gücünüzü harlamanın muazzam yollarından biri de budur.

*Yaratıcı bir yaşam için*
*kendinize meydan okuyun ve*
*kendinizi aşacak amaçlar*
*ortaya koyun.*

Uzun vadeli amaçlar bir bütünün bir araya gelen parçaları gibidir ve siz her parçanın birleşmesinde güç ve donanımızın arttığını hissedersiniz. Uzun vadeye yayılan amaçlar kişisel hırs ve arzuların ötesindedirler ve bu amaçların gerçekleşmesiyle erişebileceğiniz fayda belki de yaşadığınız zamanı dahi aşabilir.

## 3. Yasa / Cazibe Sanatıyla Silahsızlandırma

Cazibe, birini çekici ve ilgi odağı haline getiren niteliklerin birleşimi olarak tanımlanabilir. Genellikle özgüven, nezaket ve mizah anlayışının birleşimiyle karakterize edilir. Ek olarak çekicilik, başkalarını kelimeler ve eylemlerle büyüleme yeteneğini de ifade eder. Cazibe, sosyal etkileşimlerde ve ilişkilerde güçlü bir araçtır.

Cazibe, mevcut bulunan kişiye yönelmeye sebebiyet veren bir çekim yaratır. Bazı insanlara neden çekildiğimizi bilemeyiz, ses tonu, yüzlerindeki bir ifade, beden dili, dinlerken size yönelen bakışları farklı ve büyüleyicidir. Onların etkisinde kalırız, sanki etraflarında manyetik bir alan varmış hissi yaratırlar. Bu tarz insanlarla olmak hoşumuza gider ve onlarla daha fazla vakit geçirmek, onlarla ilişki kurmak isteriz.

Cazibe etkili bir silahtır. Karşınızdaki kişilere önemli ve güçlü biri olduğunuzun mesajını verir. Cazibe sahibi biri her zaman tercih edilir, insanlar siz cazibe sahibi biri olduğunuzda sizin tarafınızdan onaylanmak ve kabul görmek isterler.

*Cazibe varmış gibi*
*gösterilebilen bir şey değildir,*
*sadece gerçekten ona sahipseniz*
*insanları etkileme gücüne sahip*
*olursunuz. İyi haber şu ki*
*cazibe yaratmanın sırları vardır.*

İtici biri olmayı elbette istemeyiz, etrafımızın bizi beğenen insanlardan oluşmasını tercih ederiz. Ancak beğenilme ve onaylanma talebimize gerçek karakterimizi kurban etmemeliyiz, bazen insanları biraz huzursuz etmek de cazibeli görünmenin bir parçasıdır.

Özetle cazibenin sırları vardır, cazibe yaratmak demek silik bir profil sergilemek demek değildir, aksine cazibeli insanlar gücün vücut bulmuş halidir. Cazibe, sadece fiziksel görünümle sınırlı değildir; aynı zamanda kişilik, davranışlar ve tutumlarla da ilgilidir.

*Güzellik daha çok yüz ve*
*bedendedir ancak cazibe ruhun*
*derinliklerine kadar uzanır.*
*İnsanların içdünyasına nasıl*
*dokunduğunuz sizi*
*cazip kılar.*

Cazibeli insanların özellikleri nelerdir:

- **Orijinaldirler:** Çoğumuz gerçek bir büyücü ile sahte bir kişilik arasındaki farkı rahatlıkla görebiliriz. Sahte bir kişi genellikle "etkileyici" doğasını bazı gizli amaçlar için kullansa da, gerçekten çekici insanlar niyetlerini en başından itibaren şeffaf bir şekilde dile getirirler. Ortaya koydukları karakterleri orijinaldir, yapay bir şey eklenmemiştir. Her durumda aynı kişilik özelliklerini sergilerler, değişken ya da bir gün başka öbür gün başka değildirler ve tutarlıdırlar. Bu niyetlerin amacı basitçe sohbeti ilerletmek ya da insanları güçlendirmek içindir. Büyüleyici bir insanın yanında ne söylediğinize asla dikkat etmek zorunda kalmazsınız çünkü onların sizi asla yargılamayacağını bilirsiniz.
- **Dürüsttürler:** Cazibe sahibi kişiler sözlerini eyleme dökerler. Pek çok insan sözleriyle çeşitli vaatlerde bulunur ancak pek azı bu vaatlerini yerine getirir, etkileyici insanlar eylemlerinin peşinden giderler. Onlar sözlerine sadıktırlar, amaçları kendilerini ispatlamak değildir, ayrıca bu davranışlarıyla topluma da rol model olmak isterler.
- **Beden dilleri açık ve etkileyicidir:** Cazibe sahibi insanlar beden dilleriyle olumlu mesajlar verirler, etkili bir iletişim için de bu güçlü bir silahtır. İnsanları ikna etmek, onların dikkatini kazanmak için iletişim taktiklerini bilmek ve uygulamak etkin güç olmada işimize yararlar. Cazibeli insanlar konuşurken gözlerinize bakarlar, dikkatleri üzerinizdedir. İyi bir dinleyici ve iyi konuşmacıdırlar.
- **İyimserdirler:** Cazibeli insanların her şeye karşı yoğun bir ilgisi vardır, dünyaya ve insanlara açıktırlar, bu özellikler de

iyimser bir bakış kazandırır onlara. Her olayı farklı bakış açılarıyla değerlendirebilme kabiliyetine sahiptirler, bu yüzden de her şeyin eşsiz ve değerli olduğunu bilirler. Esnek olmak insanı rahatlatır, iyimser ve pozitiflik bulaşıcıdır, cazibeli insanların bu etkisi güçlü bir çekim yaratarak onları cazibe merkezi haline getirir.

- **Mizah anlayışları gelişmiştir:** Mizah dışında hiçbir şey hayatın yakıcılığını alt edemez ve cazibe sahibi biri bunun çok net farkındadır. Her şeyi ciddiye almamak, bazen gülüp geçmek, ara ara kendinizle dalga geçmek, espri yapmak, başkalarına göre "korkunç" bir felaket karşısında bile neşeyi kaybetmemek cazibeli insanların özellikleri arasındadır.
- **Rahattırlar:** Cazibeli insanlar kusurlarının farkındadır, dışarıdan parlak bir vitrine sahip olsalar da bu vitrinin görünümünün bozulmasından korkmazlar çünkü asıl güçlerini kendi benliklerinden aldıklarını bilirler. Hatalarını rahatlıkla kabul ederler, özür dilemek onlar için küçültücü bir şey değildir, aksine güçlü bir kişiliğin doğal bir parçasıdır.
- **Cesurdurlar:** Cazibeli insanlar hata yapmaktan, denemekten ve yanılmaktan korkmazlar. Onlar için herhangi bir zayıflığın ifşa olması da korkutucu değildir. Yaşadıkları zorluklardan dersler çıkarırlar, kimseyi acımasızca eleştirmezler ve yargılamazlar.
- **Sağlıklı sınırlara sahiptirler:** Etkileyici insanlar hem kendi hem de başkalarının sınırlarına saygı duyarlar. Başkalarının sınırlarına gösterdikleri özenle onlara da öz-değer ve saygı aşılarlar, bu nedenle böyle insanların yanında kendimizi özel ve değerli hissederiz. Kime ve

neye hayır diyeceklerini bilirler, bu da onların kendilerinden emin olduklarını gösterir.

- **Kendiliğindendirler:** Cazibeli insanlar neşeyle eyleme girişirler, onlar için bir şeye karar vermek ve uygulamak zor değildir. Görevlerine kalpten sahip çıkarlar, değerleriyle harmanlanan amaçları uğruna sıkı çalışırlar. Takdir ve onay duyguları ilkönce kendi içlerinden yükselir, başkalarına faydalı olacak işler yapsalar da bunu kendi içsel güçleriyle yaparlar ve sahte benliklerinin aldatıcı övünmelerine aldanmazlar.

- **Alçakgönüllüdürler:** Cazibeli insanların başarılı olması elbette tesadüf değildir, onlar güçlü kişilikleriyle başarıyı elde ederler ancak buna rağmen alçakgönüllüdürler. Empati, anlayış, hoşgörü duyguları gelişmiştir.

- **Meraklıdırlar:** Cazibeli insanların merak duyguları sahicidir, sizinle bir konuda konuşurken gerçekten merakla konuyu dinler ve soru sorarlar. Başka disiplinlerde de bilgi sahibidirler, bilgiyi öğrenmeyi, paylaşmayı ve yaymayı severler.

- **Duygusal zekâları yüksektir:** Duygusal zekâ, kişinin kendisinin ve başkalarının duygularını algılama, yönetme ve kullanma yeteneğini ifade eder. Cazibeli insanlar karşılarındaki kişinin nasıl hissettiğini seçerek, onun neye ihtiyacı olduğunu veya o anda yapması gereken uygun eylemlerin neler olduğunu daha iyi anlarlar. Bu özellikleriyle başkalarıyla derin ilişkiler, bağlantılar kurarlar. Duygusal açıdan zeki, cazibeli bir kişi, stresli ve yorgun olduğunda ya da gerçekten konuşacak ruh halinde olmadığında, duygularını kontrol edebilir ve başkalarıyla kurduğu izlenim veya bağlantının zarar görmesini önler.

- **Takdir ederler:** Takdir etmek, insanları gerçek ve güzel niteliklerinden dolayı övmek anlamına gelir. Cazibeli olmak, sadece bakışları çekmekle ilgili değildir, onlar aynı zamanda hem kendi hem de diğer insanların bakışlarını başkalarının üzerine de çekerler. Birini yaptığı güzel bir davranıştan ya da bir üretiminden dolayı övmekten çekinmezler, bu övgüyü başkalarıyla da paylaşırlar. Hatta öyle ki yaydıkları ışıkla insanların şimdiye dek keşfetmedikleri güzel özelliklerini de harekete geçirirler.

## 4. Yasa / Cesur Olmak ve Sessizliği Bozmak

*"Hayat insanın cesareti oranında*
*küçülür ya da genişler."*

Anais Nin

Cesaret korkuyu alt eder. Korkusuzluk sessizliği bozar...

Korkunun belli bir amacı vardır, herhangi bir riskle göz göze geldiğinizde onu tanımanızı sağlar, böylece bir değerlendirme yapar ve harekete geçip geçmeyeceğinizi belirlersiniz. Ancak korku her zaman size "Savaş!" demeyecektir, güvenli limanda kalabilir ya da kaçabilirsiniz, bunlar da seçenekler arasındadır.

Korkusuz olmakla aptalca kararlar vermek arasında kalın bir çizgi vardır. Kimse size kör kuyulara atlayın demiyor, riskleri elbette değerlendirin, aksi türlüsü sizin için tehlikeli bile olabilir hatta...

Cesaret ise korku olmadan var olamaz. Cesaret daha fazla güç gerektirir çünkü tam anlamıyla korkumuzun içine adım atma eylemidir.

*Korkunun içine girme yeteneği ve bunu ne zaman yapacağını bilmek bazen kaçmaktan çok daha iyi bir tepkidir.*

Bir nitelik olarak cesaret, korkunuzun üzerinde ne kadar etkili olduğunuzu anlatır. Korku zihinsel bir durumdur, cesaretlenmek için korkunun nereden doğduğunu kavramak gerekir. Herkes dünyayı farklı şekillerde algılar, kimisi için dünya güvenli bir yerken kimisi için kaygan, belirsiz ve tehdit edicidir. Bu nedenle herkesin korkusu da farklıdır. Kimileri uçma korkusuna sahipken kimileri bunu umursamaz... Bazıları hayattaki çöküşlere karşı daha açıkken kimisi en ufak bir eleştiriye bile dayanaksızdır...

Korku sadece zihni ve duyguları etkilemez bedensel olarak da bizi etkiler. Çeşitli hormonal aktivitelerle bedenimiz bizi korktuğumuz duruma karşı hazırlamak ister aslında. Kalp hızımız artar, kaslara daha fazla kan pompalanır ki bu da kaçmak için gereken gücü bize verir.

*Cesaret Fransızcada kalp anlamına gelen "coeur" kelimesinden türemiştir. Kalbinizi açarak risk almaya ve savunmasızlığa hazır olmayı içerir.*

Kaçmak yerine cesaretle atılmayı seçtiğimizde de ödülümüz hazır: Beyinden salgılanan dopamin! Bizi sürekli ilerlemeye teşvik eden bir hormon dopamin, cesaretle elde ettiklerimizden zevk almamızın nedeni de bu hormon.

Bilimsel olarak bedenimizde olanlar da bunlarken tüm bunların ana kaynağının korku olduğunu tekrar söyleyelim. Korku bizi geliştiren, ilerlemeye sevk eden bir duygu ve bizler fizyolojik olarak da buna uygun bir şekilde tasarlanmış durumdayız.

Stres, heyecan ve korku bizi ileriye taşımak için tasarlanmıştır; dolayısıyla bunu yapmanın ödülleri vardır. Açlık bir tür strestir; vücudumuz bize kalkıp yiyecek bulmamızı söyler. Yalnızlık streslidir; vücudumuz bize arkadaş bulmamızı söyler. Hepimiz ihtiyaçlarımızı almaya doğru ilerlemeye "teşvik edilecek" şekilde tasarlandık. Bu nedenle de cesaret daima lazım...

> Kendiniz olma cesaretini gösterin!

**Git ve cesur ol!**

Amaç korkusuz olmak değil, cesur olmaktır. Korku karşısında durup beklemek gayet normaldir, içimizden yükselen "Güvenli alanda kal..." sesi de normaldir, direnç geliştirmeniz de normaldir... Ancak sizden beklenen tasarımınıza uygun diğer yolu denemenizdir çünkü gelişme ve ilerlemenin potansiyel gücü burada gizlenmiştir.

Cesaret, daha dolu bir yaşam sürdürebilmemiz için kişisel sınırlamaların üstesinden gelmemize olanak tanır. Cesur olmak, kendimizin olabileceğimiz en iyi versiyonu haline gelmek için yaşam boyunca büyüme ve gelişme şansımızı en üst düzeye çıkarmamıza yardımcı olur. Bu, en büyük arzularımızı gerçekleştirmek için savunmasız olma riskini almayı seçmekle ilgilidir.

Cesaret korkusuz olmak değildir, korku ve endişeye rağmen harekete geçmektir. İstenen seçenek için ihtimaller yaratmak, seçenekleri çoğaltmaktır. Hayatı kendiniz için değişime zorlamaktır, size sunulanlara razı gelmek değil kendi seçimlerinizde ısrarcı olmaktır. Sınırları zorlamak ve gerekli olan kabukları kırmaktır, yaşamın toprağına yeni tohumlar ekmek, güçlü bir duruşla "Ben buyum!" diyebilmektir. Ezberleri bozmak, şablonlardan taşmaktır, kendi özgür doğanızın dansını sergilemek ve insanlara da ilham olmaktır...

Cesur insanlar başkalarını kendilerine hayran bırakırlar, evet kimileri için yadırgayıcı da bulunabilirler çünkü cesaretle donanmış insanlar içinde bulundukları koşullara aykırı hareket ederler...

*Cesaret korku ve*
*belirsizliği yok saymaz,*
*onları kabul ederek*
*göğsünde yumuşatır.*

Bilinmeyenin korkusunu kabul etmek, başarısızlık olasılığını kabul etmek ve içsel kaygılara rağmen hareket etmek cesaretin gerçek kaynağını oluşturur. Cesaret bulmak için korkuyu zorlamanız gerekir. Burada açılması gereken bir diğer konu da kaygı ve korku arasındaki farktır. Korkunun nesnesi belliyken kaygının nesnesi belirsizdir. Örneğin bir depreme yakalandığınızda korku hissedersiniz ancak sürekli deprem olacak düşüncesi size hâkimse bu kaygıdır. Dolayısıyla bu ikisinin yönetilmesi de birbirinden farklıdır.

## Yaratıcı cesaret

Cesaret zararlı amaçlar için de kullanılabilir ancak iyi niyetle hayata katkı sağlamak ve kendi yaşam gücünüzü elinizde toplamak amacıyla kullanılmalıdır. Otantik cesaret kendisini şu şekilde ifade eder:

**Yerleşik bir karakter özelliğine dönüşmüştür:** Örneğin sokakta yürürken aniden gelişen bir saldırıda birini korumak, bir kavgada suçluyu etkisiz hale getirmek, ani gelişen bir yangında insanları koruyacak hamleler yapmak gibi davranışlar kişisel çıkarların üzerindeki kalıcı tutumlarla ilgilidir.

**Başka özelliklerle desteklenir:** Cesaret tek başına değildir, ona dayanıklılık, sabır gibi olumlu ve güçlü diğer karakter özellikleri de eşlik eder.

**Erdemli bir seçimdir:** Hayatta cesareti uygulayabileceğiniz pek çok yer vardır ve bu alanlar farklı amaçlara hizmet eder. İyilik ya da kötülük hayattaki keskin sınırlardır. Mesleki yaşantınızdan ilişkilerinizdeki dürüstlüğe dek hangi tarafta yer aldığınız erdemli bir karakterin göstergesidir.

**Kendini aşan bir tavırdır:** Kimi zaman cesaret kişinin kendisini de aşan bir tavra dönüşebilir. İlham veren rol modeller, bilim insanları, savaşlarda cesaret sergileyen kişiler, haksızlık ve adaletsizlik için mücadele edenler, kendi yaşam sorumluluğunu ele almak için ezber bozan herkes bu tavrı sergiler.

## Daha fazla cesaret için birkaç önemli strateji

**Arazinizi terk edin:** Bilindik konfor alanınızdan çıkın ve yeni dünyalarla tanışmak, yerleşik algılarınızı değiştirmek ve kalıpları kırmak için biraz zihninizi ve ruhsal dünyanızı havalandırın. Sürekli aynı insanlarla bir arada olmak sizi körleştirir, oysa her şeyin daha fazlası mümkündür. Risk alın ve farklı sulara bırakın kendinizi. Bu basit alışkanlıklardan en büyüğü için öğrenilebilecek bir tutumdur. Örneğin yalnız kalma korkunuzu yenmek için tek başınıza şık bir yerde yemek yemeye gidin. Farklı insanlarla tanışmak için daha önce dahil olmadığınız bir toplantıya katılın, iletişim kurun, sorular sorun. Rahatsızlık hissi zamanla geçecek, yeter ki siz olumlu duygu ve düşüncelerle kendinizi motive edin.

**Hayırlarınızı evete çevirin:** Tutkularınızın peşinden gitmek istiyorsanız olumsuz düşüncelerinizi alt edin ve korkudan kaynaklanan hayırları evete çevirin. Başarılı insanlar risk almaya cesaret edenlerdir, daha fazla kazanç, daha iyi bir kariyer, daha huzurlu bir ilişki için yeni olan kendinizi açın.

**Anlamlı bir hedef yaratın:** Zorluklara dayanma gücü veren ve bizi daima atılım yapmaya iten en önemli itici gücümüz tutkularımızdır. Ne için yaşamaya değer diyorsanız tutkunuz da odur. Nereye gideceğini bilmeyen bir yelkenliye hiçbir rüzgâr yardım edemez derler... Kendinizi adadığınız şey kaybolmanızı engeller, güçlüklerle karşılaştığınızda pes etmek yerine yeniden motive eder ve güçlü amaç duygusuna sahip olanlar hiçbir şeyden korkmazlar.

**Sorumluluk alın:** Cesaret belirsizliğe kucak açmaksa her türlü sonucun sorumluluğunu almaya da hazır olun. Aslında sorumluluk aldığınızda zaten cesaretle eyleme girişmiş de olursunuz. İlk güç, dürüstlükle hareket etmekle ilgilidir, değerleriniz açısından kendinize karşı dürüst olmak, aynı zamanda kim olduğunuz konusunda da dürüst olmak... Yani nasıl düşündüğünüzün, hissettiğinizin ve ne yaptığınızın sorumluluğunu almakla ilgilidir ilk hareket noktanız.

## 5. Yasa / Zihniyeti Değiştirmek

Zihniyetiniz, dünyayı ve kendinizi nasıl anlamlandırdığınızı şekillendiren inanç kümesidir ve bu kümenin pek çok bileşeni vardır. Bu bileşenler tepkilerinizden duygularınıza kadar herhangi bir durumda nasıl düşündüğünüzü, hissettiğinizi ve davrandığınızı etkiler. Bu bütünsel sistemse kendiniz hakkında inandığınız şeylerin başarınızı veya başarısızlığınızı etkilediği anlamına gelir.

Yani net bir ifadeyle zihniyetiniz=sizsinizdir!

Bu aslında çarpıcı bir gerçeklikle tanıştırır sizi, zihniyetinizdeki bileşenler değiştiğinde siz de değişirsiniz.

*Zihniyetiniz değişirse teslim olmazsınız, teslim alırsınız.*

Başarı sadece kariyer odaklı değildir, ilişkilerinizde, sosyal ortamlarda her türlü kazanç başarıyla eşdeğerdir. İstediğinizi almak bir başarıdır, ilgiyi üzerinizde toplamak başarıdır, mutluluk ve anlam duygusu yaratmak başarıdır. Sizi olabileceğiniz en iyi versiyona taşıyan her hamle bir başarıdır. Olumsuz duyguları alt etmek, depresyondan kurtulmak, yeme bozukluğunuzu çözmek, manipülatif insanlardan kurtulmak, net ve sağlıklı sınırlar çizmek... bunların hepsi başarıdır. Ve bu başarıya erişmek için zihinsel donanımınızı gözden geçirmeniz ve yenilemeniz gerekir.

## İki temel zihniyet

2006 yılında Stanford psikoloğu Carol Dweck zekâ ve beyin gelişimi ile ilgili yeni bir araştırma sonucu ortaya koydu. 30 yılı aşkın bir araştırmanın sonuçları oldukça etkileyiciydi, bu araştırmaya göre iki temel zihniyet vardır: sabit ve büyüyen zihniyet.

Sabit bir zihniyete sahipseniz, yeteneklerinizin sabit özellikler olduğuna ve dolayısıyla değiştirilemeyeceğine inanırsınız. Ayrıca yeteneğinizin ve zekânızın tek başına başarıya yol açacağına ve çaba gerektirmediğine de inanabilirsiniz. Tersine gelişme odaklı bir zihniyete sahipseniz, yeteneklerinizin zaman içinde çaba ve ısrarla geliştirilebileceğine inanırsınız. Bu zihniyete sahip insanlar sırf denedikleri için herkesin Einstein ya da Mozart olabileceğine inanmazlar ancak eğer üzerinde çalışırlarsa herkesin daha akıllı veya daha yetenekli olabileceği konusunda hemfikirdirler. Dweck'e göre kişiliğiniz olarak düşündüğünüz şeylerin çoğu aslında bu "zihniyetten" kaynaklanır. Potansiyelinizi gerçekleştirmenizi engelleyen şeylerin çoğu da bundan doğar.

## Zihniyet nasıl değiştirilir?

| Sabit Zihniyet | Gelişen Zihniyet |
|---|---|
| Bu işte iyi değilim. | Bunu öğrenebilirim. |
| Ben buyum, asla değişmem. | Ben gelişen biriyim. |
| Yeteneğim yok, yapamam. | Yeterince çalışırsam başarabilirim. |

Sabit ve gelişmiş zihniyet aşağı yukarı üstteki tabloda gördüğünüz şekilde düşünceler üretir. Sabit bir zihniyette insanlar, zekâ veya yetenek gibi temel niteliklerinin sadece sabit özellikler olduğuna inanırlar. Gelişim zihniyetinde insanlar en temel yeteneklerinin geliştirilebileceğine inanırlar.

Zihniyetiniz başlangıçta iki ana nedenle şekillenir: övgü ve etiketleme. Çocukken edindiğiniz başarılar karşısında aldığınız övgüler sizi sabit bir zihniyete teşvik eder. Örneğin matematik dersinde başarılı olmanız bu konudaki başarınızı teşvik eder. Etiketleme ise genelde cinsiyete bağlı görevlerde işbaşındadır, örneğin erkekler x konusunda iyidir, kadınlar y konusunda kötüdür gibi... Özellikle etiketleme günümüzde de hâkim anlayışların itici bir gücüdür ve kişileri çeşitli sosyal rollere hapsetmek için kullanılabilir. "Kadın annedir, kadın lider olmaz, erkekler ev işine karışmaz, erkekler güç gerektiren görevlerde daha iyidir..." gibi

*Zihniyetiniz hayata karşı*
*nasıl tutum aldığınızı gösterir:*
*Gelişmeye açık mısınız*
*yoksa elinizdekilerle bir ömür*
*durağan bir hayata mı devam*
*edeceksiniz?*

Gelişme zihniyetine sahipseniz zorluklar karşısında havlu atmak yerine bunu öğrenme ve büyüme fırsatı olarak görürsünüz. Öte yandan, sabit zihniyete sahip olanların zorlu koşullar karşısında pes etme olasılıkları daha yüksektir.

Sabit zihniyete sahip kişiler, tutumlarını sürekli başkalarına onaylatma ihtiyacında olurlar. Bu da özgürlüğü ve potansiyeli ortaya koyma gücünü engeller. Aksine gelişim zihniyetini benimsemek gücü kendinizden alma imkânı sunar ve siz dışarıya değil dışarısı size talip olur...

## Sabit zihniyetten çıkış için stratejiler

**Öğrenmeye odaklanın:** Öğrenmenin sınırı yoktur ancak sadece başarı odaklı olmak yerine kendinizi geliştirmeyi seçerseniz başarı da beraberinde gelir. Öğrenmeye açıldığınızda şansa ya da tesadüfe bırakmazsınız işinizi, hem de bu oldukça keyifli bir yolculuğa dönüşebilir sizin için. Neye meraklıysanız ona eğilin, güçlü yanlarınıza yatırım yapmayı seçebileceğiniz gibi eksiklere de yoğunlaşabilirsiniz.

**İlişkilerinizde gelişim zihniyetini benimseyin:** Her ilişki zorluklardan ve çatışmalardan geçer. Bu zihniyeti ilişkilerinize de adapte edin. Büyüme zihniyeti hem değişimleri ustaca yönetmenizi hem de daha yakın ilişkiler kurmanızı sağlar. Monotonluktan çıkmak, tazelenmek için partnerinizi, iş ortağınızı, eşinizi de büyüme zihniyetiyle tanıştırın. Bazen içinden çıkılmaz gibi görünen sorunlar yeni bakış açılarıyla kolaylıkla aşılır.

**Yeteneklerinizin geliştirilebilir olduğuna inanın:** Kimi insanlar için kimi yetenekler doğuştan gelir. Örneğin iyi bir resim çizmek tamamen doğuştan gelen eğilimlerle mümkündür. Evet hepimizin farklı konulara daha duyarlı olma ihtimali vardır ancak kendinizi bir alanda eğittiğinizde ve yeteri kadar pratik yaptığınızda o tarafınızı güçlendirirsiniz. Çeşitli sanatsal yetenekler erken yaşta üzerine eğilmekle elbette farklı bir noktaya gider ancak amatör olarak da olsa ilgi duyduğunuz şeylere yeteneğinizin olmadığını düşünmeyin.

**Özgür bırakın:** Yapmak istediklerinizin önündeki engelleri yıkın, bu engel sabit zihniyetinizse onu da değiştirin. Bazen bizi tamamlanmış ve iyi hissettirecek tek şey denemek istediklerimiz uğruna mücadele etmektir. Bu her zaman başarıya ulaşmak zorunda da değil... Yürekten istenen her şey başarıyla taçlanır muhtemelen, bu ayrı bir konu ancak "Yapabilir miyim yapamaz mıyım?" ikileminden çıkışın tek yolu denemektir! Kendinize olmak istediğiniz şeye dönüşmek için izin verin... Ve bırakın kalan her şey sizinle birlikte değişsin...

### Kişisel Gücünüzü Korumanın 9 Yolu

Yapılan araştırmalara göre genelde ruh halimizi kendi yaşantımızda olup bitenler kadar çevremizdeki insanların yaşadıkları, onların psikolojileri ve davranma şekilleri de etkiler. Örneğin bir iş arkadaşımızın üzüntüsü bizim de zihnimizi meşgul eder ya da bir başkasının net sınırları içinde hareket etmemesi bizim gücümüzden çalar.

Yaşamda güç kontrolünü yapabilmek için bilinçli seçimler yapmamız bu nedenle önemlidir. Esen bir rüzgârdan etkilenen, çabuk kırılan, zihnini yaşanan olumsuz bir döngüye kolayca kaptıran biriyseniz sıklıkla güç kaybına maruz kalmanız kaçınılmazdır.

1. **Şikâyet ederek enerjinizi boşa harcamayın:** Şikâyet etmek sorun çözmeye hizmet etmez. Mızmızlanmak, homurdanmak, surat asmak olaylar üzerinde etkin bir

gücünüzün olmadığının işaretidir. Olaylar üzerinde güç sahibi olmak kadar kendi davranışlarımızın üzerinde de güç sahibi olmalı ve kendimizi yönetebilme becerisi sergilemeliyiz. Güçlenme sadece vitrini süslemek değildir, gerçek güçlenme kendimizin efendisi olabilmektir.

2. **Duygularınızın sorumluluğunu alın:** Ne hissettiğinizden sadece siz sorumlusunuz, eşinizin, kayınvalidenizin ya da herhangi birinin sizin üzerinizde duygusal bir yaptırımının olduğunu söylemek zihninizdeki filtrelerin sağlıklı olmadığını ifade eder. Zihinsel filtrelerinizi gözden geçirin, oradan neyin geçip neyin geçmeyeceğine siz karar verebilirsiniz. Duygularınızı yönetebilme gücünüzü elinize alın, neye odaklanırsanız zihninizde o var olacaktır. Kötü düşüncelere odaklanırsanız kötü senaryolar üretirsiniz, bunlar da duygularınızın olumsuz şekilde yansımasına yol açar. Elbette olumsuz duygularımızı da yaşamalı ve onlara sahip çıkmalı, onları yok saymamalıyız ancak bunlar bizi işgal edecek denli ele geçirmemeliler.

3. **Sınırlarınızı belirginleştirin:** Çevrenizdeki insanları sınırlarınızı ihlal ettikleri ya da sizden bir şeyler çaldıkları için suçlamayın. Evet onlar suçlu olabilirler ama kapıyı açan sizsiniz! Sınırlarınızı netleştirin, onlar yine de denesinler ama siz geçit vermeyin. Sınırlarınız kadar güçlüsünüzdür, kiminle ve neyle meşgul olacağınıza siz karar verirsiniz.

4. **Duygusal yüklerinizden kurtulun:** Öfke, kin, suçlama, nefret gibi duygusal yükler ağırdır. Birinden nefret etmek kendinizi cezalandırmaktır. Uğradığınız bir haksızlığı tekrar tekrar düşünmek, zihninizde kötü sahneleri

tekrar tekrar düşünmek, kısır içsel konuşmalara sürüklenmek şimdinin yaratıcı gücünü elinizden alır. Hafiflemek için bazı şeyleri özgür bırakın, yaşadıklarınızdan dersler alın ama kendinizi onlara mahkûm etmeyin.

5. **Zihinsel gevezeliğe son verin:** Zihniniz hiç durmadan düşünce üreten bir yerdir. Yaşadığınız anılar geçmişten gelerek tadını çıkarmak istediğiniz anları sizden çalmamalı. Bir önceki günün kaotik bir anısı zihninizde hiç susmayan bir senfoniye dönüşmemeli. Gündüz işyerinizde yaptığınız bir diyalog gece sizinle yatağa gelmemeli. Zihninizin susmasını sağlayın, çeşitli nefes pratikleri, bedensel egzersizler, yürüyüş ve meditasyon gibi pratikler zihninizi dinginleştirip dikkatinizi şimdiye getirmenize yardımcı olurlar.

6. **Edilgin değil etkin güç haline gelin:** Kendiniz için seçenekleri değerlendirme gücünü ele alın, size dayatılanlara hemen boyun eğmeyin. "Günde 12 saat çalışmak zorundayım", "Eşim ne derse onu dinlemek zorundayım", "Anneme evet demekten başka seçeneğim yoktu" benzeri cümleler sizin sürekli bir şeylere maruz kaldığınızı ifade eder. Hayat maruz kalmakla ilgili bir şey değildir, hayat etkin güç olmakla ilgilidir. Aldığınız kararlar her zaman mutlu sona hizmet etmeyebilir ancak ne olursa olsun bu karar sizin kararınız. Başarısızlık ya da tepkiyle karşılaşsanız dahi kararınıza sahip çıkma gücünü tadabilmelisiniz. Kurban mağduriyetinde sızlanmak sizi mağdur edecek başka insanlara davetiye yollamak gibidir.

7. **Doğru aynaya bakın:** Kendinizle ilgili algılarınızı, değerlerinizi değerlendirirken doğru aynalara baktığınızdan emin olun. Her insanın sizinle ilgili yorumunu

ciddiye almamanız gereken zamanlar vardır, eleştiri ve övgüde seçici olun. Her övgü iyi, her eleştiri de kötü olmayabilir. Her ne olursa olsun kendi özeleştiri yapabilme kapasitenizi genişletin ve kendinize dürüst olun. Kendi içsel gücünüzü kendi özeleştiri mekanizmanızdan elde edin. Herkesin sizi sevmesine ya da sizden nefret etmesine gerek yok, bunların hiçbiri kendi başına doğru ölçüler olmayabilir. Kendinize dürüst içsel gözlerle bakabiliyor ve değerlendirebiliyorsanız hiç kimsenin görüşünün sizin öz-değerinizi belirlemesine izin vermezsiniz. Kendinizi ne çok zirveye koyun ne de yerin dibine sokun, hepimizin kusurları kadar güzel özellikleri de vardır.

8. **Sivrilmeyi göze alın:** Bazen kalabalıkların arasında parlamaktan korkup, saklanmayı seçebilirsiniz. Özellikle de ast-üst ilişkilerinin ve hiyerarşinin kendini gösterdiği yerlerde -buralar işyeriniz ya da aile içi olabilir- kendi özgün tavrınızı ve potansiyelinizi koymak bir meydan okuma olarak görülür ve bu tehdit edici olduğundan pek de istenmez. Özellikle kendi otoritesini ortaya koymak isteyen güç sevdalı kişilerle muhatap oluyorsak kabuğumuza çekilmemiz kaçınılmazdır. Ancak bu durum bir maskeyle yaşamaya mahkûm eder sizi, olduğunuzdan farklı davranır, gerçek düşüncelerinizi ifade edemez, yaratıcı potansiyelinizi ortaya koyamazsınız. Kendinizin değil, adeta bir başkasının hayatını yaşarsınız. Öne çıkacak ve farklı olmaya cesaret edecek kadar cesur olmanız zihinsel olarak ne kadar güçlü olduğunuzu ortaya koyar.

9. **Değerlerinize sahip çıkın:** Değerlerinize sahip çıkmadığınızda güçlü bir sürücü değil çaresiz bir yolcuya

dönüşürsünüz. Eğer benimsediğiniz değerlere sahip çıkmazsanız, her gelene evet der, herkesin fikrine evet deme riskiyle karşı karşıya kalırsınız. Bu da sizi silik ve güçsüz birine dönüştürür. Karakterinizin güçlü olduğunu göstermenin yolu değerlerinize, fikirlerinize sahip çıkmak ve onları her ne pahasına olursa olsun savunmakla eşdeğerdir.

# 4. BÖLÜM

# DUYGUSAL ŞANTAJ, MANİPÜLASYON VE KARANLIK PSİKOLOJİYİ YENMEK

*"Manipülatörler sadece zihninizdeki güçlü bir arzuya yaklaşmazlar, bazen de onu uyarır ve hatta yaratırlar."*

## Duygusal Şantaj Nedir?

Duygusal şantaj birinin sizin davranışlarınızı, düşüncelerinizi kontrol etmek, çeşitli durumlara kendi bakış açısıyla bakmanızı sağlamak için duygularınızı kullandığı manipülasyon şeklini tanımlar. Diğer manipülasyonlardan farklı yönüyse şudur: Karşınızdaki kişi istediklerini alamadığında sizi cezalandırmakla tehdit eder. Tehdit yolları çeşitlenebilir, bazen hayatınızdan çıkmakla, bazen maddi yollarla bazen de duygusal açıdan size acı çektirmekle tehdit edebilirler.

Duygusal şantajcılar genelde en yakınınızdaki kişilerdir, kendilerinin sizin için ne kadar önemli olduklarını bilirler. Hassasiyetlerinize ve en derin sırlarınıza dair bilgiye sahiptirler, zaten şantaj da bu temelden hareketle kurulur.

Şantaj yapanlar sizi iyi tanırlar, değer yargılarınızın ve zaaflarınızın ne olduğunu bilirler ve sizi yönetmek için sıklıkla bunlara başvururlar. Örneğin iyi bir insan olmakla ilgili derdiniz varsa size isteklerini yaptırabilmek için bencillik yaftasıyla gelebilirler, sizin iyi biri olmadığınızı, kendinizi düşündüğünüzü yansıtarak, sizi tetikleyerek eyleme geçmeye zorlarlar. Ya da yalnız kalma korkularınız varsa sizi terk etmekle tehdit edebilir, güven duygunuzu sarsarlar.

---

*Duygusal şantajcı*
*evinize güvenliğin en*
*zayıf olduğu yerden girer,*
*duygularınıza oynar, savunma*
*mekanizmalarını iptal ederek*
*düşüncelerinizi yönetir ve*
*benliğinizi sizden çalar.*

---

Baştan belirtmekte fayda var, her türden baskı duygusal şantaj anlamına gelmez. Bazen anne babalar olarak sorumluluğunu üstlendiğiniz çocuklarınıza onları riske atacak, sağlığını bozacak, güvenliğini ciddi anlamda tehdit edecek konularda baskı yapabilirsiniz, bu gereklidir. Ya da kimi zaman ilişkilerinizde partnerinizle çatışabilir, bir konuda uzlaşma sağlamak adına onu yönlendirebilirsiniz, daima insanlarla aynı fikirde olamayız.

Ancak şantaja maruz kaldığınızın çeşitli belirtileri vardır ve sağlıklı bir iletişimden bariz şekilde ayrılırlar. Bunlar:

- İstediklerini yapmadığınızda sizi hayatınızı zorlaştırmakla tehdit ederler.
- İstediklerini alamadıklarında ilişkiyi bitirmekle tehdit ederler.
- Bulundukları kötü durumdan sizi sorumlu tutarlar.
- Kontrol kazanmak için ağlarlar, kurban rolü oynarlar ve abartılı duygular sergilerler.

- İstediklerini yapmadığınızda ihmal edildiklerini, kendilerine zarar vereceklerini veya depresyona gireceklerini söylerler.
- Ne kadar verirseniz verin hep daha fazlasını isterler.
- Daima ne isterlerse vereceğinizden emindirler.
- Duygularınızı ve beklentilerinizi yok sayarlar.
- Verdikleri sözleri tutmazlar.
- İstediklerini alamadıklarında sizi bencil, duygusuz, açgözlü ve umursamaz olmakla suçlarlar.

### Duygusal şantajın 3 düğmesi

Duygusal manipülatör psikolojinizde 3 önemli düğmeye basar:

**Korku:** Korku en temel içgüdüsel mekanizmalarımızın üzerine kurulduğu duygumuzdur. Korkumuz sayesinde savaş ya da kaç tepkileri vererek hayatta kalırız, bizi hayatta tutan işlevsel duygularımızdan biridir. Ancak ne yazık ki bu temel ve işlevsel duygumuz kötü niyetli insanların elinde bir silaha dönüşür.

Sevdiklerinizi kaybetmekten, zor bir duruma düşmekten, utanmaktan, maddi olarak sıkıntı çekmekten, yalnız kalmaktan, başkalarının gözünde değer kaybetmekten, imajınızın sarsılmasından, fiziksel olarak zarar görmekten korkarsınız. Manipülatör sizi bunlarla tehdit edebileceği gibi bazen de sizi belirsizliğin korkusuyla da baş başa bırakabilir, ilişkinizi, iletişiminizi askıya alabilir. Bazen şiddete dek varabilir korkutma taktiği...

**Borçluluk:** İlişki halinde olduğumuz pek çok insana karşı minnet duyguları besleriz çünkü bir şekilde bize bir yardımları dokunmuştur, bakımımızla ilgilenmiştir, zor durumda desteklemiş belki de sadece bizi dinlemiştir. İnsanlarla ilişki içinde olmamızın bir gereği ve sonucudur aslında bunlar, hepimiz bir şekilde diğerine temas ederiz, böylelikle sosyal bir canlı olduğumuzu hissederiz, güvende olduğumuzu, yalnız olmadığımızı fark ederiz. Üstelik topluluk şeklinde yaşamak bizi daha güçlü kılar.

Zorba manipülatör borçluluk duygularınıza oynar. Zamanında onun sizin için yaptıklarını hatırlatır, sonu gelmeyen bir tahsilata soyunur. İstediklerini alamadığında suçlar, nankörlükle, hayırsız bir evlat olmakla, bencillikle yaftalayabilir.

**Suçluluk:** Suçluluk borçluluk tuzağıyla birlikte çalışır. Yapmaya mecbur bırakıldığınız şeyi yapmadığınızda otomatik olarak kendinizi suçlu hissedersiniz. Manipülasyon taktikleri arasında en sık başvurulan yollardan biridir suçluluk, hepimizin çeşitli değer yargıları vardır ve usta bir manipülatör bunu bilir, sizi bir kuklaya çevirmek için bu düğmeye sıklıkla basar.

*Yaşam amacınızı ve gücünüzü*
*sizden çalan en güçlü*
*manipülasyon taktiklerinden*
*biri suçluluk duygusu*
*uyandırmaktır.*

Bazen sadece neşeli olduğunuz için bile suçlanabilirsiniz, "Ben bu kadar mutsuzken sen nasıl oluyor da hayattan bu kadar keyif alıyorsun?" cümlesini duyabilirsiniz örneğin. Birinin yanında olmamaktan, kendi yaşamınız ve kariyer için bazı şeyleri ikinci plana itmekten, tahammülü zor insanlarla sınır çizmekten, üzerinize düşen bir sorumluluğu yerine getirememekten dolayı suçlanabilir ya da kendiniz suçluluk duygularına kapılabilirsiniz.

Duygusal şantaj konusunda dünyada en detaylı çalışmaya imza atmış Susan Forward bu manipülasyon taktiğini incelikli ve sinsi bir davranış şeklinde tanımlar. Bu nedenle anlaşılması en güç ve başa çıkılması en zor manipülasyon tuzaklarından biridir. Şimdi detaylı bir şekilde şantajın nasıl kurulduğuna, sizi nasıl etkisi altına aldığına ve kurtuluş yollarına bakalım.

## Duygusal şantajın altı adımı

Duygusal şantaj kafa karıştırıcıdır. Aniden bir sisin içinde kaldığınızı düşünün, ne yöne gideceğinizi bilemezsiniz, şantaja maruz kalmak da böyledir. Manipülatörünüz istediğini almak için altı adımlı bir yol izler. Bu yol haritasının taşlarını döşerken de sizi korku, yükümlülük ve suçluluk hisleriyle donatır. Zaten sisten çıkmak da bu yüzden güçleşir, zorba manipülatör hareket etmenizi imkânsız hale getirmek için sizi bu üç zincirle bağlar.

Vurulduğunuz zincir epey güçlüdür, onun dediklerini yapmadığınızda ona karşı geleceğinizden duyacağınız korku, istediklerini yapma zorunluluğunun getirdiği yük ve bunları yapmadığınızda duyacağınız suçluluk.

1. **Adım Talep:** Şantaj yapan kişi size birtakım taleplerle gelir. Talepler bazen gizli yollarla bazen de doğrudan ifade edilebilir. Örneğiniz sevgiliniz sizin bir arkadaşınızla görüşmenizi istemediğini size doğrudan söyleyebilir ya da siz o arkadaşınızla bir araya geldiğinizi söylediğinizde somurtabilir, kendi köşesine çekilebilir.

2. **Adım Direnç:** Manipülatörün isteğine karşılık vermemeniz karşısında sergilediğiniz direnç muhtemelen bir geri çekilmeye sebep olur. Ancak onlar zaten istediklerini alma konusunda karar vermişlerdir, sadece beklemededirler.

3. **Adım Baskı:** Şantajcı tekrar hamle yapar. Belki ilk adımda yeterince sezdirmediği isteklerini daha net bir şekilde tekrarlarlar, direncinizin neden gereksiz olduğunu açıklamaya girişir ve yavaş yavaş korku-borçluluk-suçluluk mekanizmasını tetikleyecek cümlelerle düğmelerinize basmaya başlar.

4. **Adım Tehdit:** Tehditler de doğrudan ya da dolaylı olabilir, bazen tehditler "Senin iyiliğin için..." cümlesindeki gibi iyi niyet maskelerinin arkasına saklanabilir. Tehdidin amacı direncinizi kırmak, güçsüzleştirmek ve zırhınızı çalmaktır. Sizi savunmasız bırakmak için şantajcı tehdidin dozunu da artırabilir.

5. **Adım Boyun Eğme:** Tehditlerin yaptırımı sizin için ağırsa boyun eğmek zorunda kalırsınız. Teslim olduğunuzda ve size sunulan tek seçeneği seçtiğinizde bir sonraki talebe dek geçici bir ateşkes sağlanmış olur. Taleplerini elde eden şantajcı istediğini aldığı için size daha nazik ve sevgi dolu davranmaya başlayabilir. Ancak bu geçici bir durumdur. Dans devam eder...

6. **Adım Tekrar:** Şantajcı için bir kez geri adım atmanız yeterlidir, artık o sürekli o attığınız geri adımı kovalar ve herhangi bir zamanda herhangi bir konuda size geri adım attıracağından artık emindir. Artık o sizin zırhınızı tekrar kolaylıkla delebileceğini biliyordur, bastığı düğmeler çalışmıştır, sizi neyle korkutacağını biliyordur, sizi

neyle tehdit edeceğini biliyordur... İki taraf da pek çok şeyi öğrenmiş ve aynı zamanda kanıksamıştır: Şantajcı sizi nasıl maniple edeceğini, sizse uyumlu hale gelerek ortalığı nasıl sakinleştireceğinizi... Ancak ikisi de tehlikeli adımlardır.

## Duygusal şantaj yapanlar nasıl senaryolar üretirler?

Usta bir manipülatörün denemeyeceği şey yoktur, bu sizin hayatınız pahasına bile olsa böyledir. Bu nedenle duygusal şantajı anlamak hayati önemdedir, sizin sadece gücünüzü çalmaz, sizi rehin tutar, özgürlüğünüzü ve özgünlüğünüzü kaybetmenize neden olurlar.

Romantik ilişkilerinizde, aile içinde, iş arkadaşlarınızda her türden duygusal şantaja maruz kalmanız olasıdır.

Sevgilinizin sizi aldatması ve bunu örtbas etmek için sizi terk etmekle tehdit etmesi sık rastlanan senaryolardan biridir. Aldatan kişi sorumluluk almak yerine olayı çarpıtmaya yönelir, "Sen bana yeteri kadar sevgi göstermediğin için..." gibi sizi yetersiz hissettirecek manevralar yapabilir. Çeşitli ihtiyaçların karşılanmamasından dolayı aldatmasını masumlaştırabilir, sizde şefkat uyandırmaya çalışabilir, kendini aslında mağdur pozisyonuna sokar böylelikle.

Aile içinde anne babanız tarafından duygusal şantaja maruz kaldığınızda duyabileceğiniz kimi cümleler şöyle olur: "Sen zaten hayırsız bir evlatsın", "Hakkımı helal etmiyorum", "Ben seni bugünler için mi büyüttüm?", "Saçımı sana süpürge ettim." Aile içinde şantajda en sık tetiklenen duygular suçluluk ve borçluluk duygularıdır. Özellikle anneniz sizi sadece dünyaya getirdiği için bitmeyen bir borçlanma döngüsüne sokabilir, kendini sürekli mağdur ve çaresiz gösterebilir. Elbette anne babalarımıza saygı, sevgi besleriz ancak sınırlarımızı ihlal etmeye yönelik tehditler aile içi ilişkilerde daha tehlikeli boyutlara varabilir.

İş ya da sosyal çevrenizde de sizde kontrol kurmak ve güç kaybı yaşatmak adına şantaj yapanlarla karşılaşabilirsiniz. Bir arkadaşınız borç para istediğinde ve alamadığında arkadaşlığınızı bitirmekle sizi tehdit edebilir. İşyerinde yöneticiniz makamını bir sopa gibi kullanarak kendi özel isteklerine boyun eğmenizi isteyebilir.

Duygusal şantaja soyunmuş birinin ağzından şu cümleleri duymanız olasıdır:

- Eğer benimle ilgilenmezsen kendimi öldürürüm!
- Seni evlatlıktan reddederim!
- Artık benim hiçbir şeyim değilsin!
- Pişman olursun!
- Senin canına okurum!
- Sen olmadan başaramam...
- Beni ihmal ettiğin için böyle oldu...
- Yaşadıklarımızı ifşa ederim!
- Anne babanla konuşurum!
- Sen de hayırsız çıktın!
- Seni rezil ederim!

## Duygusal şantajın belirtileri

Şantaj gerçekten de bazen algılanamaz, sevdiğimiz insanların bize zarar vereceğini düşünmek dahi aklımıza gelmez. Ancak çoğunlukla da doğrudan yapılır bu hamleler.

Gizli ya da doğrudan duygusal şantaja uğradığınızın bazı işaretleri şunlardır:

- Kendinize dair derin bir yetersizlik hissi varsa
- Kimi insanlarla birlikteyken tedirgin ve güvende hissetmiyorsanız
- Sıklıkla kendinizi suçluyorsanız
- Sürekli bir şeyleri yanlış yaptığınıza dair bir inancınız varsa
- Bazı korkularınız daima tetikteyse
- Kendinizden şüphe duyuyorsanız
- Hayatınıza dair önemli kararları almakta zorlanıyorsanız
- Kendinizi özgür hissetmiyorsanız
- Partneriniz psikolojik ya da fiziksel olarak şiddet uyguluyorsa
- Kendinizi sürekli aşırı stresli hissediyorsanız
- Kimi insanlarla birlikteyken bedensel stres tepkileri veriyorsanız, örneğin ellerinizin terlemesi, nefes almakta zorlanma, panik atak vb. davranışlar
- İnsanların taleplerine boyun eğdiğinizde kendinizi mutsuz hissediyorsanız
- Sık sık sinirli ve kırgın hissediyorsanız
- İstenenleri yapmadığınızda kendinizi suçlu ve kötü biri gibi hissediyorsanız
- Başkalarının daima sizden önce geldiğine dair bir inancınız varsa

## Duygusal şantaja karşı koymak için 10 adımlı yol haritası

**1. Daha güçlü olmaya söz verin:** Tüm değişimler güçlü bir istekle mümkündür. Hayatımızda zorbalığına maruz kaldığımız birine "Ben böyleyim!" demek korkutucudur ancak bu korku duvarını bir kez yıktığınızda içeriye özgürlük dolar. Sizin adınıza ne yapacağına karar vermeye kalkan birine karşı güçlü bir duruş sergilemeniz, bunun için de kendinize güçlü bir şekilde söz vermeniz gerekir.

Birazdan adım adım ilerleyeceğimiz eylem planında sizi harekete geçmekten alıkoyan tüm mekanizmaları iptal edeceğiz. Ancak öncelikle zihinsel ve ruhsal olarak kendinizi bu değişimi yapabileceğinize dair cesaretle donatın. Kendinize sorun: En kötü ne olabilir? İnanın sizin prangalar altında ezilmenizden ve yaşama amacınızın kaybolmasından daha değerli olamaz hiçbir şey.

Olacaklardan korkmayın, evet biraz gürültü yaratabilirsiniz ama her şeye rağmen cesaretinizi toplayın, kendinize inanın ve sözünüzden dönmeyin. Uygun stratejilerle ilerlediğinizde daha huzurlu, daha sağlıklı ve daha güçlü bir yaşama kavuşacağınızdan emin olun.

**2. Hassas noktalarınızı bulun:** Manipülatörler daima en zayıf yerinize oynarlar. Sizin en zayıf ve hassas yeriniz neresi? Kendinizi gözlemleyin:

- Aşırı onaylanma ihtiyacınız mı var?
- Ne pahasına olursa olsun takdir edilme beklentileriniz mi var?
- Sorumluluk almak sizin için hayati bir önem mi taşıyor?
- Kendinizden şüphe etme inancınız çok mu yoğun?
- Belirsizlikle başa çıkmakta zorlanıyor musunuz?
- Kendinize dair olumsuz bir imaj algısı yaratmakla ilgili ciddi kaygılarınız mı var?

- Hayır demekte zorlanıyor musunuz?
- Sizin için iyi insan olmak demek her şeye evet demekle eşdeğer mi?

Kendiniz için bu soruları dikkatli bir şekilde çalışın, defterinizde tek tek yanıtlayın, iyice derine kazın. Bazı davranışlar sizin için normalleşmiş ve bir sorun teşkil etmiyormuş gibi görünebilir. Ancak unutmayın yukarıda sıralanmış her bir madde yaşamınızda belli sınırların ciddi bir şekilde ihlal edildiğinin alametleridir.

**3. Korku-borçluluk-suçluluk bağlantılarını koparın:** Sizi şantaja sürükleyen bu sarmaldan çıkış için önce kök inançlarınızı ve şemalarınızı gözden geçirin:

- Sizde korku-suçluluk-borçluluk mekanizmasını tetikleyen duygular neler?
- Bu duyguların yükselmesine neden olan düşünceler neler?
- Bu düşünceleri kimlerden/nereden miras aldınız?

Önce korkularınızın üzerine gidin, neler sizi korkuyor? Defterinize yazın. Bu korkuların temelinde hangi nedenler olabilir? Erken yaşta aile içinde yaşadığınız bir ihmal hayat boyu diğer insanları memnun etme çabasına dönüşmüş olabilir. Bu üçlü sarmalın temelinde genellikle erken yaşta deneyimlenmiş travmalar var olabilir. Bu travmalar nedeniyle de fedakârlık, bağımlılık, boyun eğicilik, onay arayıcılık, kusurluluk gibi şemalar aktif olarak çalışıyor olabilir. Lütfen bu konuda detaylı bir çalışma yapın kendiniz üzerinde, *Vazgeçilmez Olmanın Sırrı* kitabımdaki şemalar bölümünde bu konuya dair tüm detayları bulabilirsiniz.

Borçluluk duygusuyla bağlantınızı kesin. Size borçluluk yükünü hissettiren şeyleri genellikle doğduğunuz ailede ve coğrafyada öğrenirsiniz. Kültürel kimi değerler, öğretiler, inançlar, toplumsal duyarlılıklar sırf genel anlamda yaygın olduğu için sorgulanamaz anlamına gelmez. Sizin doğduğunuz ailede asla ihlal edilmemesi gereken bir kural başka bir coğrafyada önemsizdir. Aslında bizler bugün bu değişimin içindeyiz, artık kendimizi daha çok sahiplenmemizin, değerlerimizi korumamızın gitgide değer kazandığı bir zaman dilimindeyiz. Artık aşırı fedakârlık eskisi gibi kutsanmıyor, artık aşırı fedakârlığa zorlanmanın zararları üzerine düşünebiliyor, sorgulayabiliyoruz.

Suçluluk düğmesini kapatmak için kendinize adil davranın. Atacağınız adım gerçekten de sizi zalim yapacak cinsten bir davranış mı? Sırf bu şeyi yapmadığınız için ağır bir şekilde cezalandırılmayı hak ediyor musunuz? Davranışınız birini küçük düşürüyor ya da alçaltıyor mu? Bir başkasının isteğine boyun eğmenin bedeli ne? Kendi haklarınızın yeteri kadar farkında mısınız? Kendinize adil misiniz, yargılamanız dürüstlükle mi yapıldı? Tüm bu değerli soruları kendinize cesurca sorun.

**4. Düşüncelerinizi tanıyın:** Duygularınızı tespit ettikten sonra düşüncelerinizi iyi analiz edin, kendinize olumsuz senaryoları, değersizliği ve haksızlığı layık görmeyin. Siz güçlü, değerli ve güzel şeyleri hak eden birisiniz.

Manipülasyon döngüsüne çekildiğinizde tetiklenen düşünce zincirinizi tespit edin, yaşadığınız çeşitli olayları defterine yazın ve analiz edin. Benzer paternler mi çalışıyor? Genelde benzer tipte insanlarla benzer sorunlar mı yaşıyorsunuz? İçsel sesiniz sürekli aynı şeyleri mi tekrarlıyor? Onlara yapışmayın, zihninizden geçen her düşünce doğruluk barındıracak anlamına gelmez.

**5. Sınırlarınızı yeniden tanımlayın:** Hayır demenin mucizesini tatmaya ne dersiniz? Sizi boyun eğmeye zorlayan insanlara karşı net bir şekilde sınır çizin, 2. Bölüm'de ilgili başlıkta anlatıldığı gibi sınır çizmek için doğru stratejiyi belirleyin.

**6. Neyi göze aldığınızı fark edin:** Böylesi bir ilişkiden çıkmak sizin için imkânsız görünüyorsa yol haritanız aşağı yukarı bellidir. Ya her şeyi olduğu gibi kabul etmeye razı gelirsiniz, ya o kişiyle ciddi bir pazarlığa oturursunuz, ya da ilişkiye son verirsiniz. Seçimler bellidir ancak duygusal istismarın getireceği maliyetleri iyi hesap edin. Bu tarz toksik bir ilişkiyi ne pahasına seçeceğinize iyi karar verin. Şantaja maruz kaldığınızda korkup yapacağınız seçimle hayatınızı mahvetme riskiyle karşı karşıya kalabilirsiniz, ancak devam etmeye karar verirseniz sorumluluğu almalısınız.

**7. Acil eylem planı yapın:** Şantaja hızlı bir şekilde müdahale edemediğiniz ilk zamanlarda 3 adımlı bir kontrol mekanizmasıyla ilerleyin.

**DUR:** Talep geldiğinde düşünmek için zaman isteyin.

**GÖZLEMLE:** Duygularınızı, düşüncelerinizi gözlemleyin, hangi tetikleyiciler ayaklandı, sizi harekete geçmeye zorlayan motivasyonunuz ne tespit edin.

**STRATEJİ GELİŞTİR:** Bu talebi karşılamak sizde neye mal olacak, bertaraf etmenin yolları neler olabilir, ek süre isteyin ve takviminizi planlayıp ağır ağır ilerleyin.

**8. Vazgeçmeyi bilin:** Hayatınızı bir mahkûm esaretinde geçirmeye zorlayan birine belki de elveda demenin vakti geldi. Unutmayın duygusal şantajına maruz kaldığınız kişi sizi değil sadece kendi isteklerini önceleyen bencil biri. Birisini idare etmek, düzeleceğini ummak sadece size zaman kaybettirir ve boş yere enerjinizden çalar.

**9. Önlem alın:** Bazen şantajın boyutları tehlikeli noktalara gelebilir. Eğer güvenliğiniz tehdit altındaysa, fiziksel ve psikolojik olarak şiddete maruz kalıyorsanız, sevdiğiniz başka insanlar da tehdide maruz kalıyorsa yardım istemekten çekinmeyin. Varsa ailenizi, çocuklarınızı koruyun.

**10. Cesur olun:** Değişim korkutucudur. Genelde alışkın olduğunuzun dışında hareket etmek ilk başlarda sizi rahatsız edebilir. Ancak bu yanlış davrandığınız anlamına gelmez. Uzun süren bir şantajdan çıkmak cesaret ister. Alışkanlıklarınızın dışına çıkma cesareti, zincirleri kırma cesareti, yeniliği kucaklama cesareti... Konfor alanından bahsederken aslında alışmış olduğumuz kötü bir düzeni bile bırakmanın zorluklarından söz etmiştik.

Gerçekten de insan bilindik cehennemi bilinmeyen cennete tercih edebilir. Eski yaşantısına dönmek, bilindik de olsa o kötü şarkıyı tekrar tekrar dinlemek isteyebilirsiniz. Ancak hatırlayın: İlk adımda SÖZ VERDİNİZ!

## Manipülasyon Tuzağından Kurtulmak

Manipülatif davranış, birinin başka birini kendi çıkarları doğrultusunda etkilemek, güç ve kontrol elde etmek istediği zamanlarda uygulanır. Birçok insan duygusal manipülasyona maruz kalır. Duygusal manipülatör için amaç genellikle başka bir kişinin duyguları üzerinde kontrol sahibi olmak veya zorlayıcı kontrol yoluyla duygusal kaos yaratmaktır.

Manipülatör kasıtlı olarak bir güç dengesizliği yaratır ve kurbanı kendi amaçlarına hizmet etmek için kullanır. Manipülatörler, bir kişiyi kontrol etmek için onun akıl sağlığını sorgulamasına dahi neden olacak incelikli yöntemlere sahip olabilirler.

Manipülatif davranışlar yaşamımızın hemen her alanında ortaya çıkabilir ve zamanla güç dengesizliğine neden olarak ileride daha fazla problem yaratabilir. Bazı davranışlar görünüşte zararsız olmasına rağmen, diğer kişinin kafası karışmasına, endişeli ve yorgun hissetmesine neden olur.

Bazen masum isteklerle bazense kötücül niyetlerle ortaya çıkabilir manipülatif davranışlar. Kimi zaman bazı alanlarda manipülasyona başvurduğumuz olur, örneğin bir iş görüşmesinde kendimizi olduğumuzdan daha özgüvenli göstermek isteyebiliriz ya da bir acıyla karşılaştığımızda olduğumuz halimizi örtmek, saklanmak, romantik ilişkilerimizde kimi zayıflıklarımızı gizlemek, ailemize karşı daha güçlü görünmek adına basit taktikler deneyebiliriz. Ancak bizim burada ele alacağımız manipülasyon çeşitleri sizde güç kaybına neden olan taktikler olacak.

Güç kaybına neden olan manipülatif davranışlar kendini şu şekilde gösterirler:

- Bazı insanlar sizin zayıf noktalarınızı size karşı kullanırlar.
- Sizden gerçeği saklarlar.
- Yalan söylerler.
- Eylemlerinin sorumluluğunu almaz ve sizi suçlarlar.
- Daima yargılar, eleştirir ve küçümserler.
- Pasif agresif davranışlar sergilerler.

Manipülatörler sizin üzerinizde hâkimiyet kurarak kendilerindeki güç kaybını önlemeye çalışırlar. Güç kaybını önlemenin en iyi yolu da sizin kafanızı karıştırmaktır.

Bazı spesifik manipülasyon çeşitleri:

- Gaslighting
- Pasif Agresiflik
- Eleştiri
- Yalan söyleme
- İnkâr
- İzolasyona tabi tutma
- Utandırma
- Kaçınma
- Gözdağı verme
- Kurban rolüne girme
- Dalkavukluk

## Gaslighting

Gaslighting, istismarcı ilişkilerde ortaya çıkan bir manipülasyon şeklidir. Zorbanın veya istismarcının hedef aldığı kişiyi yanlış yönlendirdiği, yanlış bir hikâye yarattığı, bu hikâyeye onları inandırdığı, onların yargılarını ve gerçekliğini sorgulamasına neden olduğu gizli bir duygusal istismar türüdür.

Gaslighting mağduru olan kişi gerçeklikten şüphe etmeye hatta kendi akıl sağlığının yerinde olup olmadığından dahi şüphe etmeye başlar. Gaslighting, uzun bir zamana yayılan sistematik bir manipülasyondur. Kafa karışıklığı, özgüven, özsaygı kaybı ve kişinin ruhsal durumunda istikrarsızlıklara yol açar. Gaslighting ile kurbanı kendine bağımlı kılmak amaçlanır, onun iradesini yitirmesi ve tamamen kontrol altına girmesi istenir.

Gaslighting terimi 1900'lü yılların başında aynı adlı bir tiyatro oyunundan alınmıştır. Bu tiyatro oyununda karısını maniple etmeye çalışan bir adamın hikâyesinden söz edilir. Gaslighting, yalan söyleme, birisinin sözlerini ve eylemlerini ona karşı kullanma, yaşananları inkâr etme ve yanılsama yaratma gibi çeşitli çarpıtma tekniklerini barındırır.

Gaslighting failleri senaryonuzu çarpıtıp baştan yazarlar. Yaşanmış bir olayı sanki başka türlü yaşanmış gibi inandırma eğiliminde olurlar. Tüm bu çarpıtmada amaç her şeyi kendi lehlerine kullanacak şekilde yeniden dizayn etmektir.

Çoğu uzmanın görüşü genelde gaslightinge başvuranların bizi gerçekten çok yakından tanıyan ve güvendiğimiz insanlar olduğu yönünde.

Peki gaslightinge maruz kaldığınızı nasıl anlayabilirsiniz:

- Genelde bulunduğunuz evrede sanki yaşamınızın diğer kısımlarından ayrı bir düzlemde akıyormuş hissine kapılırsınız.
- Davranışlarınız, sözleriniz küçümsenir, alaya alınır, çıldırdığınız ya da saçmalamaya başladığınız telkin edilir.
- Abartılı davranışlarda bulunduğunuz ima edilir ya da söylenir. Amaç sizi şüpheye itmektir.
- Kafa karışıklığı ve güçsüzlük hissi kendini gösterir.
- Sosyal çevrenizden gitgide uzaklaşır ve sosyal izolasyona tabi tutulursunuz.
- Sıcak/soğuk davranış döngüsüne girersiniz, manipülatör dengenizi bozmak için iki sert uçta salınmanızı sağlar ve sizi aşağılamayla övme arasında sürekli sarsar.

Tüm bunları aşağıdaki söz ve davranışlarla sürdürürler:

- **Yalan söylemek:** "Ben öyle demedim, şunu söyledim..."
- **İtibarsızlaştırma:** "Ona inanmayın deli bu."
- **Dikkat dağıtma/yönlendirme:** "Sen onu boş ver de geçen sefer senin yaptığına gelelim."
- **Düşünce ve duyguları küçültmek:** "Neden bu kadar hassassın? Sana da bir şey denmiyor."
- **Suçu başkasına atmak:** "Sen olmasaydın bunu yapmazdım."
- **Yanlışı reddetmek:** "Asla öyle bir şey yapmadım."
- **Hikâyenin akışını değiştirmek:** "Tamamen yanlış hatırlıyorsun, bak şu şekilde oldu her şey..."

Gaslighting tekniğini uygulayan istismarcı kişiler sıklıkla mağduru anlamıyormuş gibi davranırlar, dinlemeye kapalıdırlar. Mağdurun kendinden şüphe etmesini yoğunlaştıracak durumları destekler, mağdur sıklıkla hafızasını sorgular ve yaşadıklarından emin olamaz. İstismarcı kişi mağdurun isteklerini önemsizleştirir, onun duygularını, beklentilerini yok sayar. Verdiği sözleri hatırlamadığını hatta ona dediğini bile hatırlamadığını söyler.

Gaslighting tehlikeli bir aldatma biçimidir. Maruz kalanlarda şu belirtiler gözlemlenir:

- Aşırı endişe
- Depresyon
- Uyum sağlayamama
- Benlik saygısının yok olması
- Travma sonrası stres bozukluğu
- İntihar eğilimi

Yapılan araştırmalar romantik ilişkilerde daha çok kadınların gaslightinge maruz kaldığını ortaya koymakta. Bunun ana nedenlerinden biri de cinsiyet farklılıklarından gelen bazı özellikler. Genelde yerleşik olan cinsiyete dayalı bazı yargılar da bu işin tuzu biberi olmakta ne yazık ki... "Erkekler daha mantığa dayalıdır, kadınlar daha duygusal varlıklardır..." gibi yargılar istismara zemin hazırlamak için kullanılmaktadır.

### Gashlighting tuzağından adım adım kurtulma

Eğer gaslightinge maruz kaldığınızı düşünüyorsanız:

- **İletişimi sınırlandırın:** Herhangi bir sebeple bu tarz bir insana maruz kalmanızın epeyce risk barındırdığını bilmenizde fayda var. Eğer iletişim halinde kalmanız gereken bir durum söz konusuysa manipülasyonu yapan kişiyle iletişiminizi mümkün olabildiğince sınırlayın. Konuşmalarınızı kısa kesin, sınırları siz belirleyin ve bu sınırlarda kalmak istediğinizi onlara hatırlatın.
- **Kanıt toplayın:** Kendinizden şüphe etmek sarsıcıdır ve yaşadığınıza inandığınız hikâyelerin başka ellerde değiştiğini görmek de öyle... Size anlatılan hikâyelerden emin değilseniz kanıt toplayın ancak bu kanıtlar sizde kalmasın. İstismarcının oyununu bozacak hamleler yapmanız onları öfkelendirebilir. Bu kanıtları kendinizi güvene almak için kendinizde tutun.
- **Destek alın:** Yalnız bir şekilde mücadele etmek zorunda değilsiniz. Yakınınızdaki kişilerden destek isteyin, güvenlik gibi kimi hayati tehlikeler mevcutsa ilgili yerlere bilgi verin. İstismarcı kişiler sizi güçsüz olduğunuza,

yalnız kaldığınıza inandırmış olabilir. Yaşadıklarınızı duyurun, içinde bulunduğunuz çarpıtmaları başkaları sizden çok daha iyi fark edecektir.

## Pasif Saldırganlık

> *"Bir insan bir yere bakıyorsa orada ilgilendiği bir şey vardır. Bir insan bir yere hiç bakmıyorsa, orada ilgilendiği bir şey kesinlikle vardır."*
>
> Freud

Pasif saldırganlık öfke gibi kimi tepkileri ifade etmenin dolaylı yollarından biridir. Pasif saldırgan gizli ya da örtük olarak bu davranışı sergilediği için hem tanımlamak hem de başa çıkmak zor olabilir. Çünkü pasif saldırgan niyetlerini doğrudan belli etmez, davranışları da yine aynı şekilde doğrudan değildir.

Kimisinin öfkesi bir yanardağın patlaması kadar belirgindir ancak pasif saldırganlar düşmanlıklarını ya da davranışlarını şaşırtıcı yollarla ifade ederler. İmalı sözler, imalı bakışlar, kinayeli mesajlar, incitici mesajlar pasif saldırgan için kullanılan çeşitli araçlardan bazılardır.

## Pasif saldırganı çözümlemek

Pasif saldırganlık, kişinin hangi nedenle olursa olsun doğrudan ifade etmekten çekindiği derin öfke, düşmanlık ve hayal kırıklığının yansımalarını içerir. Pasif-agresif davranışların altında derin bir mutsuzluk ve üzüntü yattığını anlamak önemlidir.

Pasif saldırganlığın bazı yaygın biçimleri arasında görev ve sorumluluktan kaçınmak, ertelemek, son teslim tarihlerini kaçırmak, kritik bilgileri saklamak ve çoğu zaman kişinin üretebileceğinden daha az başarı elde etmek yer alır. İşyerinde ya da ekip çalışmalarında pasif saldırganlık, grup projelerini sabote ederek ulaşılamayan hedeflere yol açabilir.

Pasif saldırgan kişiler genelde problemlere yönelik adım atmazlar, çözümü ertelerler ve kasıtlı olarak verimsizliği beslerler. Bu kişiler genellikle bir işi yarım bırakır veya "neredeyse" tamamlanmıştır. Kendisine yöneltilen eleştiri oklarını bertaraf etmede ustadır, genellikle iltifatlarla ya da iyi iletişimle durumu idare ederler.

*Pasif saldırgan öfkesini gizlemede bir ustadır.*

Pasif saldırganlar genelde hedef aldıkları kişiyi görmezden gelme eğiliminde olurlar. Bu esasen sinsi bir davranış bile sayılabilir, bir şeyleri kasten unutma, tepkilerde sessiz kalma pasif saldırgan davranışın can sıkıcı olanlarından birkaçıdır. Başkalarını suçlamak, bahaneler uydurmak, göz temasından kaçınmak saldırganın davranışları arasında yer alır.

Gün içinde etrafımızdaki kişilerle temasta bulunmaktan kaçınma davranışı göstermek normaldir ancak pasif saldırgan bunu sistematik şekilde yapar. Birini tamamen görmezden gelmek ve iletişim kurma girişimlerine yanıt vermeyi reddetmek şeklinde gösterilen "sessiz davranışın" aşırı biçimleri, düşmanlığı ifade etmenin daha doğrudan yollarıdır.

Sessizlik, saldırgan için hedefi pasif-agresif bir şekilde yaralamak ve utandırmak için etkili bir yol olarak görülür. Sessiz muamele aslında bir tür "sessiz" sözlü taciz olabilir, özellikle de güçler arasında bir orantısızlık varsa. Örneğin bir yönetici ile altında çalışan personel örneğindeki gibi ya da bir anne ve çocuğu arasındaki gibi... Sessiz saldırı inciticidir, göz ardı edilmek veya birisinin siz yokmuşsunuz gibi davranmasını sağlamak, kalıcı zarara neden olabilecek güçlü bir cezalandırma şekli olabilir.

Pasif-agresif davranış, görünüşte zararsız, tesadüfi veya tarafsız olabilir ancak dolaylı olarak bilinçsiz bir saldırganlık güdüsü sergilenir. Pasif-agresif olan insanlar doğrudan saldırgan olmaktan ziyade dolaylı olarak saldırgandırlar. Örneğin pasif-agresif davranış, başka bir kişinin isteklerine karşı oyalanarak, surat asarak ya da inatla hareket ederek direnme şeklinde ortaya çıkabilir.

## Bir ilişkide duvar örmek nasıl olur?

Duvar örme, partnerlerden ya da iletişim halinde olanlardan birinin kendisini kapatması, geri çekilmesi ve yanıt vermeyi tamamen bırakmasıdır. Duvar örmek aynı zamanda bir taraf ciddi bir şekilde konuşmak istediğinde saldırganın kendisini meşgulmüş gibi gösterdiği kimi pasif-agresif davranışları da içerir.

Eğer herhangi birinin duvar örme davranışına maruz kalırsanız sakin kalın. İletişim için onun hamle yapmasını bekleyin. Evlilik ya da uzun süreli ilişkilerde duvar örme davranışı yönetilmesi zor bir duruma sürüklenebilir. Bu durumun yarattığı her türlü hasarı onarmak ve evliliğinizin yürümesi için diğer iletişim becerilerini uygulamaya başlayın.

Pasif-agresif davranış birçok biçimde ortaya çıkabilir. Birisi pasif-agresif davranıyorsa şunları yapabilir:

- ✓ Size doğrudan hayır demez ama istediğinizi de size vermez.
- ✓ Hayalet gibi davranır, vardır ama yoktur.
- ✓ Aklından geçenleri söylemek yerine bahaneler üretir.

- ✓ Görevleri erteler.
- ✓ Sessizce baskı uygular.
- ✓ İsteklerinize alaycılıkla ya da ince şakalarla karşılık verir.
- ✓ İletişimi kesip tartışmayı reddeder.
- ✓ Duvar örer.
- ✓ Mutsuzluklarını ifade etmez ama surat asar.
- ✓ İletişime geçmek istediğinizde sizi geri çevirir, meşgulmüş izlenimi verir.
- ✓ Evde ya da ofiste kapıları çarpar, bir şeyleri sertçe itip kakabilir.
- ✓ Sizinle ya da başkalarıyla bir araya gelmemek için sürekli bahane yaratır.
- ✓ İşyerinde önemli bilgileri saklayabilir, işleri zamanında bitirmeyebilir.

**Pasif-agresif insanlarla nasıl başa çıkılır?**

Pasif saldırgan her zaman bilinçli olarak davranışlarının farkında olmayabilir. Çoğu zaman davranışları altta yatan öfke, üzüntü veya güvensizlikten kaynaklanır. Pasif-agresif davranış, bu duyguların bir ifadesi veya bir ilişkide kontrolü ele geçirme girişimi olabilir. Bunu akılda tutmak, saldırgana nasıl tepki vereceğinizi belirleyebilir.

Pasif-agresif kişiyle iletişim kurarken şu yöntemleri deneyebilirsiniz:

- Kendiniz pasif-agresif davranarak tepki vermek cazip gelse de öfkeyi veya hayal kırıklığını ifade etmek kişiyi muhtemelen aynı şekilde davranmaya teşvik edecektir.

Pasif-agresif kişinin bakış açısına değer verdiğinizi göstermek, eğer bu şekilde altta yatan bir güvensizlik duygusu varsa, iletişiminizi daha sağlıklı hale getirmede yardımcı olabilir. Ancak asılsız suçlardan dolayı özür dilememeli ya da onları başka şekilde yatıştırmamalısınız.

- Mümkünse, en iyi çözüm genellikle onların yanında geçirdiğiniz süreyi sınırlamaktır. Ancak yüzleşmenin ileriye yönelik en iyi yol olduğuna karar verirseniz, davranışın size nasıl hissettirdiğini sakin bir şekilde açıklayarak suçlayıcı olmaktan kaçının.
- Saldırganla yüzleşmeniz gerektiğinde kötü davranışlarından dolayı sorumluluk alması gerektiğini ifade edin. Yanlış bir şey yapmadıysanız özür dilemeyin. Sakince ve doğrudan meseleyi ele alın, ne yaptıkları veya söyledikleri konusunda net olun.
- Pasif-agresif davranışlara yanıt verirken kendi duygularınızı yönetmek çok önemlidir. Cevap vermeden önce birkaç derin nefes alın veya kendinizi geçici olarak durumdan uzaklaştırın. Kişinin endişelerini doğrudan gidermeye çalışın. Net sınırlar koyun.

## Aşk Bombalaması (Love Bombing)

Romantik ilişkilerin başlangıcındaki iltifatlar, alınan hediyeler ve yapılan sürprizler baş döndürücüdür. Ancak bu aşk yağmuru kasıtlı bir şekilde planlanmış bir aşk bombalaması taktiklerinden ibaret olabilir.

Aşk bombardımanını uygulayan kişiler narsis veya sosyopat olabilirler ve tüm davranışların ardında yatan neden sizi kontrol altına almak ve güçsüzleştirmektir.

## Aşk bombalaması nasıl hissettirir?

Aşk bombardımanı genellikle ilişkilerin başında sergilenir. Yeni tanıştığınız kişi hem kendisini çekici kılmak hem de sizi kendisine bağlamak için taktiklerini uygulamaya koyulur. Size kendisini ani ve derin bir şekilde bağlanmış gibi gösterir, öyle ki aşktan başı dönmüştür ve bu yaşananlar gerçek olamayacak kadar mükemmeldir.

Gerçek sevgi karşılıklıdır ve her iki taraf için de ortalama bir hızda ortaya çıkar. İlişkilerde çiftler birbirini tanımak için zamana ihtiyaç duyarlar, güven, sadakat gibi duyguların içselleşmesi aniden olmaz.

Aşk bombardımanı yapan kişi ise çoğunlukla bunu tek taraflı sergiler; bir partner diğerine hediyeler, övgüler ve aşk beyanları yağdırır ve diğerinin bunalmasına yol açabilir. Bunun ardında iyi niyetler varmış gibi sergilense de manipülatif amaçlar için kullanılabilir.

## Aşk bombalamasının aşamaları

**İdealleştirme:** Aşk bombacıları ayaklarınızı yerden keser. Beyninizin salgıladığı iyi hissettiren kimyasal olan dopaminle dolup taşmak size çok iyi gelebilir. Sürekli çiçeklerle karşılanmak, hediyelere boğulmak, daima övgü almak ayaklarınızı yerden kesebilir. Kariyeriniz ya da yaptığınız işlerle ilgili size yüce payeler verirler ve sizi zirveye yükseltirler. Her şey aslında çok hızlı gerçekleşir, ta ki sonraki adıma dek...

**Devalüasyon:** Bu aşamada hızla değersizleştirme başlar. İlk aşamada size sunulanlar hızla geri alınır ve siz o zirveden yere bırakılırsınız. Öyle ki bir süre önce ruhunuzu okşayan kişi şimdi bir zalime dönüşmüştür. Bu değersizleştirme aşaması elbette yıkıcıdır ancak daha yıkıcı olan bombacıların özellikle savunmasız kişileri seçmesidir.

Aşk bombardımanına maruz kalıp kalmadığınızı anlamak için aşağıdaki kontrol listesine bakın, cevaplarınızın çoğu evetse kendinizi korumak adına önlem alın:

- ✓ Bu kişi ailenizle, kariyerinizle ve hobilerinizle aşırı derecede ilgileniyor mu?
- ✓ Hem size iltifat ediyor hem de aynı anda sizi eleştiriyor mu?
- ✓ Eleştirilerinizi sizin iyiliğiniz için diyerek mi sunuyor?
- ✓ Size sürekli olarak nerede olduğunuzu sorup yeterince hızlı cevap vermezseniz sinirleniyor mu?
- ✓ Bu kişi sizi rahatlatıyor mu? Yoksa gergin misiniz ve her şey çok mu fazla geliyor?
- ✓ Bu kişi narsis mi, şefkatten yoksun ve kendini yücelten davranışlar mı sergiliyor?

Peki ciddi işaretler nelerdir diye sorarsanız:

- ✓ Narsisler kendi ihtiyaçlarına odaklandıkları için zamanınızı ve programınızı görmezden gelirler.
- ✓ Abartılı iltifatlar sunar ve dalkavukluk yaparlar. Tüyler ürpertici bir şekilde ne duymak istediğinizi biliyor gibi görünürler.
- ✓ Sosyal medyalarında adeta ilanıaşk etmekten çekinmezler, her şeyi abartılı ve büyüterek gösterirler.
- ✓ Size pahalı hediyeler alırlar ve sürekli bunları hatırlatırlar.
- ✓ Onay ve takdir göremediklerinde aşırı öfkelenirler.

- ✓ Değersizleştirme aşamasında kendinizi güvende hissetmenizi engelleyen davranışlar sergilerler, huzursuz ve stresli hissetmenize yol açarlar.
- ✓ Onların yanında ne yapacağınızı bilemez hale gelirsiniz, kafanız karışıktır.
- ✓ Manipülasyonu daha ileri seviyeye taşıyabilirler, gashligthing bunlardan biri olabilir.
- ✓ Kendinizi depresif ve kaygılı hissedersiniz.
- ✓ Sizi izole ederler, sosyal çevrenizle ve ailenizle görüşmenize izin vermezler.

**Aşk bombalamasından nasıl kurtulursunuz?**

**Davranışlarınızın nedenlerini keşfedin:** Öncelikle sizi toksik şekilde devam eden bu ilişkide tutan nedenleri bulun. Geçmişte yaşadığınız travmatik bir ilişki sizi terk etmekten alıkoyuyor olabilir mi? Yalnız kalma korkularınız mı var? Her ne pahasına olursa olsun bir ilişkiye tutunmak sizin için çok mu önemli? Gerçekçi bir değerlendirme yapın ve ilişkiyi noktalamak için nedenlerinizi yeniden gözden geçirin. Davranışınızı değerlendirmek için biraz zaman ayırın. Sizi bu şekilde davranmaya iten şeyin ne olduğunu anladıktan sonra hedefinizi ve bunun sevdiğiniz kişiyi nasıl etkilediğini düşünün.

**Bağlanma stilinizi gözden geçirin:** Sahip olduğunuz bağlanma stiliniz bu ilişkiden çıkmanıza engel olabilir. Güvensiz bağlanma sıklıkla toksik insanları hayatımıza çekmeye neden olur. Aynı zamanda güçsüzlük, kurban psikolojisine sahip olmak, fedakârlık şemasına sahip olmak da sizi özgürleşmekten alıkoyan nedenler arasındadır.

**Korkularınızı kabul edin:** Terk edilmek, reddedilmek ve yalnız kalma gibi korkularınızdan dolayı ilişkiden çıkmakta zorlanabilirsiniz. Bu güvensizlikleri çözümlemede yetersiz hissediyorsanız bir uzmandan destek alabilirsiniz.

**Kararlı olun:** Aşk bombacısı kolayca vazgeçmez. Siz ondan ayrılsanız da taktiklerine devam edecektir. Özellikle ayrılık sonrasında ikinci bir şans isteyecekler, af dileyecekler ve büyük jestlerine devam edeceklerdir. Bu kişilerin çok değişmeyeceğini, bu davranışların sadece kendini tekrarlayan manipülatif davranışlar olduğunu aklınızdan çıkarmayın. Sınırlarınızı net çizin ve iletişim kurma taleplerine cevap vermeyin. Tekrar temas kurmak idealleştirme-değersizleştirme döngüsünü yeniden aktive etmenize neden olur.

**Gerçek sevginin ne olduğunu fark edin:** İlişkilerde maruz kaldığınız olumsuz deneyimler birer kısırdöngüye dönüşmüş ve sürekli benzer insanları hayatınıza çekiyor olabilirsiniz. Konfor tuzağı bölümünde de söz ettiğimiz gibi bazen yenilikten korkabilir, her şeye rağmen sizi mutsuz eden bir ilişkide kalmayı seçebilirsiniz. Ancak sevgi ve güven dolu bir ilişki yaratma ihtimali her zaman vardır ve bu güç sizdedir.

Sağlıklı bir ilişki sevgi ve güven vericidir, mutsuz, depresif ve korku hâkimse o ilişkiyi noktalamanız gereklidir. İstismarla dolu bir ilişkiden çıktıktan sonra yeni insanlara güvenmekte zorluk çekebilirsiniz. Özellikle de kimi davranışlar sizin benlik duygunuza zarar vermiş olabilir, kendinizi, kaybetmiş ve hissizleşmiş bir halde bulabilirsiniz. Bu gibi durumlarda yanında güvende hissettiğiniz insanlarla daha sık vakit geçirin, kendinize iyi gelecek aktivitelere yönelin. Gerekirse bir uzmanla görüşün.

# 5. BÖLÜM

# VAZGEÇEBİLMEK VE BIRAKMANIN GÜCÜ

*"Yaşam sanatı neyi tutup neyi bırakacağınızı bilmektir."*

## Vazgeçmenin Psikolojisi

Vazgeçmek, psikolojik durumumuzu etkileyen kalıcı bağlılıkları ve kırgınlıkları salıvermeyi içeren duygusal ve zihinsel bir süreçtir, kaçınma veya bastırmadan farklıdır. Kaçınma davranışları, hoş olmayan duygular veya deneyimlerle yüzleşmekten uzak durmak anlamına gelirken, bastırma, istenmeyen düşünce ve duyguları bilinçli farkındalığınızdan uzak tutmaya yöneliktir. Her iki davranış şekli uygulamada kısa bir süre sizi rahatlasa da problemleri çözmeye yetmediği gibi sizde ortaya çıkan olumsuz duygu ve düşüncelerin tekrar su yüzüne yükselmesine neden olurlar.

---

*Vazgeçebilme ve geride*
*bırakmak içsel barışa uzanan*
*bir keşif yolculuğudur.*
*Bu yolculukta kendinizi*
*keşfeder, kabullenme ve*
*dönüşümle iyileşirsiniz.*

---

Vazgeçebilmenin psikolojisinde özgürleşmek vardır ve özgür olmak size güçlü hissettirir. Ne kaçınma ne de bastırma sizi kurtulmak istediklerinizden salıverir. Bir süre uzaklaşsanız da aslında o duygu ve düşüncelere hâlâ bağlısınızdır, hatta bilinç düzeyinde bunun farkında bile olmayabilirsiniz.

## Geçmiş kadar geleceği de bırakmak gerekir

Geride bırakmak ve vazgeçmek hem geçmişimizle hem de geleceğimizle ilgilidir. Geçmişteki kötü deneyimler, travma anılarının bizde hissettirdikleri, toksik ilişkilerin tortuları, bağımlılıklar, utanç ve suçluluk şemaları geçmişimizden bugünümüzü sabote ederler.

Gelecekle ilgili kaygılar, belirsizlikle başa çıkamama, aşılması gereken engeller, halledilmesi gereken büyük görevler de gelecekten bugünümüze etki ederler.

Mükemmeliyetçilik, hırs gibi dozunda kullanılması gereken kimi davranışlar da vazgeçmenin çatısı altına girer. "Kazananlar asla bırakmaz, bırakanlar asla kazanamaz..." sözünü duymuş olabilirsiniz. Koyduğunuz hedeflere ulaşmak için ne pahasına olursa olsun sebat etmeniz, kendinizi amaçlarınız için motive etmeniz gereken zamanlar elbette var. Pes etmenin kötü bir şey olduğu, ödediğiniz bedellere bakmaksızın bir duyguya, bir düşünceye, bir amaca hatta bir insana tutunmanın yüceliğine inanmanız gerektiğine dair yerleşik inançlara da sahip olabilirsiniz. Ancak bir hedeften ya da alışkanlıktan asla vazgeçmemenin ruh ve beden sağlığınızı olumsuz etkilediğini gördüyseniz, bu kararınızı yeniden gözden geçirme zamanınız gelmiş olabilir.

## Vazgeçmek neden sağlıklıdır?

Vazgeçmek pek çok kültürde kutlanacak ya da ödüllendirilecek bir davranış olarak görülmez. Fakat ruh sağlığınızı korumak için etkili bir yöntem olarak benimsenmesi gereken bir davranış haline gelebilir. Önceden belirlenmiş bir hedefe giden yolda ne zaman duracağınızı bilmek gelişmiş bir benlik duygusuyla ilişkilidir. Gelişmiş benlik duygusuna sahip olmayan, özgüveni düşük ve travma geçmişine sahip bireyler hedeflerinden vazgeçmekte zorlanırlar çünkü "vazgeçmek" toplumda ya zayıflık ya da isyanla özdeşleştirilir.

Bugünün dünyasında var olabilmek için adeta önceden programlanmış bir makine gibi her adımı sırayla, eksiksiz atmanız beklenir. Üstelik toplumdaki farklı rollerinizin gerektirdiği birden fazla amaca sahip olduğunuz için üzerinizdeki yük devamlı artar. Bir öğrenci, bir evlat, bir anne, bir işkadını olarak durmadan içinde bulunduğunuz rolün gerektirdiği amaca giden yolları eksiksiz, engellere hiç takılmadan kat etmeniz beklenir.

*Vazgeçebilmek sıklıkla*
*başarısızlıkla eşleştirilse de*
*aslında güç toplamak için*
*yapılan bir hamleye dönüşebilir.*

Başlanan işin mutlaka bitirilmesi gerektiği, eğer yarım bırakılırsa utanç ve pişmanlıkla kendinizden ve etrafınızdan özür dilemeniz gerektiği çocuk yaşlarımızdan beri hepimizin düşünce sistemine eklenir. Okulda, evde, sokakta hiç bitmeyen bir projeler yığını içinde debeleniriz. Üstelik, bu projeler, yalnızca eğitim veya işle ilgili değildir. Etrafımızla ilişkilerimiz, hatta özel ilişkilerimiz bile sınırları ve etapları önceden belirlenmiş birer maraton kulvarı gibidir. Bu yollardan sapmak, bize zarar veren ilişkilerden kendi isteğimizle ayrılmak topluma başkaldırmakla, yetersizlikle ya da uyumsuz olmakla eşdeğer olarak kabul edilir.

---

*Vazgeçmeyi öğrendiğinizde*
*gelecekte ortaya çıkacak*
*zor durumlarla başa çıkma*
*gücünüz de artar.*

---

Bir şeyden vazgeçmek, onu tamamen unuttuğunuz ya da hayatınızdan çıkardığınız anlamına gelmez. Ancak, onu geride bırakabildiğiniz, artık sizin üzerinizde kontrol sahibi olmadığı anlamına gelir. İçinde bulunduğunuz anı kabul ettiğinizde kendinizi daha hafiflemiş hissedersiniz. Bırakamayan –ya da belki de henüz hazır olmayan– birçok insan, kendi kendini besleyen ve duygusal durumlarını aşağı çeken olumsuz düşünce ve duygu döngülerine girerler. Aksine, bırakıp gitmek yolunuza devam etmenizi ve zihninizin bu tür olumsuz geribildirimlerden kaçmasını sağlar.

Vazgeçebilmenin en önemli psikolojik faydalarından biri stres ve kaygının azalmasıdır. Geçmişteki durumlar üzerinde durduğunuzda veya gelecekteki olaylar hakkında endişelendiğinizde, zihniniz hiç bitmeyen bir döngüye kapılır. Bu düşünce kalıpları yalnızca şimdiki anı yaşamamızı engellemekle kalmaz, aynı zamanda kaygı ve stres seviyelerinin artmasına da yol açar. Vazgeçmek sayesinde bu döngüyü kırabilir, böylece stres seviyenizi önemli ölçüde düşürebilir ve kaygıyı azaltabilirsiniz.

Bırakmak aynı zamanda iyilik halinizi korumak ve dayanıklılığınızı artırmak için bir katalizör görevi görür. Gereksiz duygusal yükleri bıraktığınızda, olumlu duyguların ortaya çıkması için bir alan açmış olursunuz. Olumsuz duygularınız yüzünden etrafınızda olup biten güzel şeylerin farkında bile olmadığınızı çok kısa bir egzersizle anlayabilirsiniz.

Yakınınızdaki bir parka gidin ve gözlerinizi kapatın. Muhtemelen aklınızdan ilk geçen düşünce o aralar hayatınızda sizi rahatsız eden durumların ve kişilerin bir toplamıdır. Sonra bu fikri birkaç saniyeliğine zihninizden atmaya gayret edin ve burnunuzdan derin bir nefes alın, seslere kulak kesilin. Şimdi etraftaki çiçeklerin kokusunu ve oynayan çocukların cıvıltısını da duydunuz. Oysa parka ilk geldiğinizde bunların farkında bile değildiniz. Çünkü zihin tekrarlarla yapışan düşünceleri döndürme eğilimindedir.

Vazgeçebilirseniz, parkta olumsuz düşüncenizi ötelediğiniz gibi sizi yoran durumları ve ilişkileri bırakabilirseniz, kendinizi daha hafif, daha huzurlu ve hayattan daha memnun hissetmeye başlarsınız. Bu yeni keşfedilen duygusal istikrar, dayanıklılığınızı artırır ve sizi gelecekteki sıkıntılardan daha büyük bir azimle geri dönme gücüyle donatır.

## Vazgeçmek stratejik bir çıkıştır

Hedeflerinize ulaşmak için bazen havlu atmanız ve düşündüğünüzden daha kolay pes etmeniz gerekebilir. Bunun ne demek olduğunu şöyle açıklayabiliriz, bazı şeylerden vazgeçerek kaynaklarınızı gerçekten önemli olanlara odaklayabilirsiniz. Buna stratejik çıkış denir. Bu aslında birçok başarılı insanın kullandığı bir yöntemdir.

Günlük rutinlerden veya görevlerden vazgeçmek ile başarısızlık arasında bir fark vardır. Başarısızlık, hayalinizin sona erdiği anlamına gelir. Başarısızlık ancak tamamen pes ettiğinizde, başka seçeneğiniz kalmadığında gerçekleşir. Zaten pek çok şeyi bitirmiş, tüm zamanınızı ve kaynaklarınızı tüketmişsinizdir. İşte bu yüzden "Asla pes etme!" ifadesi gerçekten başarılı olmak isteyenler için uygun değildir. Çünkü elinizde her zaman daha fazla kaynak vardır ve içinizde her zaman ilerlemenize yetecek derin bir güç saklarsınız.

Örneğin, pek çok insan kendilerini hiçbir yere götürmeyen, iyi ya da kötü sonuçları olmayan günlük rutinlere ve işlere saplanıp kalır. Bu tıpkı sonu olmayan bir maceraya atılmak gibidir. Beynimiz bizi aynı yerde tutma ve aynı insanlarla aynı şeyleri yapmamızı sağlama eğilimindedir, bu da konfor alanımızdan çıkmamızı zorlaştırır. Nasıl hissettiğimizle ilgili bu neredeyse takıntılı bağlantı bize "Biraz daha dayanacağım..." veya "Bir şeylerin değişip değişmediğini görmek için biraz daha bekleyeceğim..." gibi şeyler söyletir.

Sonu olmayan bir yolda olduğunuzu keşfettiğinizde, bu yolculuktan mümkün olan en kısa sürede vazgeçmenin zamanı gelmiştir. Neden mi?

Çünkü bu tavır başka bir şey yapmanızı engeller. Size sadece zaman ve kaynak kaybettirmekle kalmaz, aynı zamanda fırsatları da kaçırmanıza neden olur. Bunun yerine yapabileceğiniz diğer harika şeylere bağlı olarak çok yüksek olabilecek bir maliyettir bu.

Bugün artık daha yoğun bir şekilde "daha fazla, daha büyük ve daha iyi"nin peşindeyiz. Vazgeçmemek kültürümüzün bir parçası haline gelmiş durumda, çünkü bize anlatılana göre kimse vazgeçerek bir şey elde edememiştir. Peki ama bu gerçekten de böyle midir? Başarı, güç, maddi refah ya da amaç her neyse gerçekten de sadece vazgeçmeyenler mi erişmiştir bunlara? Yoksa bakış açısını değiştiren mi?

*Vazgeçmek demek amaçlarınızdan tamamen uzaklaşmanız demek değildir, hedeflerinize ulaşmak için denediğiniz yolun yerine bir başkasını seçmek de bunun bir parçasıdır.*

İmrenerek baktığımız birçok insan aslında ilişkilerinden, eğitimlerinden, okullarından, işlerinden, projelerinden, boş zamanlarından, icatlarından, paralarından, eşyalarından ve hatta bazıları kimi değerlerden bile vazgeçmişlerdir. Onlar da sizin gibi vazgeçmek zorunda kalmışlardır.

Vazgeçmek durmanız gerektiği, daha fazla bir şey yapmanız gerektiği, başka bir yola girmeye çalışmamanız gerektiği, pasifleşmeniz gerektiği, kendiniz için üzülmeye başlamanız gerektiği, dünyanın adaletsiz olduğunu düşünmeniz gerektiği anlamına gelmez. Vazgeçmek önemlidir çünkü artık sizin için iyi olmayan şeyleri bırakmak elinizdeki bir güçtür. Ne zaman vazgeçeceğini ve bırakacağını bilmek ilerlemenin anahtarıdır.

## Birinden ya da bir şeyden vazgeçmeniz gerektiğini gösteren 5 işaret

### *1) Vazgeçme düşüncesi size büyük bir rahatlama hissi verdiğinde*

Bir ilişkinin içindeyken tek başınıza olma düşüncesi size rahatlatıyorsa, kendinize ne yaptığınızı sormalısınız. Yalnız olma fikri bu kadar özgürleştirici iken neden bir ilişkide kalıyorum?

Neden zamanımı boşa harcıyorum? Beni engelleyen, ben olmamı engelleyen bu ilişkinin içinde gerçekten kalmalı mıyım?

Yalnız kalmaktan korkmak insani bir duygudur. Ancak asıl korkutucu olan bütün yaşamınızı sizi yıpratan insanlarla kurduğunuz ilişkiler içinde geçirmektir. Toplum baskısı sonucu psikolojik, fiziksel, ekonomik şiddetle sürdürülen evlilikler bunun en çarpıcı örneklerinden biridir.

Bu ilişkilerin içinde yer alan insanlar, özellikle kadınlar, yalnız olma fikrini hayal dahi edemez bir duruma gelebilirler. Toplumdaki kadın algısı, hayal etmenin bile önünde engel oluşturabilir. Ekonomik nedenler, ilişki içindeki çocuklar vazgeçme fikrini engeller. Ama mutsuz bir ilişki içinde büyüyen çocuklar ya da ekonomik rahatlık "vazgeçmeyen" kadının psikolojisini yıllar içinde olumsuz etkilemeye devam eder.

Araştırmalar gösteriyor ki bir amaçtan vazgeçebilmek de insan psikolojisini olumlu yönde etkiler. 40 yaş üzeri çocuksuz olan ama dünyaya çocuk getirmek isteyen kadınlar arasında yapılan bir araştırmada, bu fikirden vazgeçen kadınların psikolojik olarak daha iyi hissettiği ve hatta doğal yollardan çocuk sahibi olduğu ortaya çıkmıştır.

## *2) Hedefinize ulaşmaya çalışırken kendinizi kötü ve mutsuz hissediyorsanız*

Kişinin kendi kapasitesi hakkında kendinden nefret etmesi nasıl iki ucu keskin bir bıçaksa, zamanlama da öyledir. Hayatınızdaki bir şeyleri başarmak için gece gündüz çabaladığınız dönemleri düşünün. Örneğin zor bir sınava hazırlanmak, kilo vermeye çalışmak gibi... Kendinizi daima mutlu hissettiğiniz dönemlerin olmadığını göreceksiniz. Erken çocukluk her zaman mutlu anılarla zihninizde yer alır, çünkü başarmak zorunda olduğunuz en büyük şey arkadaşlarınızla istediğiniz kadar oynayabilmektir.

Hedefinize ulaşmaya çalışırken kendinizi kötü ve mutsuz hissediyorsanız, buna değip değmeyeceğini şöyle bir düşünebilirsiniz. Belki de hedefinizi değiştirmelisiniz, çünkü her gün kötü ve mutsuz hissediyorsanız hedefe ulaştığınızda bugünkü hislerinizi değiştiremeyeceksiniz.

### *3) Çabalayan tek kişi sizseniz*

Hedefinize ulaşamamak, kendi yeteneklerinizden şüphe duymanıza neden olabilir. Sizde bir sorun olup olmadığını merak edebilirsiniz. Genellikle özsaygınıza zarar veren bir iş, ilişki veya proje buna değmez.

Sorunu çözmeye veya hedefe ulaşmaya ilgi gösteren tek kişi sizsiniz. Ama maalesef sonuç diğer insanlara da bağlıdır. Bu durum özellikle ilişkilerde geçerlidir.

Bir arkadaşınızı her zaman arayan veya bir ilişkiyi canlı tutmak için harekete geçen tek kişi sizseniz, ilişkinin gelişmesi ve hatta hayatta kalması pek olası değildir.

Yatırım yapan tek kişi olduğunuz ilişkileri bırakmak geçici bir acıya neden olacaktır, ancak olumsuz duyguların üstesinden geldiğinizde, sevgi dolu ve sizin için fedakârlık yapabilen insanları hayatınıza kabul etmeye başlarsınız.

### ***4) Sahip olduğunuz ya da elde etmeye çalıştığınız şey sizi gerçekten istediğiniz şeyden alıkoyuyorsa***

Gerçekten ne istediğinizi bilmek sizi özgürleştirir ama aynı zamanda zor bir yolun başlangıcıdır. Karar verme eylemi eski otomatik döngüsünden çıkar. Alıştığınız, etraftaki herkesin onayladığı yolunuzdan çıkıp kendi istekleriniz doğrultusunda karar vermek vazgeçmeyi de beraberinde getirebilir.

Elinizdeki imkânlardan, sevmediğiniz ama ay başında faturaları ödeyen işinizden, sizi duygusal olarak istismar eden ilişkilerinizden vazgeçerek istediğiniz kişi olmayı seçmek her zaman kolay olmayabilir. Ancak büyük planınıza bunu dahil ederseniz her zaman hayalini kurduğunuz kişi olma yolunda bir adım atabilirsiniz. Elbette bu, aniden elinizdeki her şeyden vazgeçmeniz gerektiği anlamına gelmiyor. Kendinizi tanıyın ve harekete geçin. Kim bilir belki de var olanı iyileştirerek istediğiniz kişi olmanın yolunu açabilirsiniz.

### *5) Vazgeçmemenizin nedeni başkalarının ne düşüneceğinden endişe etmenizse*

Vazgeçerseniz başkalarının ne düşüneceği konusunda endişeleniyorsunuz ve bu çok normal. Ama bu sizin hayatınız ve sadece bir kez yaşıyorsunuz, bu yüzden yaşamak istediğiniz bir hayat yaratmaya çalışın. Hayatınızı başkalarının ne düşündüğüne ve hissettiğine göre şekillendirmek yalnızca onları mutlu eder.

Hedefiniz artık sizin için kişisel olarak önemli olmadığında başkalarının takdiri için yaşadığınızı fark etmiyor olabilirsiniz. Aslında hayatınız boyunca hiç durmadan gelişip değişirsiniz ve kendi gelişiminizle birlikte hedefleriniz de değişebilir. Hedefler değişir ve aniden o arabayı, evi veya işi almak için aynı amaç duygusunu hissetmeyebilirsiniz. Ama herkesin sizden beklentisi bu yöndedir. Oysa belki de siz düzenli bir işle yetinebilir ve ailenize daha fazla odaklanabilirsiniz. Bunu fark ederek artık kendiniz ve en yakınınızdaki sevdikleriniz için duygusal olarak daha faydalı olursunuz.

## Vazgeçmek neden zordur ve neden acı verir?

Ne zaman duracağınızı bilmek her zaman kolay değildir. Kaydığınızda, düştüğünüzde ve kendinizi yaraladığınızda, bir daha aynı yerden geçmemeniz gerektiğini bilirsiniz. Yolun tehlikeli kısmından kaçınmayı öğrenirsiniz. Neden aynı şeyi ilişkileriniz için yapamazsınız? Size acı ya da ıstırap veren durumlardan neden kaçınmazsınız ve neden her zaman nerede duracağınızı bilmezsiniz?

Bu basit soruların kırılgan olduğu kadar karmaşık cevapları vardır.

Gerçekte çukurlarla dolu kaldırımlar ya da taşlarla kaplı yollarla uğraşmayız. Öyle olsaydı birkaç ustaya danışıp işin içinden çıkabilirdik. Bu metaforların aşırı kullanıldığını görürsünüz, ancak sorun şu ki gerçek tehlikeleri tespit etmek hiçbir zaman o kadar kolay değildir. Nasıl olduğumuzu, nasıl sevdiğimizi ya da niyetimizin ne olduğunu bize bildiren işaretler taşımıyoruz.

İnsanların birçok değişkeni vardır. Dahası, bizlerin tutunma, aidiyet, topluluk, boş zaman, cinsellik, arkadaşlık, iş hayatı gibi pek çok ihtiyacı olan varlıklar olduğumuzu unutmamak gerekir. İnsan doğası dinamiktir ve bizler devamlı değişerek gelişiriz. Bu nedenle yukarıda saydığımız soruların herkes için geçerli keskin yanıtları olmayabilir. Ama kendimizi tanımak için yapacağımız hamlelerle belki biraz olsun yolumuzu aydınlatabilir ve daha önce düştüğümüz çukurlara düşmekten kendimizi koruyabiliriz.

Aynı insani değişkenler bizi bilinmeyene doğru bu adımları atmaya zorlar. Bu riskleri yeni bir şeyler denemek, yeni deneyimler yaşamak ve hatta bazen hayatta kalmak için alırız. Bazen en az hak edenlere ikinci ve üçüncü şansı veririz çünkü beynimiz sosyalleşme yanlısıdır, her zaman bağ kurmayı mesafeye ve bilineni bilinmeyene tercih eder.

Tüm bunlar, bir şeyin çizgiyi aştığını anlamanın bizim için neden bu kadar zor olduğunu anlamamıza yardımcı olabilir. Bedeli faydasını aştığında ve zihnimiz düşmanımız gibi davranıp tekrar tekrar "Vazgeçme, pes etme!" diye fısıldadığında bunu tespit etmekte zorlanırız. Ancak beynimizdeki temel ve hayati bir şeyi özümsememiz gerekir: Zararlı ve bizi mutsuz eden bir şeyi geride bıraktığımızda pes etmeyiz, hayatta kalırız.

---

*Mükemmel değerinizi bulmak, kendi dengenizi, psikolojik ve duygusal karışımınızı bulmak gibidir. Bu, her zaman bizim için neyin en iyi olduğunu bilmekle ilgilidir.*

---

Bu yeteneğin sezgisel olmadığını belirtmekte fayda var; başarılardan ve hatalardan öğrendiğimiz deneyim, gözlem ve kendi yaşamlarımız üzerine düşünme yoluyla edinilen bir kendi kendine öğrenmedir.

"Mükemmel değer", yaptığımız ve başardığımız her şeyin faydalı ve tatmin edici olduğu zamandır. Ancak işin içine stres, şaşkınlık, korku, gözyaşı ya da aşırı yorgunluk girdiği anda "acı değer"e geçmiş oluruz ki bu da mümkün olan en kısa sürede terk etmemiz gereken sağlıksız bir yerdir.

Bir şeyi bitirmek zordur çünkü zihnimizi fantezilerle ve çoğu zaman pek olası olmayan tahminlerle karmaşık hale getirir. Mevcut durum bittikten sonra önümüzde hiçbir şey kalmadığını düşünürüz. Ne olacağını bilmediğimiz bir boşluk vardır. Ancak en iyi fırsatların çoğu zaman korkunun ötesinde olduğunu unutmamalısınız; bizi korkutan durumların ötesinde mutlaka yeni başlangıçlar vardır.

Bir ilişkiyi bitirmek bu durumların en karmaşıklarına bir örnektir. Ancak artık sevmediğiniz ya da size şefkat göstermeyen biriyle bir yıl sonra ne durumda olacağınızı düşünürseniz, bu noktanın olmak istediğiniz yer olmadığını anlayabilirsiniz.

Ne olacağına dair ikili görüntü (bizi korkutan şeyi yaparsak ve yapmazsak) bize durum hakkında çok gerçekçi bir bakış açısı kazandırır ve korkumuzla başa çıkmamıza ve objektif düşünmemize yardımcı olur. İş hayatı ya da bizi mutlu etmeyen diğer durumlar söz konusu olduğunda da aynı teknik kullanılabilir.

Bu durumlarda en önemli şey kendimize karşı çok dürüst olmamız ve gerçeği görebilmemizdir. Bunu kabullenmek için biraz zamana ihtiyacımız olabilir ama en iyisi gerçeğin ne olduğunu bilmektir. Bunu ne kadar erken kabul ederseniz o kadar hızlı ilerleyebilirsiniz. Bu durumda kabul etmemiz gereken bazı kusurlarımız olabilir; sorumluluğumuzu kabul etmek bir olgunluk göstergesidir.

Gerçeği tüm pürüzleriyle olduğu gibi görmek önemlidir. Bunu bizi seven ve saygı duyan insanlara bakarak yapabiliriz. Bu nedenle arkadaşlarınıza, aile üyelerinize ve değer verdiğiniz diğer kişilere danışabilirsiniz. Ne hissettiklerini ifade etmelerine izin verin. Daha sonra onların söyledikleri üzerinde düşünün ve görmediğiniz veya görmek istemediğiniz durumların gerçekliği hakkında uygun sonuçlara vararak vazgeçmenin size verdiği hislerle başa çıkmayı öğrenmeye başlayın.

## Romantik bir ilişkiden vazgeçmeniz gerektiğini gösteren işaretler

Sevdiğiniz, derin bir bağ kurduğunuz ve hayatınızı paylaştığınız birinden vazgeçmeyi öğrenmek muhtemelen yapmak zorunda kalacağınız en zor şeylerden biridir. Pek çok insanın ayrılmasının, ancak iletişimde kalmasının ve bir ilişkiyi ne zaman bırakacağını asla anlamamasının nedeni budur. Bu işaretler tanıdıksa, ilişkinizi sonlandırmanız gerekip gerekmediğini kendinize sormalısınız:

- Devamlı geçmişi düşünüp, geçmişteki güzel zamanlara ait fotoğraflara, eşyalara zaman harcıyorsanız
- Bu ilişkiye hiç başlamamış olsaydınız nerede, nasıl bir hayatınız olabileceğini düşünüyorsanız
- İlişkide olduğunuz kişiyi hiçbir zaman aklınızdan çıkaramıyor, çalışırken veya başka bir şeye odaklanmanız gereken durumlarda bile ilişkinizi düşünüyorsanız
- Arkadaşlarınızla konuşurken devamlı ilişkinizden bahsediyorsanız
- Partnerinizle aranızda mesafe ve soğukluk varsa
- İlişki içinde duygusal, fiziksel ve ekonomik istismara maruz kalıyor veya istemeden siz bunu karşınızdakine yapıyorsanız

Sevdiğiniz birinden vazgeçmek kolay değildir ama ilişkiye her ne olursa olsun tutunmak sizi daha iyi bir ilişki olasılığından alıkoyar. Enerjinizi olumlu ve aktif yaşamaya odaklamak için ilerlemeyi öğrenmelisiniz. Bunu yaptığınızda, bırakmanın birçok faydasını deneyimlersiniz.

Bırakmamak sizi zihinsel olarak bir kısırdöngüye sokar. Mutsuz bir ilişki zihninizde şu cümleleri döndürür:

"İlişkiyi kurtarmak için her şeyi yaptım mı? Yeterince savaştım mı?"

"Ya hatalı olan bensem? Hiç tatmin olmadım mı?"

"Belki de biraz daha denemeliyim. Çocukların iyiliği için bir kez daha denesem mi?"

"Ya yalnız kalırsam?"

Bir ilişkiyi bırakmak kolay bir karar olmayacaktır. Elbette sürekli aşk ve tutku büyüsü arayışında olan, ilişkiden ilişkiye geçen insanlar da vardır. Ancak insanların çoğu içinde bulundukları sağlıksız ilişkileri korumak için yıllarca savaşır. Kendi içine dönüp ilişkinin içinde kaybolanların hepsi aslında tek başına verirler bu mücadeleyi. Ama umutsuzluk tek seçenek değil, aşk her zaman tekrar gelir. Uzun bir aradan sonra bile yeniden göğsünüzü heyecanla doldurup sizi göklere çıkarabilir.

Aşk içimizdeki en iyiyi ortaya çıkarmak ister, tam tersini değil. Bu yüzden birinden ne zaman vazgeçmemiz gerektiğini öğrenmemiz gerekir. Kendimizi ve karşımızdakini suçlama döngüsünden çıkarak, duygularımızı iyi okuyarak ve kucağımızda yaşadığımız güzel zamanlara minnet duygusuyla kapıdan çıkıp gidebilmeyi öğrenebilmek çok büyük bir erdemdir.

## Bağışlamak Neden Her Zaman İyi Bir Seçenek Değildir?

Haksızlığa uğradığımızda affetmek her zaman en iyisi değildir. Bunun bizi daha iyi bir insan yapıp yapmadığı ise tartışmalıdır.

Kırgınlık aynı zamanda bireyin kendine olan saygısının bir ifadesidir. Bu nedenle affeden kişinin otomatik olarak iyi bir insan olduğu düşünülmemelidir. Çok kolay affeden insanlar ise genelde özsaygı eksikliği yaşayan insanlardır. Aynı zamanda suçluluk ve utanç hissetme yeteneği, bireyin ahlaki açıdan sorumlu bir kişiye dönüşmesinde çok önemlidir. Affedilen insan suçluluk ve utanç hissetmeyeceği için aslında ona kötülük yapıyor bile olabilirsiniz.

Hayatta ilerlemek için diğer insanları her zaman affetmeye otomatik olarak ikna olmamız mı gerekir? Affetmek her zaman öfkenin ve hayal kırıklığının çözümü müdür? Bu her zaman yapılacak tek doğru şey midir, yoksa kişinin kendi iyiliği için birisini affetmeyi reddetmesi ahlaki açıdan doğru mudur? Bu seçimlerle karşı karşıya kaldığınızda şöyle düşünün:

1. Birini affetmek, yanınızda taşıdığınız öfkeyi, üzüntüyü ve hayal kırıklığını bırakmak, birisinin size bu şekilde davranmasını kabul etmemek demektir. Başkasının pahasına kendinizi kötü hissetmenize izin verdiğiniz için aslında kendinizi affedersiniz.
2. Öfke, sizi inciten kişiyi güvenli bir mesafede tutar; böylece onu affettiğinizi söylerseniz, onun tekrar iletişime geçme riskinden kaçınırsınız ve sorunları çözemezsiniz. Hatta bu durum öfkenin gereksiz yere bu kişiyi aklınıza kazımasıyla sonuçlanır. Öfke onu hayatta tutar.
3. Eğer onu affedersem beni tekrar incitme riskinden kurtulmuş olurum.

   Tam tersine, affetmeniz aslında olanları önemsemediğinizi gösterir ve tekrar incinmenize sebep olabilir.

## Kadınlar Affedicidir Efsanesi

İngiliz siyaset felsefecisi Mary Wollstonecraft, 18. yüzyılda kadınlar ve erkekler arasında yaratılıştan gelen bir fark olmadığını, insan türünün doğuştan rasyonel bir varlık olduğunu ortaya koyduğunda bugünkü teknolojilerle kadın ve erkek beyni arasında yapısal hiçbir fark olmadığını bilmiyordu. Ancak fikirleri, kadınların ev işleri yapmak, çocuk yapmak veya sadece bakım vermek için uygun olduğu düşüncesine meydan okudu. Bu düşüncenin dayanağı kadınların anne olma ve bakım verme özellikleri dolayısıyla hayatın her alanında daha yumuşak, daha şefkatli ve daha affedici olduğu iddiası. Peki bu gerçekten doğru mu?

Bilimadamları, bir beyin cerrahının önüne koyulan iki beyinden hangisinin bir kadına hangisinin bir erkeğe ait olduğunu anlayamayacağını söylüyor. Bunun yanında erkeklerin aslında affetmeye kadınlardan daha yatkın olduğu araştırmalarla gösterilmiş. Özellikle romantik ilişkilerde erkekler eşlerini affetmeye daha yatkın.

İnsan türü, etrafında yardıma muhtaç bir canlı gördüğünde şefkat duyar. Erkekler ve kadınlar arasında aslında bu konuda hiçbir fark olmamasına rağmen modern toplum kadınlardan her şartta daha şefkatli, daha affedici olmasını bekler. Aslında hepimiz kendimize ve diğer insanlara karşı davranışlarımıza ilişkin farkındalığımızın artmasından fayda sağlarız ve bağışlama da bunun bir istisnası değildir.

Fakat özellikle kadınlar söz konusu olduğunda affetmenin yapılan yanlış davranışı onaylama anlamına gelebileceğini göz ardı edemeyiz. Kadınlara, eşlerini affetmeleri için sık sık baskı yapılır. Bunun erdemli bir davranış olduğu, her zaman bir şans daha vermeleri gerektiği söylenir.

Affedilmiş istismar bir kadını tekrar partnerine odaklanmaya zorlar, ancak kadının refahı için kendisine ve çocuklarına odaklanması gerekir. Affetme baskısı hissetmek kadının odağını tekrar istismarcıya çevirir ve bu bir kısırdönüye dönüşür.

Affetme baskısına yenilmemek için aklımızın iplerini kendi ellerimizde tutmayı öğrenmemiz gerekir. Anne, eş, kız kardeş olarak sonu gelmez bir şefkat ve merhamet pınarına sahip olmanız, etrafınızdaki insanları, özellikle de erkekleri defalarca aynı hataları yapmalarına rağmen affetmeniz gerektiği efsanesini bir kenara bırakarak kendine saygılı bireyler olarak sınırlarınızı çizebilmeniz çok önemlidir.

## Kabullenme Nedir ve Neden Önemlidir?

Kabullenme, sıkıntılı ve acı veren duygulara karşı açık ve alıcı olmak anlamına gelir. Pek çok acı, yaşamın kaçınılmaz bir parçası olan hoş olmayan deneyimlerden kurtulmaya çalışmaktan kaynaklanır.

Kabullenmek, önümüzdeki durumu bulanıklaştıran faktörleri yıkayıp temizlemek ve onu olduğu gibi görmektir. Eğer elimizden gelen her şeyi yaptıysak gerisi bizim kontrolümüz dışındadır. Kabul, teslim olmak, pes etmek ya da direnip son kurşunu sıkmak olarak anlaşılmamalıdır. Kendinizi olumlu düşünmeye ve durumu sevmeye zorlamak da değildir.

Kabullenme, koşulların sunduğu tüm düşüncelere, duygulara ve bedensel duyumlara deneyimsel bir alan sağlamaktır. Hayatın sunduklarını kabul etmektir. Kaçınılmaz olana ya da kendimize karşı mücadeleyi bir kenara bırakıp yargılamadan olup bitenin içinde olabilmemiz için, bizim için değerli olana odaklanılabilir. Ağrı azalmayabilir ama daha az yer kaplar.

Kabullenmek, ilk bakışta pasifleştirici görünebilir. Sanki olan biten her şeyi beğenmeniz ve bir şeyler yapmayı bırakmanız gerekiyormuş gibi algılanır. Bu elbette, kendimizi tamamen kaderin eline bırakarak hareketsiz kalmamız gerektiği anlamına gelmez. Aslında kabullenme, sizi her durumda mümkün olan ve makul olan doğrultusunda hareket etmeye, olan biteni en iyi şekilde değerlendirmeye teşvik eden bir zihniyettir.

Elimizde olanı ve hayatın bize getirdiklerini kabullenmek bize hayattan daha memnun olmamız için alan verir. Günümüz insanı nadiren gerçekten olup bitenlerin içinde bulur kendini. Gerçek olamayacak kadar iyi hayatları, kusursuz bedenleri, sıfırdan milyonlar kazanan insanları her gün telefonlarımızın küçük ekranlarında seyrediyoruz.

Sürekli kişisel gelişim projelerinde kendimizi kaybederek gerçeklikten kaçarız. Daha iyi maaşlı bir iş, daha pahalı bir ev ve daha iyi görünen bir vücut için çabalarız. Başarısız olursak, zamanımızın çoğunu her şeyin bu şekilde sonuçlanmasına kızarak ve sonra da hayatımızın bu şekilde sonuçlanmasından acı bir şekilde şikâyet ederek geçiririz. Günah keçisi aramayı da severiz bir yandan. Bu da geceleri uykularımızı kaçırır çünkü devamlı bir şeylerin farklı olduğu senaryoları düşünerek kendimizi yorarız.

*Kabul etmek, nehrin akıntısına karşı kürek çekmeyi bırakmak ve bunun yerine rahatlayıp rüzgâra doğru yelken açmaktır.*

Kabullenmek ve razı olmak, sizi mümkün olan projeleri hayata geçirmekten alıkoymaz. Çalışmak istiyorsanız yine çalışırsınız. Akıntıyı takip etsek bile kürek çekebilir, fren yapabilir, bir taraftan diğer tarafa geçebilir, böylece elimizdeki fırsatları değerlendirebilirsiniz. Gelgiti tersine çevirmeye veya ona karşı çıkmaya çalışmanın birçok alternatifi var.

Çoğu insan günlük kabullenme konusunda oldukça iyidir. Düğünde yağmur yağar ama biz içeri geçeriz ve havayı kabulleniriz. Eski bir arkadaşımızın düğününe giden uçağı kaçırabiliriz ama orada olsaydık nasıl olurdu diye düşünmek yerine kendimizi toparlayıp evde rahat bir hafta sonu geçirmeye razı oluruz veya bunu planlanmamış bir şey yapma fırsatı olarak görürüz.

Zor durumlarda işler elbette daha karmaşıktır. Bizim için çok önemli bir ilişkinin ardından yas tutarız. Ama çoğu zaman yas, sağlıklı sınırların dışında gelişir ve uzun yıllar içinden çıkılamayan bir girdaba dönüşür. Öz-değerini geliştirememiş ya da halihazırda psikolojik olarak yaralı insanlar için sonuçlar yıkıcı olabilir. Ama aslında kabullenmeyi öğrenmek o kadar da zor değildir.

Bizi üzen durumlarda olumsuz duygular (stres, gerginlik veya endişe) yaşarız, bunlar hayatta kalma işlevimiz için önemlidir. Durumu anlamaya çalışabilir, içimizdeki korku, merak, tiksinti, öfke, sevinç, üzüntü gibi duyguları tanımlayıp baş etmeye çalışabiliriz. Bu nefes almak kadar doğaldır. Duygularınızı anlama ve izleme süreci bittiğinde bir süre durup düşünün, sonra yeniden düşünün, olan biteni olduğu gibi, kendi olumsuz duygularınızdan azade olarak düşünün. Bu yolla durumları olduğu gibi kabul etmek kendimiz hakkında iyi hissetmemizi, kendimizi ve mevcut durumu kabul etmemizi sağlar. Bunu yaparken büyük bir üzüntü ve düşünceleri dönüştürecek, özgürleştirecek yoğun duygular hissedebiliriz.

Ve sonunda kabule vardığımızda refah ve tatminle dolarız.

Kabullenmenin önemi aslında öyle büyüktür ki kabullenmeye odaklı özel bir terapi geliştirilmiştir. Kabullenme terapisi bugün dünyanın birçok yerinde bilişsel davranış terapisine bir alternatif olarak kullanılır. Özellikle hayatlarında geri dönüşü olmayan üzücü olaylar yaşamış danışanlarda oldukça faydalıdır.

## Öfkenizden Vazgeçmek

Haksızlığa maruz kaldığınızda, işler artık çığırından çıktığında tüm bedeninizin bir düdüklü tencereye dönüştüğünü deneyimlememiş olamazsınız. Basınç dışarıya çıktığında sizi bu noktaya getiren hayal kırıklıklarınız ve üzüntünüz dışarı çıkar. Ölçülü olduğunda bu duygu sağlıklıdır, normal ve gerekli bir içgüdüdür.

Öfke hem iç hem de dış sınırları belirlememize yardımcı olur. İlerlemek için kullandığımız öfke dürtüsü de vardır. Eğer onu iyi yönde kullanırsak çok yapıcı bir güçtür. Öfkemiz olmasaydı belki de hepimiz annelerimizin göğsünde yaşamaya devam ederdik.

Ancak patlamaya hazır bir tencere gibi hissetmek kulağa her zaman gelinemeyecek bir nokta gibi görünse de öfke aslında sizi kendine bağımlı hale getirebilen güçlü bir duygudur. Kendinizi her gün önemsiz ve küçük meseleler yüzünden öfkeli buluyorsanız, bir şeyler ters gidiyor demektir.

Kontrolsüz öfke, ilişkilerde kalıcı sorunlara ve hasara yol açma riski taşır ve aynı zamanda hem fiziksel hem de zihinsel hastalıklara yol açabilir. Öfkenizin sorumluluğunu alıp onu kontrol ederseniz daha iyi bir etki yaratacaktır; böylece olası komplikasyonlar önlenir ve ayrıca kendinizi tanımak için mükemmel bir yoldur.

Pasif-agresif davranışı olan kişilerin, bastırılmış öfkelerinden dolayı dışa dönük öfke patlamaları yaşaması olağandışı bir durum değildir. "Bardağın taşması" küçük şeyler tarafından tetiklenir ve çoğu zaman aniden ortaya çıktığı için çevredekiler için korkutucudur. Öfkenizi dışa dönük bir şekilde gösterdiğinizi biliyorsanız, bunun başkaları için son derece korkutucu olabileceğinin farkında olmalısınız. Özellikle çocuklar için. Bu ayrıca ilişkilerinizi ve işinizi de etkileyebilir.

---

*Matematik basit: Ya öfkenizi*
*olumlu bir değişim için*
*kullanırsınız ya da onun sizi*
*tüketmesine izin verirsiniz.*

---

Ancak öfkenizi dizginlemek ve onu faydalı bir şey için kullanmak hiç de kolay değildir. İşin püf noktası, öfkeyi kabul etmek ve kendinize tepkileri anlama fırsatı vermek, bunları bir bağlama oturtmak ve sonra mantıklı davranmaktır. Öfkeyi ayırt etmek önemlidir, böylece neye kızdığınızı bilirsiniz. Örneğin eşinizle tartıştığınızda, en yakın arkadaşınıza mesajınıza geç cevap verdiği için bağırırsanız bir noktada artık neye öfkelendiğinizi unutursunuz.

Öfkeden uzaklaşmak için kendinizi bir helikopter gibi düşünebilirsiniz. Her şeye bir de en tepeden bakın. Orada gerçekte ne oldu? Neden sinirlendiniz? Bir şeye sınır koymanız gerekiyor mu? Her şeyden çok sizinle mi ilgisi var? Sizi sinirlendiren aslında geçmişten gelen bir kalıp mıydı? Bu sorulara vereceğiniz dürüst yanıtlar gelecekte öfkeyle daha sağlıklı baş etmenizi sağlar.

Öfke her zaman hayatınızın içinde olsa da sebep olduğu riskleri çoğu insan düşünmez. Sürekli öfke kalp hastalıklarına, bağışıklık sisteminin bozulmasına, hormonlarınızın düzensiz çalışmasına neden olabilir. Sık öfkelenmek, ilişkilerinizi bozar. Öfkenin, aklımıza ilk gelen şeklinden farklı olarak ironi, alay, kibir şeklinde ortaya çıkmaya başlaması ise kalıcı bir öfkeyle yaşadığınız anlamına gelir. Kalıcı öfkeyle yaşayan insanlar kendilerini gittikçe daha kötü hissetmeye başlar.

**Öfkeyle baş etmenin 5 yolu**

1) **Düşünün:** Sorun nedir? Konuşarak durumu etkileyebilir veya değiştirebilir misiniz? Sonuçları ne olur? Yoksa öfkenizin hiçbir nedeni yok mu?

2) **Duyguyu kabul edin:** Öfkeyi kabul etmeye çalışın. İtmeden orada olmasına izin verin. Sonunda bu duygu kaybolur.

3) **Kendinizi doğru ifade edin:** Çığlık atmak, bağırmak, saldırmak hiçbir işe yaramaz. Bunun yerine sakince ve gerçekçi bir şekilde ne söylemek istediğinizi belirtin ve suçlamalar yerine doğru mesajları bulun ve kendinizi anlatın.

4) **Odağı değiştirin:** Sizi kızdıran ve sinirlendiren durumu bırakın. Bunun yerine tamamen farklı bir şey yapın; bir şeyler yazın, konuşun veya yürüyüşe çıkın.

5) **Kendinize iyi bakın:** Öfke sorunu yaşayanların çoğu genellikle kendilerine bakma konusunda kötüdür. Daha iyi uyku, yemek ve daha fazla egzersiz gibi yaşam tarzı değişiklikleri ruh halinizi iyileştirebilir. Daha zinde bir vücut farkındalığı sağlar ve stresi azaltır.

## Geçmişinizden Ne Zaman Vazgeçmelisiniz?

Herkes zaman zaman anılara kapılıp gider. Geçmişte yaşanan olayları düşünmek veya olumsuz deneyimler üzerinde düşünmek gelecek için plan yapmaktan daha kolaydır. Zihniniz durmadan geçmişte yaşananları, sesleri, kokuları insanları hatırlamak için arayıştadır. Hafıza insana bahşedilmiş en büyük nimetlerden biri olsa da onu doğru kullanamazsak acı verici bir hale gelir.

Ruminasyon, geçmiş olaylar, düşünceler veya duygular üzerinde yinelenen ve çoğunlukla verimsiz bir düşünceye dalmadır. Endişe, strese, kaygıya ve depresyona neden olarak ruh sağlığınızı olumsuz yönde etkileyebilir. Ancak zihninizin dırdır etmesine bir son vererek ileriye bakabilir ve hayatta ilerleyebilirsiniz. Bunu yaparak kendinizi daha iyi hissedebilir ve hayatınıza dair daha olumlu bir bakış açısına sahip olabilirsiniz.

Peki neden durmadan geçmişi düşünüp dururuz?

Geçmişten gelen çözülmemiş sorunlar veya çatışmalar, başarısızlıklar veya hatalar, yetersizlik veya güvensizlik duyguları, kronik stres veya kaygı normal ve sağlıklı olandan daha fazla geçmişe takılmanıza sebep olur.

Bu aynı zamanda bir kısırdöngüdür ve olumsuzluklar birbirlerini besleyerek daha büyük sorunlara sebep olur. Artan stres ve kaygı, depresyon semptomlarının kötüleşmesi, sorun çözme ve karar verme yeteneğinde bozulma, geçmişe takılıp kalmayı bırakamamaktan dolayı ilişkilerde gerginlik, özgüvenin azalması, motivasyonun azalması ve günlük faaliyetlere katılımın azalması gibi sonuçlar doğurur.

Geçmişi düşünmek ile ona takılıp kalmak arasındaki farkı anlamak önemlidir. Genel resmin bu kısımlarını daha iyi anlayarak, geçmişe takılıp kalmayı bırakıp yolunuza devam etmek için daha kolay ve aktif bir şekilde çalışabilirsiniz.

## Geçmişi düşünme takıntınızdan nasıl kurtulursunuz?

**Şimdiki zamanda yaşamaya başlamak:** Devamlı geçmişe takılarak ertelemeye son vermenin etkili bir yöntemi, burada ve şimdi daha fazla mevcut olmaktır. Şimdiye odaklanarak geçmişe ait olumsuz düşünce ve duygulardan kurtulabilirsiniz. Bu şekilde daha fazla mevcut hale geldiğinizde, stresinizi ve kaygınızı ve ayrıca depresyon belirtilerini azaltabilirsiniz. Bu aynı zamanda kendinizin daha fazla farkında olmanızı ve duygularınızı daha iyi yönetmenizi sağlar.

**Bilişsel yapılandırma tekniği:** Bu teknik geçmişe takılıp kalmayı bırakmanın bir diğer yöntemidir. Yöntem, geriye dönmenize neden olan olumsuz düşünce kalıplarını tanımlamayı ve bunlara meydan okumayı içerir. Düşüncelerinizi yazmak için defterinizi kullanın, tekrarlayan düşünceleriniz neler, size nasıl hissettiriyor yazın. Bu şekilde daha sonra geri dönüp düşünce kalıplarınıza daha yakından bakabilir ve bilişsel çarpıklıkları veya mantıksız inançları görebilirsiniz.

**İyi rutinler oluşturun:** Olumsuz düşünce kalıplarına son verip yolumuza devam etmenin bir başka iyi yolu da iyi rutinler oluşturmaktır. Bağlı kalacağınız ve iyi alışkanlıklarla dolduracağınız bir günlük program oluşturduğunuzdan emin olun. Hayatınızı iş, hobiler, egzersiz ve sosyal aktivitelerle yapılandırın. Bunu yaparak, evde oturup kara kara düşünmeye çok fazla zaman harcamaktan kendinizi uzaklaştırabilirsiniz.

Geçmişe takılıp kalmayı bırakmak için iyi alışkanlıklarla dikkatinizi dağıtabilirsiniz. Zamanınızı egzersiz, çalışma, hobiler ve sosyalleşme gibi yapıcı aktivitelerle doldurun. Şimdiki zamanda mevcut olmaya çalışın ve olumsuz düşünce kalıplarınıza meydan okuyun.

Sırtında kitaplarla dolu bir sırt çantasıyla okula giden bir çocuk düşünün. Çocuğa "Sırt çantanı çıkar, bu ağır çantayı artık taşımak zorunda değilsin..." dediğinizi hayal edin. Kitapları artık taşımaması çocuğun öğrendiklerini unuttuğu anlamına gelmez. Geçmişte takılıp kalmamak sizi şekillendiren olayların üzerine tamamen bir sünger çekmeniz anlamına da gelmez. Geçmişinizi unutmanız değil, onunla sağlıklı bir şekilde hesaplaşarak iyileşmeniz gerekir.

## Kontrolden Vazgeçmek Sizi Nasıl Güçlendirir?

İş arkadaşınızın yaptığı bir şeyi her zaman iki kez kontrol ediyor, belgelerdeki yazım hatalarını düzeltiyor ve işyerinizde her zaman her şeye hâkim olan o bilgiç olarak mı biliniyorsunuz? O zaman hem sizi hem de iş arkadaşlarınızı etkileyen aşırı kontrol ihtiyacından mustarip olabilirsiniz.

İşlerin yolunda gitmesi için bir miktar kontrol her zaman iyidir. Net bir yapıya sahip olmak aynı zamanda daha az stresli olmanızı sağlar. Ancak fazla kontrol ihtiyacı, her şeyin tam olarak nasıl olması gerektiğini bilme takıntısı, başkalarına asla güvenmemenizi doğurur ve ilişkilerinizi etkiler.

Aşırı kontrol ihtiyacı duyan kişi, spontane gelişen olaylarla baş etme yeteneğinden yoksundur ve yalnızca kontrolü ele geçirme amacı taşıyan şeylere çok fazla enerji harcanmasına izin verir, çünkü bu onun için yaşamda güvenlik kazanmanın tek yoludur.

Kontrolü biraz olsun bırakmak istiyorsanız çok fazla acele etmemeniz ve her şeyin bir anda çözülmesi fikrinden uzaklaşmanız gerekir. Yerleşik davranışları kırmanın başlangıçta rahatsız edici olacağına hazırlıklı olun. Ve makul bir hedefiniz olsun. Bu bir anda tamamen değişmek yerine küçük şeyleri kontrol etmeyi yavaş yavaş bırakmak daha kolay ilerlemenizi sağlar.

## Kontrolden vazgeçmenin 5 yolu

1. Nasıl çalıştığınızın ve kontrolün etrafınızdakiler için ne zaman strese yol açtığının farkına varın. Aktif olarak harekete geçin. Özellikle farkında olarak küçük şeylerden başlayarak her şeyi kontrol altına alma isteğinizden vazgeçin.
2. Kontrolün alternatifi sıfır kontrol değildir. Kontrolü yavaş yavaş bırakarak ve yavaş yavaş artırarak sistematik duyarsızlaştırmayı (köreltmeyi) uygulayın.

3. Durma tekniğini kullanın. Durun, düşünün, yönlendirin, planlayın. Kontrole ihtiyaç duyduğunuz durumları bulun. Cep telefonunuza size ne zaman duracağınızı hatırlatan çıkartmalar veya notlar koyun.
4. En azından bir konuda kötü olduğunuzu anlayın. Her şeyde en iyi olamazsınız, ancak ısrarla kontrol ihtiyacınızı eğiterek ortadan kaldırabilirsiniz.
5. Özsaygınızı artırmak için, aksiliklere rağmen kendinizi yeterli hissetmeye ve kendinizi sevmeye çalışın.

Peki kontrolü bırakmayı öğrendiğinizde ortaya çıkan "belirsizlikle "nasıl başa çıkarsınız?

Belirsizlik modern hayatta asla istenmeyen bir durumdur. Hayatınız takvimler, randevular, bir sonraki hafta için yapılan yemek planları, aylar öncesinden alınan uçak biletleriyle doludur. Yazın çıkacağınız tatilde yiyeceğiniz bir akşam yemeğini dahi daha bugünden düşünüp planlarsınız.

İnsanlar düzenin dostudur. Tahmin edilebilirliği severler. Ama özenerek baktığınız birçok insan aslında bu sistemi kırıp kendilerini akışa bırakmış olanlardır. Bir maceracı, hiçbir planı olmadan sadece yolda olmak için yola çıkan bir yolcuya özenmeyen yoktur.

Belirsizliği, belirgin bir avantaj olarak görmeyi başarırsanız sebep olduğu endişe ve rahatsızlık hissinden de kurtulabilirsiniz. Bir gün sadece kendiniz için evden dışarı çıkıp hiç gitmediğiniz bir semte giderek gününüzden birkaç saat harcamak bile kontrolü bırakmanın başlangıcı olabilir.

En büyük gücünüz olarak gördüğünüz kontrol etme becerisi sizi potansiyelinizden alıkoyan bir engel dahi olabilir. Kendinizle ilgili keşfetmeniz gereken daha çok şey her zaman vardır ve kontrolü bırakmak işe yarayabilir!

# 6. BÖLÜM

# DUYGUSAL VE ZİHİNSEL SAĞLAMLIK

*"Yaralarınızı bilgeliğe dönüştürün."*

## Duyguları Anlamak Neden Önemlidir?

Yaşadığımız tüm olaylara belirli tepkiler veririz. Bu tepkiler bazen yaşadığımız olay ile doğru orantılıyken bazen de kendimizi gereğinden yüksek tepkiler verirken buluruz. Bir kişinin yaşadığı olaylara sağlıklı tepkiler verebilmesi için ilk adım duygularını fark etmesi ve sonrasında da doğru ifade edebilmesidir. Eğer ki biz duygularımızı tanımaz ve nasıl ifade edeceğimizi bilmezsek duygularımız bizi kontrol etmeye başlar.

---

*Kontrol edemediğiniz*
*her şey sizi yönetir.*

---

Duygularımızı kabul etmek ve içimizden geldiği gibi ifade etmek özellikle de içinde yaşadığımız toplum ve kültürde çok da kolay değildir. Mutluluk, coşku, sevinç gibi duyguları ifade etmek nispeten daha kolay olsa da üzüntü, korku, çaresizlik gibi duygular genellikle "güçsüz olmak" durumuyla eşdeğer düşünüldüğünden üzeri örtülür.

Aslında duygular söz konusu olduğunda doğru ya da yanlış gibi kalıplar da gereksizdir, bunlar içdünyamızın birer yansımasıdır, kendimizi ifade ederken yaslandığımız bir dildir ancak onları doğru anlamak ve tanımak gerekli.

Sürekli mutsuz olmak gibi bir duygu hali örneğin bir şeylerin değişmesi gerektiğini söyler, bu değişim içsel de olabilir dışsal da... Travmalar ya da çözülememiş geçmiş deneyimler bugün duygularınıza bir denizin dalgaları gibi vurur, kendinize yabancılaşmaya ya da hissizliğe yol açabilir. Tüm bunlar güçsüzlük yaratırlar, sizi harekete geçmekten alıkoyar ve karamsarlık, umutsuzluk, korku, endişe, öfke gibi olumsuz duygularla boğuşarak vakit ve enerji kaybedersiniz.

Peki bazı kişiler hissettiği duyguları açıkça ifade edebiliyorken bazı kişiler için ne hissettiğini bir duyguyla eşleştirmek neden bu kadar zordur?

İlk sebebi, içine doğduğunuz, büyüdüğünüz ailede öğrendiklerinizdir. Duyguları tanımayı, hissetmeyi ve ifade etmeyi ilk burada öğrenirsiniz. Eğer size ne hissettiğinizi özgürce ifade edebileceğiniz bir alan açılmamışsa bu sizde bir şemaya dönüşür ve dünyaya bu şemaların gözünden bakmaya başlarsınız. Örneğin yardım istemeyi utançla, mutluluğu suçlulukla, öfkeyi yetersizlikle bağdaştırmaya başlayabilir ve yanlış duygu eşleşmeleri yapabilirsiniz.

Diğer sebep nasıl hissettiğiniz konusunda yargılanmak istememek olabilir. Duygularınızı göstermek kendinizi, içdünyanızı başkalarına açmak, bir anlamda soyunmaktır. Duyguları ifade ettiğinizde sizin için kimi olumsuz getirilerin olacağına dair inançlar geliştirmiş olabilirsiniz, "Nasıl hissettiğimi paylaşırsam yalnız kalırım..." inancına sahip olmak yani duygularınızın eleştirileceğini düşünmek gibi örneğin... Bu durum partnerinizle yaşadığınız problemleri çözme konusunda da büyük bir engeldir. Her zaman söylediğimiz gibi kendinizi nasıl hissettiğiniz üzerinden karşı tarafa açabilmelisiniz. Duygularınızı ifade etmenizin engellendiği hiçbir ilişki sağlıklı olmadığı gibi bunu engellemeniz de sağlıklı değildir.

Duyguların gücü kurduğunuz tüm ilişkilerde ortaya çıkar. İnsanlarla yaşadıklarınızı, söylenilen sözleri unutabilirsiniz fakat bir insanla yaşadıklarınızın size ne hissettirmiş olduğunu asla unutamazsınız. Kurduğunuz tüm ilişkiler hayatınızın önemli bir parçası. Bu yüzden bu kişilere hem nasıl hissettirdiğinizi hem de onların size nasıl hissettirdiğini anlamak önemlidir.

## Duyguları doğru tanımamanın maliyetleri

Duygularınızı doğru tanımadığınızda şu sonuçlarla karşılaşma ihtimaliniz vardır:

- ✓ **Hızlı karar vermek:** Henüz elinizde yeteri kadar bilgi yokken sonuca varmak
- ✓ **Siyah-beyaz düşünme:** Grileri görmezden gelip katı ve affedicilikten uzaklaşmak
- ✓ **Paranoya:** Savunmasız anlarda kontrolü kaybetmek
- ✓ **Felaketleştirme:** Yoğun duygu seline kapılıp gerçeklikten kopmak
- ✓ **Mantıksız davranmak:** Değerlendirme yaparken akılcı davranmaktan uzaklaşmak
- ✓ **Duygusal yargılama:** Gerçeklerden ziyade duygulara yaslanarak önemli kararlar vermek

Hayatınızdaki kişilerin olaylara geliştirdiğiniz bakış açısından nasıl hissettiğinize kadar etkisi çok büyüktür, bundan ötürü bir insanın varlığının size duygusal katkılarını gözden geçirin. Bu insanlarla ilişkinizi hangi duygu tanımlıyor? Onun yanından gittikten sonra nasıl hissediyorsunuz? Mutlu, gergin, heyecanlı veya kaygılı mı?

Hayatınızın en önemli parçalarından biri olan yakınlarınızla ilişkilerinizde ne hissettiğinize nötr bir şekilde bakabilmek hayattan keyif alabilmeniz için gerekli... Duygular, aynı zamanda hafızanızı yani öğrenme becerinizi de etkiler. Sürekli travmaya ve olumsuz duygulara maruz kalmış bir çocuğun beyni yaşıtlarına göre daha az gelişmektedir. Beyin olumsuz duygulara stres hormonu olan kortizolü üreterek tepki verir, bu da gelişimini engeller. Elbette yaşamda ilerleyebilmek adına bir miktar stres gereklidir, eğer stres olmasa bugün ne bir sınava çalışma motivasyonumuz ne de gelecek kaygımız olurdu. Fakat bahsettiğimiz bu stres sağlıklı bir korkuya neden olan strestir.

Duygular, yaşamımızda her türlü karar alma mekanizmamızda etkilidir. Yaşamımızda önemli olsun veya olmasın karar alırken duygularımızın etkisi ile karar veririz. Bunun elbette hem olumlu hem de olumsuz bir tarafı var. Olumlu tarafı örneğin umutsuzluk dozunda olduğunda sizi yeni atılımlar yapma gücüyle donatırken, yoğun umutsuzluk duyguları sizi hareketsiz bırakabilir, seçim yapma kabiliyetinizi elinizden alır ve bu güç yitimi hayatınızı felç eder.

## Duygularınızı adım adım anlamak ve yönetmek

**Bedensel tepkilerinize bakın:** Duyguları tanımak ve doğru yönlendirmek için ilk adım olumsuz-olumlu bir duyguyu inkâr etmeden ve küçümsemeden bedeninizde, ruhsal dünyanızda nasıl etkiler yarattığına odaklanabilmek ve anlayabilmektir. Örneğin birine öfkelenmeden önce yaşadıklarınıza bakın. Kalbiniz hızlı hızlı mı atıyor? Elleriniz mi terliyor? Uyuşma mı hissediyorsunuz? Ya da biriyle tartışmak üzere olduğunuzda bir kelime söylemeden önce karnınıza ağrılar mı giriyor? Tüm duygular bir yandan beden üzerinden kendini ifade ederler. Bu tepkileri anlamak onları yönetmek için de bir kapı aralamak demektir.

**Kök düşünceyi bulun:** Düşünce olmadan duygu da ortaya çıkmaz. Hissettiğiniz duygu yerine size bunu hissettiren düşünceye odaklanmak neden o anda o şekilde hissettiğinizin yanıtını verebilir. Düşünceler sürekli değişkenlik gösterir, geçmişle gelecek arasında adeta mekik dokur. Gelecekteki bir belirsizlik sizi karamsar yapar, geçmişte çözülememiş bir yük sizi mutsuz eder. Bugündeyken de kendinizi tatsız, anlamsız hissedebilirsiniz. Ancak kök düşünceyi bulmak ve değiştirmek duygunuzu da değiştirir.

**Duygularınız hakkında konuşun:** Sizde olumsuz duygu yaratan durumu muhatabıyla konuşmak hem duygusal stresinizi boşaltmaya hem de kendinizi daha iyi anlamaya yardımcı olur. Endişe, korku ve kaygı gibi duygular konuştuğunuzda azalır.

**Gözden geçirin:** Gün içinde kapıldığınız bir duygu fırtınası analiz edin, karşılaştığınız şeyleri nasıl ele aldınız? Size ne hissettirdi? Davranışlarınız nasıldı, duygusal mı mantıksal mı tepkiler verdiniz? Bu durumla daha iyi bir şekilde başa çıkabilir miydiniz? Bunu bir duygusal egzersiz gibi ele alın ve bir süre kendi içinizde bu çalışmaları sürdürün.

**Stresinizi azaltın:** Duygu patlamalarının ve duygusal yorgunluğun önüne geçmek için kendinizi rahatlatacak şeylere yönelin. Hobiler, spor, egzersiz bunlardan birkaçı. Rutininizi gözden geçirin, kimi alışkanlıklarınızı olumlu olanlarla değiştirin. Beslenmenize, uykunuza özen gösterin. Duygusal yorgunluğun önemli sebeplerinden biri de bedeninizdeki kimi uyumsuzluklardır, az uyku ya da düzensiz beslenme ruh halinizi olumsuz etkileyecektir hiç kuşkusuz. Kendinize dinlenmek için boş vakit yaratın, insanlarla sosyalleşin. Sizi rahatlatacak insanlarla vakit geçirin.

## Aşırı Düşünme

Aşırı düşünmek, olumsuz düşünce ve duygularınızı tekrar tekrar gözden geçirmek, incelemek, sorgulamak, hamur gibi yoğurmaktır. Bu düşünme tipi endişeyle aynı şey değildir ve zihinsel olarak aşırı yorucu bir durumdur.

Beyin taramaları üzerinde yapılan çalışmalarda kadınların beyinlerinin düşünme alanlarında çok daha fazla aktivite olduğu ortaya çıkmıştır. Erkekler ise sporla ya da bedenle ilgili alanlarda daha fazla aktiviteye sahiptir. Kadınların beyninin sosyal kısımlarındaki bu aktivitenin bir yan etkisi var: Aşırı düşünme.

Aşırı düşünmek yorucudur, kafanızın içinde sıkışıp kalarak kendinize saatlerce, bazen de günlerce işkence edebilirsiniz. Aşırı düşünmenin nereden kaynaklandığını ve neden oluştuğunu bilmek, bunlarla daha iyi başa çıkmanıza yardımcı olabilir.

Belirli bir durumu veya endişeyi gereğinden fazla düşünüp düşünmediğinizi merak ediyorsanız sorgulayacağınız birkaç şey vardır.

Aşırı düşünmenin belirtileri şunlardır:

- Mental olarak yorgun hissetmek
- Bir şeye yoğun bir şekilde takılıp kalmak

- Rahatlayamamak
- Kararlarınızı ikinci kez kontrol etmek
- En kötü senaryoları hayal etmek
- Sürekli endişeli veya kaygılı hissetmek
- Kontrolünüz dışındaki şeylere takılıp kalmak
- Çok fazla olumsuz düşünceye sahip olmak
- Bir durumu veya deneyimi zihninizde tekrar canlandırmak

Gün içinde aşağıdakine benzer davranışlar sergilemek aşırı düşünme tuzağının diğer belirtileridir:

- Kafanızda, her söylediğinizi ve yaptığınızı eleştiren, kötüleyen ve endişe duymanıza yol açan bir eleştirel içses varsa
- Sanki görünmez bir jüri hayatınız hakkında hüküm veriyormuş gibi hissediyor ve zihninizde sürekli onları ikna etmeye çalışıyorsanız
- Sosyal medyada ne paylaşacağınız konusunda takıntılı düşünceler içindeyseniz ve diğer insanlar sizden daha iyi vakit geçirdiğinde ya da daha fazla beğeni aldığında endişeleniyorsanız
- Pişmanlık duyuyor ve algıladığınız yetersizliklerden dolayı kendinizi hırpalıyorsanız
- Kararlarınızı sürekli gözden geçiriyor, yanlış bir karar verdiğiniz için karar alma mekanizmalarınız şoka uğramışsa ve bu nedenle bir sonraki kararı erteliyorsanız
- Arkadaşınızın ya da meslektaşınızın söz ve davranışlarını aşırı şekilde analiz ediyorsanız

- Başkalarının ihtiyaçlarını çözmekle çok meşgul olduğunuz için kendinize karşı dürüst olamıyorsanız
- Mesajların gerçek anlamını çözmek için metinleri defalarca okuyorsanız
- İyi uyuyamıyorsanız, derin düşünceler ve endişeler sizi geceleri uyanık tutuyorsa
- Kendinizi rahatlatmanın tek yolu alkol ya da sakinleştiricilerse
- Düşüncelerinizi diğer insanlara anlatarak haklı olduğunuza dair onay arıyorsanız

**Aşırı düşünme nelerle tetiklenir?**

**İçedönük bir yapıda olmanız:** İçedönük bir kişi olmanız kişiler arası dinamiklerden aşırı şekilde etkilenmenize yol açar. Her tür davranış ve söze karşı derin bir hassasiyet geliştirdiğinizde her şeye karşı normalden fazla tepki verirsiniz. Bu durum sevdiğiniz ve iyi niyetli insanlara yöneldiğinde sorun yaşamayabilirsiniz ancak manipülatif, kötücül kişilerle karşılaştığınızda bu sizin içinden çıkamayacağız bir kuyuya dönüşür. Eleştiriye kapalı, savunmacı, eleştirel ve benmerkezci kişilerle iletişim haksız olmadığınız halde kendinizi sorgulamaya itekler, bu da aşırı düşünme tepkisini tetikler. Sağlıklı sınırlar çizmek bu aşamada sizi kurtaracaktır.

**Benlik duygunuz:** Yaşamınızda benlik duygunuzla ilişkili değişiklikler bunu tetikler. Örneğin boşanma, iş değişikliği, başka bir ülkeye göç etme, doğum yapma, uzun bir ilişkiyi noktalama gibi değişimler bir süredir sürdürdüğünüz kimlikten bir şeylerin eksilmesine ya da eklenmesine yol açar.

Değişimler her zaman büyük sorulara gebedir: Doğru seçim mi? Bu işe uygun muyum? Ya her şey berbat olursa? Başarabilecek miyim? Tüm bu sorular esir edebilir zihni ve aşırı düşünmeye yol açar.

**Endişe ve paranoya:** Endişeli düşünceler her boyutta olabilir ancak bazen gereksiz ve orantısız ölçülerde hayatınızı işgal edebilir. Örneğin, sokakta yürürken başınıza kötü bir şey geleceğine dair aşırı endişeli düşünceler yaşamınızı gerçekten de zorlaştırabilir. Bu takıntılı düşüncelerin nedeni ağır travmalar olabilir, beyniniz alışıldık şekilde yani öğrendiğiniz savunma mekanizmalarını uygulamaya geçebilir. Evrimsel olarak da programımız her an tehlikeye karşı tetikte olmak üzere kurulmuştur ancak hiçbir sorun yokken aşırı kaygı duymanız kendini tekrarlayan bir şemaya dönüşmüş demektir.

## Aşırı düşünmeden kurtulmanın yolları

**Zihninizi netleştirin:** Zihniniz dağınıksa sakinlik için ortalığı toparlamanız gerekir. Düşünün ki onlarca sekme açık olduğunda bir bilgisayar hızlı ve rahat çalışmayacaktır. Üst üste açılmış düşünce klasörleri arasında hem verim düşer hem de fazlasıyla yorucudur bu. Burnout, tükenmişlik gibi zihinsel karmaşanın getirdiği ağır sorunlarla uğraşmamak için olabildiğince az başlıkla mücadele edin. İsterseniz boş bir sayfaya ya da defterinize çözümlemeye çalıştıklarınızı yazın. Bunlar büyük ya da küçük problemler olabilir, şu an neler zihninizi meşgul ediyor ve neye dönüp tekrar bakma ihtiyacı hissediyorsunuz? Örneğin cümleleriniz şu şekilde olabilir: Yarınki toplantıdaki sunumum, bir sonraki ay ev sahibimle yapacağım görüşme, balkondaki kırık camın tamiri, geçen hafta iş arkadaşımın bana söylediği imalı söz... Kafanızda dönüp duran her şeyi yazın ve gerçekten de düşünmeye değer olanları aciliyetine göre değerlendirin.

**Gerçekçi olun:** Evet toplantınızdaki sunumu ciddi bir şekilde düşünmeniz normaldir ancak balkondaki kırık cam sizi gerçekten de endişeye sürükleyecek ölçüde önemli mi? Kaygı yaratan durumlar bazen basit de olsa çözülemediği için size gereksiz yük ve endişe olarak geri dönebilirler. Eğer gerçekten baş edemiyorsanız hemen tamir ettirin ancak gerçekçi olmayan kaygılarınızı yönetmede ustalık kazanmaya odaklanın. Olası herhangi bir felaket senaryosuna kapılmaktansa kendinize sorun: En kötüsü olursa ne olur? Felaket senaryolarında her zaman kötü ihtimaller sıralanır ancak en kötü sonuca odaklanmak bazen yarattığınız hikâyenin tuzla buz olmasına neden olup gücünü sıfırlayabilir.

**Güvenmeyi seçin:** Tetikte olmak, şüphe sizi hayatta tuttuğu gibi abartılı olduğunda hayatınızı zindana çevirir. Aslında hayat tamamen güven üzerine kuruludur, diğer türlü hiç kimseyle ilişki kuramaz, iş yapamaz, evlenemez ve hayatın getirdiklerini yerine getiremeyiz. 0-100 arasında bir güven cetvelinizin olduğunu düşünün, en sevdiklerinize 100 verirsiniz ama bu onların sizi hayal kırıklığına sürüklemeyeceği anlamına gelmez ya da tam tersi 0 verdiğiniz bir kimse de sizi şaşırtabilir. Güven, zor öğrenilen bir duygudur, özellikle de geçmişinizde bolca kötü deneyim varsa. Güven duygunuzu geliştirmek için düşüncelerimiz yerine biraz da sezgilerinize ve duygularınıza danışın, zihiniz "Sakın yapma!" derken kalbiniz "Denemeye değer..." diyebilir. İçinizde bir şeyleri denemeye değerli bulan, sizi heyecanlandıran hisleri de dinleyin.

**Akışa bırakın:** Durduramayacağımız şeylerden biri düşüncelerimizdir, onlar sürekli akarlar. Ancak düşüncelerin akışı yerine hayatın akışına bırakmak da ihtimaller arasındadır. Yaşamda kontrol edebildiklerimiz gibi kontrol edemediğimiz ve hatta hiç ihtimal dahilinde bile görmediğimiz onlarca olasılık arasında yaşar gideriz. Kendimizi aşırı düşünmeyle bir şeyleri kontrol ettiğimize inandırmak da bir yanılsamadır, bu sadece kendinizi bir şekilde inandırmayı tercih ettiğiniz rahatlatıcı bir taktik olabilir. Sezgilerinize ve yaşamın şefkatli kollarına bırakın kendinizi. Tutuk, korkak ve tetikte yaşamaktansa olasılıklara açık bir özgürlük sizi daha güçlü hissettirir.

**Sosyal medyayı azaltın:** Başka insanların neler yaptığına, neler dediğine fazla açıksanız sosyal medya detoksu yapın. FOMO olarak bilinen ve Türkçeye bir şeyleri kaçırma korkusu olarak bilinen endişeli davranış örüntüleri sizi sürekli bir şeyler yapmaya ve bir şeyler paylaşmaya itebilir. Gerçekten hayatınızda zaman ayırmanız gereken en değerli şeyi de böylelikle tüketiyor olabilirsiniz. Aşırı düşünmenin en büyük zararı da budur, üretmeniz, bir projeyi büyütmeniz ya da gerçekten faydalı şeyler yapmanız gerekiyorken kendinizi kısırdöngüde bulabilirsiniz. Haftada birkaç akşam telefonunuzu kapatın ve kendinize dönün. Sakinleşmek için neye ihtiyacınız var yoklayın ve bunları yapın. Sürekli sosyal medyada dolanmak zihnen de yorucudur ve bugün pek çok araştırma bu yorgunlukla mücadele etmek için pek çok öneri sunmakta.

**Bakım yapın:** Güzel bir sergi gezin, evde mumlarınızı yakın ve güzel bir müzik açın, kendinize en sevdiğiniz yemeği pişirin, sıcak bir banyo yapın... Bedeninize ve zihninize bakım saatleri yaratın.

**Farkındalık kazanın:** Düşüncelerin daima gelip geçici olduğunu unutmayın. Bir düşünceye takıldığınızda ona direnmeyin, yapışmayın ve geçip gitmesine izin verin. Bunun için en iyi meditasyon yaparak bunu izleyebilirsiniz. Meditasyon yaparken görürsünüz ki zihninizden sürekli düşünceler gelip geçer, tıpkı bir güneşin önünden sürüklenen bulutlar gibi. Onların geçiş törenini izleyin ancak onlarla özdeşleşmeyin. Günde 10 dakikalık kısa meditasyonlarla bu farkındalığı artırabilirsiniz.

**Kendinize güvenin:** Evet aşırı düşünme yorucudur ancak bazen de sezgileriniz ve içgüdülerinizin birer rehberidir de. Bir şeyleri ikinci kez tartma ihtiyacı hissetmek, birilerinden şüphe duymak, yeni birine bir anda kanınızın kaynaması sezgisel tarafınızın da işbaşında olduğunu gösterir. Belki de aşırı düşünme olarak nitelediğiniz yerler biraz da buralarla ilgili ve bu kısmı çözümlemeniz ve kabullenmeniz gerekiyor. Kendinize o kadar da acımasız olmayın, içinizde beliren her şeyi günlerce düşünmeden karar verme hakkınızı kullanın.

## Tükenmişlik Sendromundan Özgürleşmek

"Kolumu kaldıracak gücüm yok, hiç enerjim kalmadı, hiçbir şey yapmak istemiyorum, sürekli yorgun hissediyorum, çok çabuk sinirleniyorum, kimseye tahammülüm kalmadı, insanlardan çok sıkıldım onlara karşı hiçbir şey hissetmiyorum, kendimi de artık çekemiyorum..."

Ne kadar tanıdık gelen cümleler değil mi? Hepimiz elbette bu ve benzeri duygulardan geçmişizdir. Belirli bir dönem bunları hissetmek ve düşünmek oldukça normal. İnsan, duygusal bir varlık ve duyguları da elbet çok değişken.

Fakat bu duygu ve düşünceler uzun süre yaşanıyorsa ve artık kalıcı hale geldiyse dikkatli gözlerle inceleme zamanı... Bu durum artık depresyonda olmanıza veya tükenmişlik sendromu yaşamanıza dair sinyaller veriyor olabilir.

Özellikle de kadınlık ve erkeklik rollerinin beraberinde getirdiği yükler de tükenmişliği tetikleyen nedenler arasında sayılabilir. Bizler ilişkilerimizi aslında hayatı güzelleştirmek için kurarız, evlilik, çocuk ve sevdiğimiz diğer insanların aile yaşantılarının hepsi hayatı daha zenginleştirmek için gereklidir. Ancak çoğu zaman sahip olduğumuz diğer roller sorunları tetikler.

Kadınlığın getirdiği ilk rol "doğurganlığı" temel alan anne rolüdür. Bu rol doğurduğu varlığı besleme, koruma, bakım vermeyi içeren "annelik" görevidir. Bu rol kadına hem içgüdüsel olarak hem de toplum tarafından verilir. Annelik rolünden sonra kadının üzerine eklenen bir diğer rol ise "eş rolü"dür. Bu rol kadının üstüne birçok toplumsal yük yükler. Öncelikle kadın, ev işlerinden sorumlu olan bir "ev hanımı"dır. Bu rol ona yemek yapmayı, çamaşır yıkamayı, temizlik yapmayı cinsiyetinden ötürü zorunlulukmuş gibi sunar. Sonrasında ise "eşinin ailesinin gelini" rolüne tabi tutulur. Bu rol de eşinin ailesinin talep ve isteklerine uygun bir kişilik ve yaşam geliştirmeyi genellikle zorunlu kılar.

Benzeri erkeğin de başına gelir elbette, babalık, eş ve benzer şekilde eşin ailesine karşı duyulan yükümlülükler... Bu roller dışında elbette kadın da erkek de kendine de bazı roller edinmek ister. Meslek sahibi olmak, para kazanmak, üretmek ve gelişmek adına pek çok kimlik edinir.

Ancak hayatın getirdiği ağırlık her iki tarafı da ezer, sindirir ve yorar, bu kaçınılmazdır.

Tükenmişlik, görevlerinizi yerine getirmekte zorlandığınız stres ve yorgunluğu ifade eder. Duygusal olarak güçsüz, bitik, motivasyonsuz ve hissiz olduğunuz bir durumdur. Tükenmişlik bir anda ortaya çıkan bir durum değildir, genellikle bir birikimin ardından belirir. Dünyada bugün binlerce insan tükenmişlik sendromundan mustariptir ve bazen toparlaması için zaman ve çabaya ihtiyaç duyabiliriz.

## Tükenmişliğin nedenleri

Tükenmişlik çok boyutlu bir durumdur, tek bir sebebe bağlı olarak gelişmez:

**Çalışma hayatı:** Çalışma ortamları tükenmişlikte büyük rol oynar hatta psikoloji alanında tamamen iş hayatıyla ilişkilendirilen bir sorundur. Çok fazla iş yükünüz varsa, uzun çalışma saatleriniz varsa ya da işinizin üzerindeki kontrolünüz kaybolduysa, daha büyük risk altında olabilirsiniz. Tükenmişlik ayrıca işyerinde çelişkili ya da belirsiz rollere sahip olmak, desteklenmemek ve başkalarından geribildirim almamakla da bağlantılıdır. Özellikle doktorlar ve öğretmenlerde daha ağırlıklı olarak görülen tükenmişlik bugün artık her meslekten insanı etkileyecek düzeydedir.

**Özel hayatınız:** İş dışındaki sorunlar, özel hayatınız, maddi refahınız, aile içi sorunlar, evlilik hayatı ve çocukların bakımı, aile görevleri, ilişkiler arası çatışmalar tükenmişliği tetikleyen nedenler arasındadır.

**Kişilik yapınız:** Eğer stresle yeteri kadar başa çıkabilme beceriniz yoksa, yetersizlik duygularına hâkimseniz, olumsuz duygu deneyimlemeye daha yatkınsanız risk daha fazladır.

**Değer ve inançlarınız:** Sahip olduğunuz kişisel yüksek inançlar sizi sıklıkla tükenmişliğin eşiğine getirebilir. Örneğin mükemmeliyetçilik bunlardan biridir.

**Genetik faktörler:** Araştırmalar genetik yatkınlığın hastalıklar gibi psikolojik sorunlara da yatkınlığı artırdığını ortaya koyuyor.

## Stres ve tükenmişlik arasındaki fark

Stres ve tükenmişlik birbirinden ayrılırlar. Örneğin iş hayatınızda stresliyken zorlanma yaşamanız mümkündür ancak tükenmişlikte enerjiniz tamamen bitmiştir ve engelleri aşma konusundaki umudunuz tamamen bitmiştir. Tükenmişlik yorgunluktan daha fazlasıdır, pek çok açıdan anlam kaybı başlamıştır. En basit bir görev bile Everest Dağı'na tırmanmak gibidir ve hiçbir yükümlülüğü yapasınız yoktur.

Tükenmişlik sıklıkla aşağıdakilerle birlikte seyreder:

- Hayal kırıklığı/anlam kaybı
- Motivasyon kaybı ve ilginin azalması
- Yükümlülükleri yerine getirememe
- Yorgunluk ve halsizlik
- İçe kapanma ve sosyal ortamlardan uzaklaşma
- Zihinsel ve fiziksel yorgunluk ve bitkinlik
- Karamsarlık, sabırsızlık ve çabuk sinirlenme
- Duygusal kopma
- Çabaların takdir edilmediğini hissetmek
- Umutsuzluk, çaresiz ve depresif bir bakış açısı
- İşe devamsızlık ve verimsizlik
- Uykusuzluk
- Zihinsel sis, bulanıklık ve konsantre olmada zorluk
- Hastalıklara karşı bağışıklığın azalması

| Tükenmişlik için basit bir test | | |
|---|---|---|
| İşiniz sizi yorgun hissettiriyor mu? | Evet | Hayır |
| İşinize olan enerjinizi ve heyecanınızı kaybettiniz mi? | Evet | Hayır |
| İşyerinde yaptığınız hiçbir şeyin bir fark yaratmadığını mı düşünüyorsunuz? | Evet | Hayır |
| İşyerinde hiç umursamaz, ilgisiz veya duyarsız göründüğünüz oluyor mu? | Evet | Hayır |
| İşlerinize veya meslektaşlarınıza daha az önem vermeye başladınız mı? | Evet | Hayır |
| İşinizle ilgili hüsrana uğramış, hayal kırıklığına uğramış mı hissediyorsunuz? | Evet | Hayır |
| Kendinizi ihmal mi ediyorsunuz? Kendinize yeteri kadar zaman ayırmaktan kaçınıyor musunuz? | Evet | Hayır |
| Aileniz, arkadaşlarınız veya meslektaşlarınız sizde bir değişim olduğunu mu söylüyorlar? | Evet | Hayır |
| Eskisine göre daha içekapanık ve sessiz birine mi dönüştünüz? | Evet | Hayır |

## Tükenmişlikle başa çıkmak için bazı stratejiler

**Zihninizi ve bedeninizi besleyin:** Depresyon, tükenmişlik gibi sorunlarla savaşırken en güçlü destekçiniz egzersiz ve spordur. Bugün dünyada depresyonla mücadelede en başta önerilen şey hareket etmek ve bedeni yormaktır. Egzersiz ve spor sadece bedenle ilgili değildir üstelik, zihnen rahatlamanın çok etkili bir yoludur. İlk başlarda size zor gelse de kendinizi zorlamalı ve harekete geçmelisiniz. Öncelikle size neyin iyi geldiğini bulun, spor salonunda çalışmak mı, yürümek mi, yüzmek mi yoga mı, dans etmek mi?... Önemli olan rutin bir şekilde ilerlemek, bu nedenle sevdiğiniz şeyi seçmeniz önemli. İlk etapta küçük adımlarla başlayın ve her gün egzersiz için ayırdığınız zamanı artırın. İlk başlardaki zorlanma gittikçe esneyecek, yavaş ilerleseniz de umudunuzu kaybetmeyin ve tutarlı olun. Hatta kendinize bir partner bulun, bir arkadaşınızla birlikte yapmak tek başınıza olmaktan daha motive edici olabilir.

**Yaşam tarzınızı elden geçirin:** Egzersiz rutininize sağlıklı alışkanlıklar ekleyin ve yaşam tarzınızı elden geçirin. Kötü alışkanlıklarınızı yenileriyle değiştirin, sağlıklı bir beslenme programı uygulayın. Tükenmişlik tek bir nedene bağlı olmadığı gibi çözüm de çok boyutlu olmalı, her açıdan kendinizi güçlendirmeli ve özenle bakım yapmalısınız. Eğer özel bir diyet uygulamıyorsanız tabağınızı çeşitli renkte meyve ve sebzeler, tam tahıllar, yağsız proteinler ve sağlıklı yağlarla doldurun. Besin açısından zengin olan bu gıdalar, vücudunuzun ve zihninizin en iyi şekilde çalışması için ihtiyaç duyduğu enerji ve besin maddelerini size sunacaktır. İlave şeker, tuz ve sağlıksız yağlar bakımından zengin işlenmiş gıdalar enerji çökmelerine ve ruh hali değişimlerine yol açabilir. Şekerli atıştırmalıklar, fast food ve hazır paketli yemek tüketiminizi en aza indirin. Mümkün olduğunca işlenmemiş gıdaları tercih edin. Dengeli beslenmeye özen gösterin, ileride anlatacağımız duygusal yeme ataklarına karşı önemlerinizi alın.

**Farkındalık çalışmaları yapın:** Tükenmişlik nedeniyle stresle ve kaygıyla bağınızı kesmek için duyularınızı çağırın. Yüksek bir farkındalık için o an ne yapıyorsanız ona odaklanın, yemek yerken sadece yemek yiyin, yediklerinizin tadını, çıtırlığını, ağzınızda bıraktığı tadı düşünün. Bileklerinize aromatik yağlarla masaj yapın ve yağın kokusunu içinize çekin, bileğinizi ovarken teninizdeki duyguyu hissedin. Güzel bir rahatlatıcı müzikle dinlenirken notaların sizde uyandırdıklarına odaklanın. Ilık bir duş alırken banyoda tütsü yakın, sıcak suyun bedeninizde yarattığı etkileri izleyin. Tüm bunlar zihinsel odağınızı kendinize yönlendirir ve rahatlamanıza yardımcı olur.

**Dinlenin:** Dinlenmek bir lüks değildir, her açıdan sağlığınız için zorunluluktur. Bunun için uykunuza dikkat edin, her gün sizi dinlendirecek kadar uyuyun. Gün içinde ihtiyaç duyuyorsanız kısa şekerlemeler yapabilirsiniz ama tüm gün uykuya yatmayın. Bu psikolojik olarak size iyi gelmez, gece uykusunu tercih edip gündüzleri rutininize devam edin. Bu gibi durumlarda bazen uyumak bir sığınak gibi görülebilir ancak kendinizi yataktan çıkarıp zorla da olsa evden çıkmaya zorlayın.

**İşyerinizle sınırları netleştirin:** Zihinsel sağlığınızı korumak ve yaşamda dengenizi korumak için sınırlarınızı netleştirin. Çalışma saatleriniz konusunda siz ne kadar esnek olursanız o kadar ihlal edilirsiniz. Etkili sınır belirleme için açık bir iletişim sürdürün, hafta sonu projelere vakit ayıramayacağınızı, akşamları uygun olmadığını net bir şekilde ifade edin. Başkalarına nerede durmasını gerektiğini ne kadar net ifade ederseniz o kadar huzurlu olursunuz.

**İşten sonra fişi çekin:** Mesai saatlerinden sonra mail ve telefon trafiğine son verin. Rahatlamak için kendinize zaman ayırın. Sürekli bağlantıda kalmak rahatlamanızın önünde bir engeldir. Boş zamanlarınızı iş yerine kendinize iyi gelecek şeylerle doldurun.

**Zamanınızı iyi yönetin:** Görevlerinizi ve zamanınızı iyi yönetin. Yapamayacağınızdan fazlasını üstlenmeyin. Kendi sınırlarınızı tanıyın ve eğer bir işkolikseniz kendinize de dur deyin. Hayır demek eğer sizin için başarısızlıkla eşdeğerse bu şemanızı çözümleyin, gerektiğinde uzmanlarla çalışın.

## Duygusal Açlık ve Yeme Bozuklukları

Duygusal yeme, sıkıcı duygularla başa çıkmak için yiyeceklere yöneldiğiniz durumu tarif eder. Çeşitli nedenlerle gelen bu ataklar bir alışkanlığa dönüştüğünde çeşitli sorunlara kapı aralanır.

Duygusal yeme anlık olarak rahatlatıcıdır ancak beraberinde kilo problemleriyle birlikte suçluluk, pişmanlık ve utanç gibi duyguları da getirdiğinden zihinsel ve duygusal olarak yorucudur.

*Duygusal Açlık* kitabında Doreen Virtue, duygusal yeme üzerinde yıllarca yaptığı araştırmalara dayanarak bize önemli bilgiler sunar.

Aşırı yeme duygusu, duygusal açıdan daha iyi hissetme arzusu ya da enerji düzeyimizi değiştirme isteğine dayanır. Daha önce de ifade ettiğimiz gibi insan olarak daha canlı, daha sakin, daha güvende, daha kendine güvenen, daha az öfkeli ya da daha az korkmuş hissetmek isteriz.

Her gıda, belli bir ruh haline tekabül eder. İştahınız kontrolden çıktığında, daha zinde, daha rahatlamış, daha iyi bir ruh halinde tutmak için yemeye yöneliriz. Bu yönelme karşı konulmaz bir ihtiyaca dönüşür ve istediğimiz etkiyi alabilmek için belli yiyecekler seçeriz.

*Duygusal açlık yemekle doldurulamaz. Yemek yemek o anda iyi hissettirebilir ancak yemeyi tetikleyen duygular hâlâ oradadır.*

Yemeye karşı koyamadığınız her yiyecek, belli bir sorun ve duygunun karşılığıdır. Bunaldığınızda dondurma yeme isteği duyarsınız örneğin, endişelendiğinizde çerez ya da cips gibi kıtır kıtır bir şeyler yemek istersiniz. Aslında, yemek için aşırı istek duyduğumuz her yiyeceğin biyolojik ve psikolojik bir nedeni vardır. Doreen Virtue'ye göre bu isteğin altında yatan duyguları bir defa açığa çıkardığınızda karşı konulamaz yeme arzunuz yok olur.

Yeme istekleriyle bağlantılı duygusal sorunlar genellikle şu kategorilerden birine girer:

- Stres, gerilim, bunalım, korku ya da sabırsızlık
- Depresyon ya da can sıkıntısı
- Yorgunluk ve halsizlik
- Eğlence ve dinlenme ihtiyacının giderilmemesi, çok çalışmak, yeterince eğlenmemek
- Sevgi, ilgi, şefkat, duygusal yakınlık, aşk ya da cinsel tatmin arzusu
- Öfke, kırgınlık, hoşnutsuzluk ya da hüsran, hayal kırıklığı
- Boşluk, güvensizlik ya da rahatlama ihtiyacı

Güçlü duygularımızı inkâr ettiğimiz zaman, daha da güçlenirler. Güçlendikçe de çıkış yolu ararlar. İnkâr edilen duygular kendilerini, aşırı yeme arzusu, fiziksel acı, hastalık, depresyon, endişe, fobi ya da uykusuzluk gibi bir yığın hoş olmayan yollarla dışa vurur.

## Dürüst bir yüzleşme

Bastırılan her şey geri döner demiştik... Sonuç olarak, olumsuz bir duyguyla yüzleşmek hoş olmasa da alternatifi daha da kötüdür, hiç şüphe yok ki hepimiz zaman zaman üzülür, sinirlenir ya da güvensiz hissederiz. Bazen hayat koşulları ya da kişisel seçimlerimiz, huzur içinde amaçlı ve dengeli bir hayat sürmemizi zorlaştırır. Aslında, tek sorun, sorun olan o duygularla şimdi mi yoksa daha sonra mı baş etmeyi seçtiğimizle ilgilidir.

Duygularımız konusunda kendimize dürüst olmamız bu nedenle önemlidir. Bu sahici yüzleşmeyi yapmalı ve yolumuza devam etmeliyiz, olumsuz duygular takılıp kaldığımız bir ara durağa dönüşmemeli. Acıdan kaçınma isteğimiz bu yüzleşmeyi yapmamızı ertelemeye neden olur, bir isteksizlik çıkar ortaya. Gerçeği kabul etmek zor olabilir, "Kendimi güvende hissetmiyorum, içimde dolmayan bir boşluk duygusu hissediyorum, sevgisiz hissediyorum..." diyebilmek yani KABULLENMEK zor olabilir...

*Duygular kusur değildir, durumlara verdiğimiz tepkilerdir. Onları yönetmeyi öğrendiğinizde davranışlarınızı değiştirme gücünü elde edersiniz.*

## Duygusal aşırı yemenin altındaki dört temel duygu

Her ne kadar duygusal yeme birincil sorun gibi görünse de özünde beslenme zorluklarından çok, acı verici duygular karşısında kendini güçsüz hissetmekle ilgilidir.

> **KORKU:** Özgüvensizlik, diken üstünde durmak, terk edilme korkuları, varoluşsal korkular, kontrol sorunları, cinsellikle ilgili korkular, endişe, kaygı, depresyon, yakınlaşma korkuları.
>
> **ÖFKE:** Başkasına ya da kendine karşı, ihanete uğramış, kullanılmış ya da istismar edilmiş hissetmek.
>
> **GERİLME:** Stres, hüsran, hayal kırıklığı, eski kızgınlıkların üzücü hal alması ya da kızgınlık, kıskançlık, sabırsızlık, aşırı çalışmak, tükenmişlik.
>
> **UTANÇ:** Kendini suçlamak, özsaygı düşüklüğü, kendinden nefret etmek, kendi yetenek veya erdemliliğine inanmada eksiklik, başkalarının sizi sevmeyeceğini sanmak, diğerlerinden daha zayıf hissetmek, iyiyi hak etmediğini hissetmek.

## Duygusal açlığı yönetmek

Duygusal yeme, normal açlıktan farklı olarak herhangi bir fiziksel belirti olmaksızın, tek bir duyguya tepki olarak aniden ortaya çıkar. Bu ataklar genellikle öfke ya da üzüntü gibi olumsuz duyguların yoğun olarak hissedildiği durumlarda ortaya çıkar. Duygusal yeme davranışı, sürekli yemek yeme isteğine veya tıkınırcasına yemek yemeye doğru ilerlediğinde, duygusal yeme bozukluğu gelişir.

Öfkelendiğiniz bir anı düşünün, öfke duygusuyla karşılaştığınızda bunun bedensel ve zihinsel sonuçlarını ele alıp bu duyguyla baş başa kalmak yerine onu bastırıp yok etmeyi seçersiniz. Duygusal yeme davranışı tam da budur, herhangi fiziksel bir açlığınız olmamasına rağmen –hatta yeni yemek yemiş bile olabilirsiniz– duygulardan kaçmak için doğrudan yiyeceklere yönelirsiniz.

Bu size kısa süreli bir rahatlama getirir ancak davranışı tekrarlama eğiliminde olabilirsiniz, bu da bir alışkanlığa dönüşür. Bu gelen rahatlık geçicidir, çünkü ne bu öfkeyi size yaşatan durum ne de duygularınız ortadan kalkmıştır, sadece geçici bir süreliğine gözünüzün önünden kaldırılmıştır.

*Duygusal yeme altta yatan nedenin üzerini örten bir maskedir. Yabani bir otun büyümesini engellemek için onu kökünden koparmak gerekir.*

Yönetilemeyen duygular konu duygusal yeme olduğunda çeşitli problemler baş gösterir. Anoreksiya nervoza ve tıkanırcasına yeme bozukluğu bunlardan ikisidir.

Anoreksiya yani kilo almaktan duyulan aşırı korku, kilo almayı engelleyecek şekillerde davranmaktır. Aslında kişinin bedeni ve duyguları arasında ne kadar büyük bir mesafe olduğunu anlatır. Bedenimiz için en gerekli şeylerden biri elbette ki yemek yiyebilmek, gerekli şeyleri vücuda almaktır.

Anoreksiyanın nedenleri çok boyutludur. Modern dünyanın kadın bedenine bakışı, zayıflığın ve inceliğin takdir edilmesi nedenlerden biridir. Önemli psikolojik nedenler çocukluk yaşamıyla ilgilidir. Utangaç, depresif, boyun eğen, obsesif kompulsif kişilik bozukluğuna sahip gençlerde hastalık daha sık görülür. Ebeveynleri ile arasında sevgi bağı düşük olanlarda ve geçmişte cinsel istismara uğramış kadınlarda anoreksiya nervoza görülme riski de yüksektir.

Çocukluk döneminde anne ile kurulan ilişkiler anoreksiyanın şekillenmesinde etkili olabilir. Çeşitli psikoloji ekolleri bu ilişkileri ele almıştır, örneğin anne ve çocuk sağlıklı bir ayrışma yaşamadığında çocuk kendi bedenine bir cezalandırma gibi aç bırakmayla yönelebilir. Anoreksik kişi bedenini besinden mahrum bırakarak aslında psikolojik olarak kendini cezalandırır. Bedenini besinden mahrum bırakmak demek aslında sevgiden, şefkatten mahrum bırakarak bedeni güçsüz bırakmaya çalışmaktır.

Anne tarafından onaylanmama gibi bir durumda da çocuk dünyada rahat ve güvende hissedemez, bununla birlikte de kendilerini bu dünyada kimse tarafından sevilebilir ve değerli olduğunu düşünmez. Aslında bilinçaltı bu kişiye ne kadar küçülürsen o kadar güvende olursun mesajı verir. Fakat ne yaparsak yapalım bilinçaltının bu mesajı insanın varlığına ters bir mesajdır. Bundan ötürü anoreksiya yaşayan kişi sürekli olarak zihinsel çatışmalarla mücadele eder.

Tıkanırcasına yeme bozukluğu dediğimiz ani gelişen kontrolsüzce yeme isteği de duygularla bağlantılı bir durumdur. Kişi olumsuz duygularla nasıl baş edeceği konusunda bilgi sahibi değildir. Özellikle utanç, öfke, umutsuzluk gibi duyguları hissettiğinde bu duygular ona o kadar katlanamaz gelir ki hemen bu duygulardan kurtulmaya çalışır. İşte bunu da tıkanırcasına yemek yiyerek duygularını bastırma yöntemi ile gerçekleştirir. Yani aslında bu rahatsızlığa sahip olan kişi yemeklerle duygularının sesini kısmaya çalışır. Kendini hissizleştirmeye çabalar.

## Duygusal yemeyi tetikleyen birkaç şema

Bu rahatsızlıklarla mücadelede ilk olarak dikkat edilmesi gereken şey kişinin hangi duygu ile bağıntılı yediğine dikkat etmesidir. Bunlara özellikle çocuklukta karşılanmayan duygusal ihtiyaç neden olabilmektedir.

Bu sorunların altında yatan birkaç şema şunlar olabilir:

Duygusal yoksunluk şemasına sahip bir yetişkin sevilmediğine, sevilmeyeceğine ve güvende olamayacağına inanmıştır.

Terk edilme şemasına sahip bir yetişkin çocukluğunda ebeveynleri tarafından gelen sevginin dengesiz olması veya uzun süre ebeveynden uzak kalmak sonucu sürekli olarak kimsenin onu sevemeyeceğini sevse bile terk edeceğini düşünür.

Sosyal izolasyon/güvensizlik şemasına sahip biri çocukluğunda var olan fiziksel özelliklerinden ötürü dışlanmış, dalga geçilmiş, değersiz hissettirilmiş bir çocuktur. Bununla da toplumdan uzaklaşarak mücadele etmeye çalışır. Ama yalnız kalmaya çalışmak insan olmasının doğasına aykırıdır ve zihinsel mücadelesinin getirdiği aşırı yük çıkar ortaya.

---

*Çocuklukta karşılanmayan ihtiyaçlar yetişkinlikte duygusal bir yük oluşturur ve bu duyguları nasıl karşılayacağını öğrenmemiş çocuk yetişkinlikte bunu sağlıksız yollarla karşılamaya çabalar.*

---

| **Basit bir test**<br>Duygusal bir yiyici olup olmadığınızı anlamak için aşağıdaki sorulara yanıt verin ve cevapları değerlendirin, evet yanıtı fazlaysa bu sizin duygusal bir yiyici olduğunuzu gösterir: | | |
|---|---|---|
| Stresli olduğunuzda daha fazla mı yemek yiyorsunuz? | Evet | Hayır |
| Konu yemek olunca kendinizi güçsüz veya kontrolden çıkmış gibi mi hissediyorsunuz? | Evet | Hayır |
| Tok olduğunuzda yemek yiyor musunuz? | Evet | Hayır |
| Kendinizi daha iyi hissetmek için mi yemek yiyorsunuz? | Evet | Hayır |
| Üzgün olduğunuzda, kızgın olduğunuzda, sıkıldığınızda, kaygılı olduğunuzda, kendinizi sakinleştirmek ve rahatlatmak için ilk aklınıza gelen şey bir şeyler yemek mi olur? | Evet | Hayır |
| Yemek sizin için bir ödül mü? | Evet | Hayır |
| Patlama noktasına gelene kadar mı yiyorsunuz? | Evet | Hayır |
| Yemek kendinizi güvende hissetmenizi sağlar mı? Yemeğin bir arkadaş olduğunu düşünüyor musunuz? | Evet | Hayır |

## Duygusal yeme döngüsünden kurtulmak

Duygusal yeme döngüsünden kurtulmadan önce, öncelikle duygusal ve fiziksel açlık arasında nasıl ayrım yapacağınızı öğrenmeniz gerekir. Bu, özellikle duygularınızla başa çıkmak için düzenli olarak yiyecek kullanıyorsanız, göründüğünden daha yanıltıcı olabilir. Beslenme ihtiyacımız doğal yollarla kendini gösterir, ancak duygusal yeme ile arasında bariz farklar vardır.

| Fiziksel Açlık | Duygusal Açlık |
| --- | --- |
| Yavaş yavaş ortaya çıkar | Aniden ortaya çıkar |
| Dengeli ve sağlıklı beslenmeye yönelik yiyeceklere yönelme vardır | Abur cubur, şekerli, kıtır, yağlı, fast food gibi yiyeceklere yönelme vardır |
| Farkındalıklı yeme vardır | Kontrolden çıkmış yeme vardır |
| Doyma hissi dikkate alınır ve doymayla birlikte durur | Doyma hissi yoktur ya da dikkate alınmaz, tokluk hissi tatmin edici değildir |
| Bekleyebilir | Hemen tatmin edilmesi gerekir |
| Belli bir rahatlama duygusu getirir | Pişmanlık, utanç ya da suçluluk gibi duyguları getirir |

Duygusal yeme döngüsünden çıkış için:

**Tetikleyici nedenleri bulun:** Sizi duygusal yemeye sürükleyen neden nedir? Stres, özellikle de kronik stres yüksek düzeyde kortizol hormonu salgılamaya neden olur. Bu da tuzlu, tatlı ya da kızarmış yiyecekleri yeme isteği uyandırır. Bir diğer tetikleyici, başa çıkmakta zorlandığınız duygularınızdır. Öfke, korku ya da üzüntünüzü bastırmak için mi dolabın karşısına geçiyorsunuz?

Bazen de yeme davranışı can sıkıntısı gidermenin alternatif bir yolu olarak belirebilir. Ağzınızda bir şeylerle meşgul olmanın getirdiği his sizi oyalar ve size bir şeyler yapıyormuş hissi verir, bunun altındaki tetikleyici de tatminsizlik ve amaçsızlık gibi duygulardır. Tetikleyici nedenler çocukluktan da geliyor olabilir. Örneğin bir çocukluk anınız sizi bu davranışı tekrarlamaya yöneltebilir, anne babanızla dondurma yemeye gittiğiniz bir akşam, birlikte bahçede yaptığınız barbekü ya da karne aldığınız gün gittiğiniz pizzacı... Aynı duyguları tekrar canlandırmanın başka bir yolu aynı yiyeceklerle anıları canlandırmaktır.

**Yeme günlüğü tutun:** Sabahtan akşama kadar ne yediğinizi, bunları yerken ne duyguda olduğunuzu yazdığınız bir yeme günlüğü oluşturun. Buna günlük standart öğünlerinizi de dahil edin. Diyelim kendinizi bir anda dolabın karşısında buldunuz ve bir şeyler atıştırdınız, günlüğünüze detaylı bir şekilde yazın: Ani atağın duygusu neydi? Yemeden önce nasıl hissediyordunuz? Yemek yerken ne hissettiniz? Ve sonrasında nasıl hissettiniz? Tüm geçişleri tek tek yazın ve düzenli olarak günlük tutmaya devam edin. Bir süre sonra ortaya bir patern çıktığını göreceksiniz ve bu patern sizin başa çıkmakta zorlandığınız soruna dair güçlü bir farkındalık uyandıracak.

**Yiyeceklerin yerine başka şeyler koyun:** Ana neden yalnızlık, depresyon, can sıkıntısı olabilir... Bu gibi durumların getirdiği duygu fırtınasını yatıştırmak için kendinize yeni alışkanlıklar edinin. Örneğin bir hayvan edinin, dans edin, stres topu alın, yürüyüşe çıkın, sıcak bir banyo yapın, dinlenin, masaja gidin, kitap okuyun, bir şeyler üretin, elinizle yapacağınız bir şeyler bulun örneğin örgü, puzzle ya da oyunlar gibi.

**Yavaşlayın ve farkındalıklı yemeye geçin:** Önünüze koyduğunuz tabağı muhtemelen bir çırpıda nefes almadan yiyorsunuz.

Şimdi bunu tersine çevirelim. Tabağınıza az yiyecek alın ve her lokmayı uzun uzun çiğneyin, tadını alın, yiyecekleri dilinizde, damağınızda hissedin. Aşırı hızlı yeme yemekten almanız gereken tatminin ve tokluk duygusunun kaybolmasına yol açar. Bu nedenle de patlayana dek ne yaptığınızı bilmez bir halde yemeye devam edersiniz. Yemeğin ortasında durun, nefes alın, tekrar odaklanın. Tabağınıza sağlıklı sebzeler ve yiyecekler ekleyin, yerken bedeninizdeki hisleri fark edin. Yemek yerken başka şeylerle meşgul olmayın, TV izlerken, telefonunuzla oynarken yediğinizde farkındalık kaybolur. En azından ataklarınızı kontrol altına almaya niyetliyseniz bir süre sadece yavaş yemeye odaklanın ve tüm dikkatiniz burada olsun.

**Olumlu ruh haline geçin:** Hayat herkes için zorlayıcıdır unutmayın. Tüm bu öneriler bir şeylerin çok basit olduğunu ima etmez ancak bakış açınızla oynamak bazı şeylerin etkisinden daha kolay sıyrılmanıza yardımcı olur. Dünyanın iyi bir yer olmadığını, haksızlık ve adaletsizliğin herkesi yaraladığını düşünebilirsiniz, her gün maruz kaldığınız onlarca haber, sosyal medya etkileşimi de ruh halinizi karartabilir. Tüm dünyada gittikçe artan problemler, ekonomik kaygılar, savaşlar, doğal afetler sizi anlamsızlığın kıyısına da getirmiş olabilir. Eğer buna benzer bir ruh haline büründüyseniz kendinize bir detoks yapın. Maruz kaldığınız haber ve bilgi akışını azaltın. Gün içinde sizi negatif bir şekilde etkileyen kişilerle aranıza sınır koyun. Olumlu düşüncelere odaklanın, birine berbat, kötü demek, eleştirmek ve yargılamak yerine yapıcı ve sağlıklı düşünmeye yönelin. Bir şeyler konusunda harekete geçmeye sizi zorlayan duygularınızı bastırmak yerine onlara kulak verin ve bu içsesin yapıcı bir yolla kendisini ifade etmesi için alan açın. Korku duygunuzu bastırmak yerine bunu olumlu bir şekilde eyleme geçecek bir yakıt olarak görün. Unutmayın her duygu bize lazımdır ve bize bir şeyler anlatır. İşinizle ilgili yaşadığınız bir korku döngüsünü kırmak belki de sizi daha özgür kılar. Her ne yaşanırsa yaşansın kendinize şefkatli olun, kendinizi takdir edin ve cesaretlendirin.

*Dünyayı değiştirmeniz imkânsızdır, değişim ancak sizde gerçekleşebilir.*

## Psikolojik Dayanıklılık ve Esneklik

Dayanıklılık bir diğer adıyla rezilyans hayatın zorluklarına karşı sergilediğimiz güçlü direnişimizin psikolojik niteliğidir. Dayanıklı insanlar hayatın getirdiği problemlerin, travmaların ya da başarısızlıkların onları tüketmesine izin vermek yerine rotayı değiştirirler, duygusal iyileşme için aktif davranışlar geliştirirler ve duygusal iyileşme için ilerlemeye devam ederler.

Psikolojik dayanıklılığa sahip insanların beceri setleri gelişmiştir, bu onların üzülmeyeceği, kırılmayacağı anlamına gelmez. Ancak olaylar karşısındaki tutumları yönlendirmeye dayalıdır, gerektiğinde yardım isterler ve problemlerin içinde boğulmak yerine üstesinden gelmek için mücadele ederler.

Sevilen birinin ölümü, boşanma, maddi krizler, hastalık, iş kaybı, tıbbi acil durumlar, doğal afetler gibi durumlarda dayanıklı insanlar da diğer herkes gibi benzer tepkiler verirler, kaygı, mutsuzluk, üzüntü gibi duyguları doğal olarak yaşarlar. Ancak bu gibi sorunlardan kaçmak yerine yüzleşmeyi seçerler, güç ve büyümeyi teşvik ederler.

## Duygusal olarak dayanıklı insanların özellikleri

**Hayatta kalmaya odaklıdırlar:** Dirençli insanlar her şeye rağmen hayat derler... Bazen ciddi yıkımlar ilerlemeye engel olabilir, kazalar, ölümler, doğal afetlerin getirdiği kayıplar derin travmalar ve yasları beraberinde getirir. Ancak dayanıklı insanlar ayağa kalkıp yola devam ederler.

**Zorlukları fırsat olarak görürler:** Dirençli insanlar, zorluklar karşısında bile güçlü bir anlam ve amaç duygusuna sahiptirler. Zorlukları gelişim için bir fırsat olarak görürler. Dirençli insanlar doğası gereği iyimserdir. Zorlukları geçici olarak algıladıkları için üstesinden gelirler.

**Duygularını iyi yönetirler:** Bu kişiler de her türden olumsuz duygusu deneyimlerler ancak bunları yönetmede daha beceriklidirler. Onlara yapışmazlar ve geçiciliğinin farkındadırlar.

**Kontrol sahibidirler:** Dayanıklı insanların içsel kontrol mekanizmaları daima aktiftir. Olayların onları pasivize etmesine engel olurlar, değişen durumu kontrol ederler ve eğer sonucu etkileyebilecek şeyler varsa harekete geçerler. Eylemlerinin olayların sonucunu belirlemede rol oynayabileceğinin farkındadırlar.

**Çözüm üretirler:** Mantıklı bakış açısıyla sorunları ele alır ve çözüm üretir, mevcut şartları değiştirebilecekleri koşulları yoklarlar. Karmaşık sorunları daha küçük, daha yönetilebilir parçalara bölerek sorunlara metodik bir şekilde yaklaşırlar.

**Kendilerini tanırlar:** Dayanıklı insanlar neticede bir süper kahraman adayı değillerdir, onlar sınırlarını ve neyi ne kadar yapabileceklerini bilirler. Kontrol edebilecekleri için geliştirdikleri tavırla birlikte kontrol edemeyecekleri şeyleri kabullenmenin gücüyle birleşirler. Bu durum onları hem güçlü hem de esnek hale getirir.

**Uyuma açıktırlar:** Sert ve katı olan her şey kırılır, esneklik dayanıklı insanların bir diğer özelliğidir. Kendilerinin kusursuz olmadığını bilirler, güçlü yanları kadar zayıflıklarına da sahip çıkarlar. Koşulları değiştirme konusunda aktif rol alırlar ancak bu mümkün olmadığında kendilerini yeni sisteme uyumlarlar. Çevrenin ihtiyaçlarına göre değişebilirler. Dirençli insanlar yeni fikirlere açıktır ve gerektiğinde yön değiştirme yeteneğine sahiptir.

**Güçlü sosyal ağları vardır:** Destekleyici insanlarla çevrili bir sosyal ağları vardır, sadece kendileri için değil başkaları için de destekleyicilerdir. Yardım etmeyi de gerektiğinde yardım istemeyi de önemserler.

## Nasıl daha dayanıklı olunur?

Dayanıklılık stresi ya da hayatın zorluklarını ortadan kaldırmaz. Bu niteliğe sahip olan insanlar hayata pembe pencerelerden bakmazlar. Aksiliklerin ve hayatın zor ve acı verici olduğunu bilirler. Bir trajedinin ardından gelen olumsuz duyguları deneyimlemeye devam ederler ancak zihinsel bakış açıları bu duyguların üstesinden gelmelerine ve iyileşmelerine olanak tanır.

---

*Dayanıklılık sadece hayatta kalmakla ilgili değildir, daha iyi bir yaşam için harekete geçmektir.*

---

Tamamen hayal edilemez görünen olaylar karşısında bile dayanıklı olanlar sadece hayatta kalmak için yapmazlar bunu, aynı zamanda daha iyi, daha başarılı ve daha anlam dolu bir hayat için sorumluluk alırlar.

Dayanıklılık karakter ve mizaçla ilgili olduğu kadar zihninizin çalışma şekliyle de ilgilidir. Bu nedenle kendinizi daha dayanıklı kılmak için uygulayabileceğiniz kimi stratejilere bakalım.

**Yeniden çerçeveleyin:** Bir soruna veya duruma farklı bir bakış açısıyla bakmak yararlı olacaktır. Evet, yaşadığınız hiçbir şey değişmeyecek, etkileri bir süre sürecek ancak olanları kabullenerek "Peki şimdi ne yapabilirim?" sorusuna tutunarak ilerlemeye odaklanın.

**Kontrol altında olana odaklanın:** Bir kriz ya da sorunla karşı karşıya kaldığınızda, kontrolünüz dışında gelen şeylerin altında kalabilirsiniz Zamanı geriye almanın ya da olmuş olanı değiştirmenin bir yolu yoktur, sızlanmak yerine elinizin altındakilere bakın. Ufak da olsa bir şeyleri değiştirebilme gücünüzün olduğu yerler mutlaka söz konusudur.

**Olumsuz duygu ve düşünceleri düzenleyin:** Kötü duygulardan sıyrılın ve sizi pasivize etmesine engel olun. Duygularla aranıza mesafe koyarak mevcut durumu sağlıklı bir şekilde değerlendirmeye alın. İşinize yarayacak olanların haricindekileri ayıklayın. Olumlu duygular düşüncemizi genişletir ve sorunları daha yaratıcı bir şekilde çözmek için alternatif stratejiler geliştirmemizi sağlar. Yapabileceğiniz olumlu şeylere odaklanmak, negatif zihniyetten kurtulmanın harika bir yoludur.

**Stres yönetme becerilerinizi güçlendirin:** Sağlıklı stres yönetimi alışkanlıkları oluşturmak, genel dayanıklılığı artırmanın etkili bir yoludur. Bu alışkanlıklar, yeterli uyku ve egzersiz gibi genel sağlığa yardımcı olan davranışların yanı sıra stres anlarında gerçekleştirilecek belirli eylemleri de içerebilir. Daha aktif olmak, güveni ve özgüveni artırmanın yanı sıra stresin etkisini yönetmeye ve azaltmaya yardımcı olur.

**Güvenilir sosyal ağlara katılın:** Güvenilir arkadaşlardan, meslektaşlardan ve aile üyelerinden gelen sosyal destek, kendinizi daha az izole hissetmenizi sağlayabilir ve olup bitenler hakkında daha iyi bir bakış açısı benimsememize yardımcı olur.

**İyimser olmaya gayret edin:** Hayata iyimserlikle bakmak, aksiliklerin genellikle geçici ve aşılabilir olduğunu anlamanıza yardımcı olur. Sizi bekleyenler hakkında daha umutlu ve olumlu hissetmenizi teşvik eder, bu da içsel olarak size güç verir.

**Etkili başa çıkma stratejileri benimseyin:** Sağlıklı başa çıkma mekanizmalarına yaslanmak, eleştirel içses yerine yapıcı ve olumlu içses geliştirmek, hedefe odaklanmak, farkındalık geliştirmek ve rahatlamak için gerekli eylemlere soyunmak etkili başa çıkma stratejilerindendir.

**Kişisel bakım uygulayın:** Kişisel bakım faaliyetleri, yeterli uyku, sağlıklı beslenme, düzenli egzersiz yapmak ve hobilerle fiziksel, duygusal ve zihinsel refahınızı destekleyin.

# 7. BÖLÜM

# GÜÇ OYUNLARINDA USTALIK

*"Eskilerin akıllı dövüşçü dediği kişi, yalnızca kazanmakla kalmayıp, kolaylıkla kazanmada da başarılı olan kişidir."*

Sun Tzu, *Savaş Sanatı*

## Baştan Çıkarmada Ustalık

Hepimizin günlük ilişkilerimizde kullandığı sosyal maskelerden söz etmiştik. Devamında da bu maskelerin gittikçe yerleşik hale gelmesiyle nasıl bir sahte benliğe kapıldığımızdan da... Bu şüphe götürmeyen davranış şekillerinin arka yüzüne baktığımızdaysa çeşitli nedenlerle karşılaşırız.

Hepimizin eksikleri, yaraları, tamamlanmışlıkları vardır. Tüm ilişkilerimizde özlemlerimiz, arzularımız, zaaflarımız, basılmaması gereken zayıf yerlerimizle birlikte varızdır. Her ne kadar özenli vitrinlerle kendimizi diğerlerine sunsak da bu insani taraflarımız kendisini eleverir, bazen çok geç bazen de hiç umulmadık bir anda zırhımızın delinmiş yerini belli ediveririz.

İşte bu nedenle ilişkilerde taktiklere ihtiyaç duyarız, taktik lafı kulağa itici gelebilir. Ancak zaten halihazırda en uzaktan bir kişiye bile temas ederken çeşitli iletişim taktikleri kullanırız. Öyle ki bunlar gereklidir de, en basitinden bir dükkâna girdiğinizde bir alışveriş yaparken bile evdeki doğal halinizle değil çoğunlukla daha mesafeli ve daha kendinizden emin bir tavırla konuşursunuz. Resmiyet, sınırları korumak için kullanılan taktiklerden biridir ve hiç de sağlıksız değildir.

Bunun gibi romantik ilişkilerimizde de bu taktiklere yaslanmalıyız. Üstelik bu taktiklerin çoğu ilişkinin güçlenmesini sağlar ve ilişki oyununda tarafların ihtiyaç duyduğu arzu tetiklemelerine ve duygu alışverişine yardımcı olur. Tekdüze bir ilişki bir yerden sonra herkes için sıkıcıdır, en yüksek duygularla başlayan ilişkiler bir yerden sonra konfor alanının bataklığında kalır.

*Baştan çıkarma sanatı bilinçaltı etkilerle yaratılan bir güç oyunudur, bu oyunda beden, zihin ve ruhun dansı vardır.*

Baştan çıkarma, cinsellikle ya da bedenle ilgili bir şeymiş gibi gelebilir ancak baştan çıkarma psikolojik etkilerin baskın olduğu bütünsel bir süreçtir. Seksi bir bedene sahip bir erkek ya da kadın elbette diğer cinsleri etkileyecektir ancak baştan çıkarma sadece kusursuz bir fiziksel görünümün ötesindedir.

Birini baştan çıkarmak, onu size karşı romantik, fiziksel ya da farklı bir çeşit ilgi geliştirmeye ve sonuçta bu ilgiyi tamamlamaya veya sürdürmeye ikna etmek anlamına gelir. Baştan çıkarma, arzu duyduğunuz birini elde etmek için de devrede olabilir, iş görüşmesinde de. Sosyal ilişkilerinizde de bir çeşit baştan çıkarma oyunu oynanabilir, bir projeyi kapmak için yöneticinizle ya da müşterinizle farklı boyutlarda bir alışverişe girmeniz kaçınılmazdır. Bu herhangi bir işi ya da projeyi gerçekleştirmek için birileriyle cinsel ya da duygusal yakınlık kurmak olarak anlaşılmamalı. Cazibeli insanlar her alanda daha kolay etki yaratırlar ve dilediklerini yaşamlarına çekerler, burada kastedilen bununla ilgili. Esasında herkesle güçlü ve olumlu olarak kurduğumuz ilişkiler tıpkı romantik bir ilişkideki gibi seyredebilir, onlar da romantik ilişkilerimizin beklediği ihtiyaçları bekler. Onaylanmak, sevilmek, güçlü bir etki yaratmak, istenmek, aranmak her ilişkide geçerli olan taleplerdir.

Baştan çıkarma oyunu, sanılanın aksine yalnızca cinsel ya da erotik faaliyetler için geçerli olan bir kavram değildir. Günlük yaşamınızda pek çok durum şu veya bu şekilde baştan çıkarmayı gerektirir. İş görüşmesi bir tür baştan çıkarmadır, yetkili kişiyi ikna edebilmek için tüm cephanelerinizle oradasınızdır: Oturmanızla, duruşunuzla, ses tonunuzla, bakışlarınızla, gülümsemenizle, saçlarınız ve giydiklerinizle... Ya da onlarca insandan oluşmuş bir kalabalığa sunum yaparken amacınız onları baştan çıkarmak ve gereken ilgiyi toplamaktır. Sosyal bir ortamda bilgi birikiminizle, yeni insanlarla birlikteyken duruşunuzla baştan çıkarmanın peşindesinizdir ve güçlü iletişimin örtük taktiklerinden biri olarak daima ona ihtiyaç duyarsınız.

Baştan çıkarma, bir grup insanı veya bir kişiyi bir şeylere ikna etmekle ilgilidir. Bir durumun gerçekliğini ve niyetini sizin yararınıza olacak şekilde şekillendirmeyi içerir ancak bu kötü niyetli manipülasyonlardan farklıdır. Biriyle içtenlikle ilgileniyorsanız ve amacınız ikiniz için sağlam bir temel oluşturmaksa, baştan çıkarmanın kimi yönleri masum sayılabilir.

*Kadınlar Sıcak Erkekler Soğuk Sever* adlı kitabımda kadın erkek ilişkilerinin doğal olarak bazı taktiklere ihtiyaç duyduğunu söylemiştim. Bir erkek bir kadının peşinde koşmaktan haz alır, onun tatmin duygusu onu elde etmek üzerine kuruludur. Ya da bir kadın güvende hissetmediğinde, duygusal ihtiyaçları yerine getirilmediğinde ilişkide tutunamaz. Bu tutumlar binlerce yıldır kadın erkek ilişkilerinin yolunu kolaylaştıran işaret levhaları olarak okunmalıdır. Elbette her ilişkinin ihtiyaçları farklıdır, kimi özel durumlar özel tutum almayı gerektirir ve hiçbirimiz kesin tanımların içine hapsedilemeyiz. Değişkeniz, beklentilerimiz değişebilir, duygularımız değişebilir, o çok istediğimiz ilişki bir anda çekilmez hale gelebilir.

## Baştan çıkarmanın bazı incelikleri

Aslında baştan çıkarma oyunu iki kişi yan yana geldiği anda başlar. Çünkü erkek ve kadın evrimsel olarak üreme ve seks yapma güdülerini harekete geçirecek her şeye karşı çok açıktır. İki insan yan yana geldiği ilk birkaç saniyede bile kimsenin haberdar olmadığı ve görünmeyen mesajlarla iletişim başlar. Erkek ve kadınların sahip olduğu özel kimyasallar olan feromonlarla mesajlar alınıp veriliyordur bile. Gözbebekleri, kadın ve erkeğin bedensel duruşu, kadının cilt rengi, yüzünün simetrisi, erkeğin kaslı olması ya da olmaması, boyunun uzunluğu, yine kadının kalça ve göğüslerinin yapısı sözel olmayan yollarla bu sanatın nasıl ilerlemesi gerektiği konusunda iki tarafa da işaret yollar.

Elbette ilişkiler sadece üreme mekanizmalarının üzerine kurulmazlar, ancak özellikle eş seçiminde bunlar farkında olmadan verdiğimiz kararları önemli ölçüde etkileyen süreçlerdir. Fiziksel görünüm etkili bir role sahiptir ancak işin bu kısmı karmaşık insan doğasını açıklamaya yetmez. Hatta bazen fiziksel olarak çok çekici olsa da yanında kalmaya uzun süre tahammül edemeyeceğimiz insanlarla yan yana gelmiş bile olabiliriz.

Baştan çıkarma, bir kişinin kazandığı ve diğer kişinin kaybettiği bir oyun değildir, bu oyun iki kişinin aktif katılımıyla sürdürülür. İşin zevkli kısmı da burasıdır, eğer karşı taraf işbirliğine soyunursa karşılıklı haz ve yarar vardır.

Baştan çıkarma duygularınızı, zekânızı, dilinizi ve sözsüz ipuçlarını kullanmayı içerir. İnsanlar kendilerinde zevk uyandıran her şeye yanıt verme eğilimindedirler çünkü hepimiz acıdan kaçarız ve bize haz verecek anları, kişileri, davranışları ister, gerçekleştiririz. Baştan çıkarma söz konusu olduğunda ilk izlenim çok önemlidir. Kendinizi nasıl sunduğunuz ve ilk temas sizi sıradan bir kişiden unutulmaz birine dönüştürebilir. Olumlu bir ilk izlenim yaratmaya çalışırken beden dilinize, jestlerinize, düşüncelerinize, duygularınıza ve kıyafet tercihlerinize dikkat etmeniz gerekir. İdeal olarak, diğer kişinin sizi olumlu bir şekilde hatırlamasını sağlayacak kalıcı bir izlenim yaratmayı hedeflemelisiniz.

Ancak elbette her şey ilk izlenimle sınırlı değil. Birinin dikkatini çekmenize kesinlikle yardımcı olsalar da bir ilişkinin gelişip gelişmeyeceğini belirleyecek olan başka faktörler de vardır: kişiliğiniz ve karakteriniz. Bu nedenle, olumlu bir ilk izlenim yaratmak için çaba harcamak önemli olsa da başkalarıyla olan etkileşimlerinizde samimi ve özgün olmaya da odaklanmanız gerekir.

Aslında ilk izlenimde verilen mesajlar yaşadığınız çevre, bir arada olduğunuz insanların sosyal tutumları ya da mesleğinizle de çok alakalıdır. Üstelik onlarca yıldır benimsenmiş kimi iletişim taktikleri zamanla değişmektedir de. Bugün sosyal medyanın ve görünürlüğün çok revaçta olduğu bir çağdayız ve gerçek ilişkilerde çok daha samimi ve doğal olma arzusunun peşinde olanların sayısı az olmayabilir. Başarılı bir ilk izlenim verme çabası uğruna abartılı, sizi hiç yansıtmayan davranışlar sergilemeyin, en güvenilir olan hafif bir tebessümle olabildiğince özgüvenli bir duruş vermektir.

Beden dili, baştan çıkarmada önemli olan sözsüz bir iletişim şeklidir. Birçok çalışma sözsüz iletişimin çekicilikte önemli bir rol oynadığını ortaya koyar. Dudaklarınızdan tek bir sözcük çıkmadan sadece bakışlarınızla onlarca güçlü mesaj verebilirsiniz. Dudaklarınıza kondurduğunuz bir tebessüm bir saatlik bir konuşmanın sağlayacağı cazibe etkisini yaratmaya yetebilir.

Beden dilini kullanmanın pek çok taktiği vardır, "Etkili İletişimde Ustalık" kısmında bundan biraz daha detaylı bir şekilde bahsedeceğiz.

Beden dili sadece karşınızdaki kişiyi etkilemekle ilgili değildir, kendinizi ifade etmenin bir yoludur da. Bu nedenle duruşunuzdan bakışınıza dek her şeyi dikkatli bir şekilde gözlemlemek ve üzerine çalışmak önemlidir. Olumlu bir beden dili kullandığınızda açık iletişimi ve yakınlığı teşvik eden rahat ve davetkâr bir atmosfer yaratabilirsiniz. Bu, sözsüz ipuçlarının güçlü bir bağın korunmasına ve kıvılcımın canlı tutulmasına yardımcı olabileceği uzun vadeli ilişkilerde özellikle önemli olabilir. Özetle ister bir erkeği etkilemek ister biriyle bağınızı derinleştirmek istiyor olun, beden dilinize dikkat etmeniz kalıcı büyük farklar yaratır.

Flört etmek, baştan çıkarma sürecinin önemli bir parçasıdır. Flört, ilgi göstermek, cinsel gerilim oluşturmak için dili ve sözsüz sinyalleri kullanmayı içerir. Etkili flört tekniklerinden bazıları iltifat etmek, şakacı bir yolla alay etmek ve erotik imalar kullanmaktır. Ancak diğer kişinin tepkisini okumak ve onu rahatsız etmemek için flört etme tarzınızı buna göre ayarlamak çok önemlidir. Pek çok kişi flört ederken bunları kullanır ancak bazıları zor açılan kilitli bir sandık çıkabilir, en iyisi karşınızdakinin tutumunu dikkatle takip etmek ve fazladan hiçbir şeyi ortalığa saçıp karşınızdakini ürkütmemek olmalı.

Beden dili flörtün etkili bir aracıdır. Göz teması kurmak, bakışları dudaklara ya da boyna kaydırmak, elleri kullanarak hafifçe temas etmek bilinçaltına verilen güçlü mesajlardır. Bu mesajlar aynı zamanda bağ kurma, uyum ve güven yaratma konusunda da oldukça işe yararlar. Evet hepimiz baştan çıkarılmak ya da birilerini baştan çıkarıp elde etmenin hazzını yaşamaya bayılabiliriz ancak derinlerde bir noktadan sonra beklentimiz sağlıklı ilişkiler kurmak, sevilmek, sevmek, güvende hissetmektir.

## Baştan çıkarma için altın kurallar

**Bilgi toplayın:** Hedefinizde kim olursa olsun fark etmez, ister romantik bir ilişki için yaklaşmak istediğiniz o insan ya da almak istediğiniz projenin lideri. Kötücül bir dedektiflik oyunundan söz etmiyoruz ama kısa bir sosyal medya turu ya da bir Google taraması size yeteri kadar bilgi verecektir. Nelerden hoşlanır, ortak ilgi alanlarınız neler, nasıl bir sosyal çevreye sahip, eğer romantik bir ilişki içinse güvenilir bir imaj veriyor mu, kendisini aşağı yukarı nasıl tanımlıyor?... Bu gibi soruların ipuçlarını aşağı yukarı toplayabilirsiniz. Özellikle de romantik ilişkiler için bu araştırmalar işinize yarayabilir, elbette her şeyin sosyal medyada göründüğü gibi olmayacağını da aklınızda tutun. İkincil kaynaklarla da bilgi elde edebilirsiniz, ortak arkadaşlarla, o kişiyle yolu kesişmiş olanlarla da ilerleyebilirsiniz.

**Eksik olanı bulun:** Hemen her ilişkide kendimizde eksik olanı tamamlamak isteriz. Bu nedenle de romantik ilişkilerimizde kimi benzersiz uyumlar vardır. Bir tarafın aşırı özgüvenli olması diğer tarafın özgüven eksikliğinden mustarip olmasıyla kusursuz bir uyum -sağlıklı ya da sağlıksız olabilir bu- yaratabilir. Hatta kimi kişilik bozukluklarında da bu orantısızlığın yarattığı uyumla ortaya çıkan bazı ilişkiler vardır. Yaşamınızı zorlaştırmayacak düzeyde olmak kaydıyla, ondaki eksik olanı bulmak ve bunu tamamlamaya yönelik atacağınız hamleler onu baştan çıkarmak için etkili bir yoldur.

**Egosunu okşayın:** Özellikle de romantik bir ilişkinin temelinde bolca okşanmış bir ego vardır. İnsanlar kendilerini idealize ettikleri yansımayı başkalarının gözünde görmek isterler ve bu yansımayı aldıkları kişilere âşık olma eğilimindedirler. Kendisini güçlü, yakışıklı, başarılı, etkileyici ya da nasıl istiyorsa öyle hissetmesini sağlamak etkili bir baştan çıkarma taktiğidir. Hepimiz onaylanmaya ve takdir edilmeye bayılırız, bunu abartmadan hayranlığınızı belli edecek düzeyde yaptığınızda onu baştan çıkarmaya bir adım daha yaklaşırsınız.

**Kendinizi pahalı gösterin:** Baştan çıkarma eğer karşılıklı bir işbirliğine dayalı gizli bir oyuna dönüşürse kendinizi ağırdan satın ve sizin için mücadele etmesini sağlayın. Öyle ki size gerçekten ihtiyaç duyacak kadar sizi istesin ve bu süreyi uzun tutun. Erkekler avlarını ne kadar geç elde ederse o kadar değerli olduğunu düşünür, maliyetli olan her şey pahalıdır. Bilgi, birikim, tecrübe, görgü, saygınlık, kişilik gibi kategorilerde sahip olduğunuz değeri parlatmak cazibenizi artıracaktır ancak bu kategoriler arasında uyumlu bir denkliğin olduğu ilişkilerin daha uzun sürdüğünü de not etmek gerekir.

**Ona sunabileceklerinizi gösterin:** Sosyal olarak sahip olduklarımız açısından evlilik ve ilişkilerde karşılıklı fayda esastır. Bu mağara döneminde de aynıydı, eğer erkek avlanma gücünden yoksunsa ya da kadın doğurganlıkla ilişkilendirilen iri göğüslere ya da iri kalçalara sahip değilse pek de tercih edilmiyordu. Bugünkü dünyada ise hayatta kalabilmek için farklı donanımlara sahibiz, sosyal çevremizin geniş olması, maddi refahımızın iyi olması, mal varlığımız, hangi aileden geldiğimiz, yeteneklerimiz, entelektüel birikim gibi pek çok etkene göre değerlendirmeler yapılabiliyor. Bunu sadece biz talep etmeyiz, karşı taraf da bizi çeşitli filtrelerden geçirebilir. Ona güçlü kartlarınızın olduğunu hissettirin ancak bunu bir gösteriş şovuna çevirmeden yapın, hatta zamana bırakarak güçlü kartları yavaş yavaş doğal bir şekilde keşfetmesini sağlamak çok daha etkilidir.

**Beyin orgazmı yaşatın:** İnsan beyni en erotik organdır. Seks yataktan önce beyinde başlar. Birini baştan çıkarmanın en etkili yolu onu güldürmek, şaşırtmak ve yeni bir bakış açısı uyandırmaktır. Kişisel donanımınız, mesleki uzmanlığınız, genel kültürünüz, yaşam zevkleriniz, hobileriniz bu nedenle yaşamınızda var olması gereken parçalardır. Biriyle cinsel deneyim yaşamadan önce onda yeteri kadar kimyasal salgılattığınızdan emin olun, mizahla, erotik şakalarla onu eğlendirin. Bedensel zevk kısa sürer ancak sizinle geçireceğiniz vaktin doyumsuz olmasını sağlayacak asıl güç beyninde yaratacağınız orgazmdır.

**Bağ kurun ve bağlılık yaratın:** İlişkinizdeki karşılıklı faydayı pekiştirecek hamlelerle onu kendinize bağlayın. Bir problemini çözeceğinizin, tıkandığı yerde zihnini açacak bir fikir ya da gündelik bir sorunla ilgili vereceğiniz basit bir çözüm önerisiyle hayatına bazı dokunuşlar yapabileceğinizin sinyallerini yollayın. Bu sinyaller ilk görüşmenizden sonraki görüşmelerinizin devamının gelmesini ve onun peşinizden koşmasını sağlar.

**Kendinizi ve niyetlerinizi biraz gizleyin:** Kendinizi biraz olsun gizlemeniz, onun sizi merak etmesini sağlamanız ayrıca baştan çıkarmayı bir keşif serüvenine dönüştürür. Bulmacaları çözmeyi severiz, her adımda bir parça verin ona ve bir sonraki parça için biraz daha uğraşmasını sağlayın. Evet aşk her zaman masum duygularla başlasın isteriz ama devam etmesi tamamen duyguların inişli çıkışlı olmasına bağlıdır, bunun için de taktikler gereklidir.

**Talep edildiğinizi biraz hissettirin:** Kimse çantada keklik olarak görülmemeli, bu sahip olduğunuz değeri düşürür. Hedefinizde kim olursa olsun başkalarının sizinle ilgilendiğini biraz olsun hissetmeli. Ama siz onlara şu mesajı vermelisiniz: Evet benimle ilgilenen bir sürü insan var ama ben şimdilik seninle olmayı seçiyorum! Bu çelişkili mesaj onu tetikte tuttuğu gibi aynı zamanda gururunu da okşayacaktır.

**Biraz kafasını karıştırın:** Netlik ve dürüstlük önemlidir ama her zaman değil! Karşı tarafı baştan çıkarma aşamasında duygu ve düşüncelerinizle ilgili karmaşık mesajlar yollayın. Hazır mısınız değil misiniz, istiyor musunuz istemiyor musunuz?... Asla emin olmamalı daha doğrusu garantici bir moda girmemeli. Bu hem zihninde sürekli sizi düşünmesine neden olur – ki bahsettiğimiz gibi nöronlar arası bağlantılar bir şeylerle ne kadar meşgul olursak o derece güçlenir. Hem de sizi elde ettiğinin konforuna kapılmasına engel olan bir durum yaratmış olursunuz, biraz mücadele etmeli ve sizi gerçekten ikna ettiğine emin oluncaya dek uğraşmalı.

## İkna Etmede Ustalık

İnsanların bizi kabul etmesini, sevmesini, desteklemesini isteriz ve bu sadece ilişkilerin başında değil devamında da var olan bir taleptir. Sadece gerçekte kim olduğumuza dayanarak bunu yapan birini bulacak kadar şanslı olsak bile, onlarla istediğimiz ilişkiyi geliştirmek ve hayatta tutmak için ikna edici önlemlere ihtiyaç duymaya devam ederiz.

*Birini bir ilişkiye başlamaya*
*ikna etmek yeterli değildir, ikna*
*ilişkiyi sürdürmek için de her*
*zaman var olmalıdır.*

İnsan doğasının karmaşıklığı daima beklenti doğurur. Aslında sadece kendinizi göz önüne aldığınızda bile bunu gözlemleyebilirsiniz, sürekli bedensel ve duygusal olarak doyurulması gereken boşluklarla mücadele edersiniz.

İlişkilerimizdeki karşılıklı fayda da ikna prensibiyle çalışır. Örneğin patronunuzu iyi iş yapacağınıza ikna ederseniz o da işi zamanında ve nitelikli olarak aldığında düzenli maaş ödeyeceğine sizi ikna eder. Ya da eşinizi sadık kalacağınıza ikna ederseniz o da sizi bir başkasıyla aldatmayacağına sizi ikna eder. Tüm ilişkilerimizde bu şekilde yapılmış açık ya da örtük onlarca anlaşma vardır. Evet bu bakış açısıyla her şey koşullanmış görünmektedir, romantik ilişkilerdeki saflığı biraz bozar gibi görünse de işin doğası bu şekildedir.

*En saf ve temiz duyguların*
*hâkim olduğu ilişkide bile*
*beklentiler ve anlaşmalar vardır,*
*insan doğası karmaşıktır.*

İlişkilerde ikna sabittir. Sevdiğimiz insanlar da dahil olmak üzere insanları bizi sevmeye, başkalarını sevmeye veya kabul etmeye, belirli şekillerde davranmaya, belirli şeyleri söylemeye ikna ederiz. İkna yokmuş ve gerekli değilmiş gibi davranmayı tercih eden kişiler olmasına rağmen, çoğu zaman öyledir.

Ancak ikna her zaman kötü bir şey değildir. Değer verdiklerimiz için olumlu ve sevgi dolu kararlar almaya çalışırken, kendimiz için de olumlu ve sevgi dolu kararlar vermeliyiz. Bu iki şey, ister büyük ister küçük olsun, çatıştığında, durumu düzeltmek için genellikle ikna etmek gerekir.

İkna; işleri, evlilikleri, arkadaşlıkları ve daha fazlasını kurtarabilir. İşin püf noktası genellikle kullandığımız yöntemlerin iyi niyetli olduğundan emin olmaktır. İlişkilere dair önerilen ve uygulanan hiçbir yöntem başkalarının sınırlarını ihlal etmemeli, onları baskı altına almamalı ve kötücül manipülasyona hizmet etmemelidir.

**Etkileme ve iknanın 6 ilkesi**

Etkileyici yollarla bir konuda ikna etmenin çeşitli yolları vardır, ancak her zamanki gibi bilmemiz gereken önemli kural bunu kendi çıkarlarımız için kötücül amaçlarla kullanmak ya da birisini rızası dışında bir eyleme zorlamak değildir. Sağlıklı sınırlar içinde ikna teknikleri satış ve pazarlamadan pek çok alana kadar kullanılır. Bir ürün satmak isteyen bir firma tüketiciyi güvenilirlik, sağlamlık, kalite gibi konularda ikna etmeye çalışır. Bizler sevdiklerimizi koruyacağımıza, kollayacağımıza ikna ederiz.

Romantik ilişkilerinizde, sosyal ve mesleki yaşantınızda cazibenizi ve içsel donanımınızın gücünü kullanarak istediğinizi almak için:

**Empati kurun:** Duygusal zekâ bugün en çok aranan özelliklerden biri ve ikna sürecinizde karşınızdaki kişinin duygularını anlamak ve bunu ona yansıtmak önemlidir. Her birimiz farklı şekilde motive oluruz, değerlerimiz, mizacımız ve yaşama bakış açımız farklıdır. Karşınızdaki kişi hayata hangi gözlüklerle bakıyor? Onu ne mutlu eder? Kimisi kendisini göstermek ve gelişmek isterken kimisi daha derinleşmek ve köklenmekten yanadır. Kimisi dünyaya açılmak isterken kimisi daha içedönüktür. Kimileri daha insani değerleri önemserken kimileri de daha bireycidir. Size tuhaf gelse de onun bakış açısını anlamaya çalışın, empati farklılıkları ve yeni fikirleri açıklıkla kabul etmeye kendinizi açmaktır aynı zamanda. Sadece birini bir şeye ikna etmek için değil, her zaman ihtiyacımız olan bir donanımdır.

**Olumlu dil kullanın:** İkna etme sürecinde olumlu bir dil kullanmak, karşınızdakinin konuşmaya daha açık olmasını sağlar ve direncini azaltabilir. "Evet" yerine "hayır" odaklı ifadelerden kaçının. İyi bir dinleyici ve etkili bir konuşmacı olun. Karşı tarafın görüşlerini dikkatlice dinlemek, onların endişelerini anlamanızı ve daha etkili bir şekilde cevap vermenizi sağlar. Karşı tarafın düşüncelerini önemseyin ve hem duygularına hem de aklına hitap edin. İyi niyetli ve samimi iltifatlarla, karşı tarafı olumlu bir şekilde etkileyebilirsiniz. Söze uygun koşullarda her zaman mevcut pozitif şeyleri sıralayarak başlayabilirsiniz, başarısız bir tablo elde etmiş olsanız dahi kuracağınız ilk cümlede öncelikle negatif durumu değil, pozitif durumu işaret edin. Örneğin "Bugün burada bir araya gelmek çok güzel, uzun zamandır ertelense de nihayet birlikteyiz..." ya da "Bu konuda iyi sonuçlar alacağımıza inanıyorum, koşullar bizim aleyhimize görünebilir ancak bunu aşabileceğimizi düşünüyorum..." cümlelerindeki gibi negatif şartlar mevcut olsa da karşınızdaki kişiyi pozitif duruma odaklayın.

**Karşılıklı kazanç ilkesini benimseyin:** İkna iki kişiliktir, tek başınıza kazanç elde etmek onu istemediği bir şeye zorlamak gibi duruma sürükleyebilir. İkna ederken onun da kazançlarını önemseyin ve bunu ona hissettirin. Uzlaşmak için her iki taraf da istediğini almalı. Ortak hedefler üzerinde ilerlemek aynı zamanda güçleri birleştirmek anlamına gelir, yakın gelecekteki bir hedefi gerçekleştirmekse niyetiniz daha açık bir iletişimle ona hayallerinizden söz edin.

**Övgü ve takdir etmenin gücünden faydalanın:** Birini olumlu şekilde övmek ve takdir etmek, ilişkinizi güçlendirir. Herkesin iyi olduğu birkaç konu muhakkak vardır, onun güçlü özelliklerini ifade edin, hangi konuda parladığını söyleyin.

İyi niyetle yapılan övgüler, partnerinizi daha açık ve işbirliğine daha istekli hale getirir.

**Mizahla karizmatik olun:** Mizah, çekiciliği artıran bir özelliktir ve sizi daha karizmatik yapar. Bahsettiğimiz durum kötü espriler ya da lüzumsuz şakalar yapmak değil, konuyu dağıtacak düzeyde ciddiyetsizlik şeklinde de olmamalı asla. Ancak iletişim kurduğunuz atmosferi yumuşatmak ve buzları eritmek için mizahın gücünden faydalanabilirsiniz. İnsanlar kendilerini güldüren kişilerle olmaktan hoşlanırlar. Mizah size özgüvenli bir duruş sağlar, kendinize olan güveninizi göstermenin etkili bir dışavurumudur. Gergin, donuk ve kaygılı bir ruh haliyle insanları ikna etmeniz zordur, bunun yerine rahat, pozitif ve her sonuca açık olduğunuzu gösteren mesajlar verin. İkna ederken amaç bir şeyleri zorla koparmak olmamalı, karşınızdaki bunu alamasanız da rahatlıkla yolunuza devam edeceğinizi de bir miktar hissetmeli, evet bunu istiyorsunuz ama karşı tarafa bunu onun da istediğini hissettirmelisiniz.

**Gizem ve çekim oluşturun:** Kendinizle ilgili merak unsuru yaratın, sanki henüz çözülememiş ama çözülse enteresan etkiler yaratacak kimi özellikleriniz, yetenekleriniz varmış mesajı verin. Birazcık gizemli olmak, karşı tarafın ilgisini çeker, merak duygusu olumlu anlamda çekim yaratır. Kendinizi tamamen ifşa etmek yerine, zaman içinde sürprizlerle ve merak uyandıran davranışlarla çekim oluşturun. İlgi çekici özelliklerinizi bir anda sergilemeyin, her şeyi zamana yayın, bir deniz fenerinin uzaktan göz kırpması gibi kısa mesajlarla yeterliliğinizi gösterin ama daha fazlasına girişmeyin. Her şeyinizi bir çırpıda göstermek istemeniz ikna sürecinde olumsuz etki yaratabilir, karşı taraf sizin düşük bir özgüvene sahip ya da gösterişi seven biri olduğunuzu düşünebilir. Karşınızdaki hangi konuda uzlaşmaya çalışıyorsanız her zaman daha fazlasının sizde olduğunu bilmeli.

## Etkili İletişimde Ustalık

*"İnsanlar ne söylediğinizi, ne yaptığınızı unutabilirler ama onlara nasıl hissettirdiğinizi asla unutmazlar."*

Etkili iletişim ilişkilerin temelinde yer alan en önemli şeydir ve bizler sadece bilgi alışverişinin ötesinde duygularımızı ve niyetlerimizi anlamak ve aktarmak için de iletişime muhtacız.

İnsan olarak dünyada kendimizi anlama ve anlamlandırmak da ancak iletişimle mümkün, duyularımızla kurduğumuz iletişimle dış dünyadaki tepkilere göre pozisyon alırız örneğin. İçdünyamızdaki organizasyonlar için de bir başka insan üzerinden gelen sinyalleri okur, değerlendirir ve tepkiler üretiriz. Bir mesajı net bir şekilde iletebilmekle birlikte söyleneni tam anlamıyla anlayacak ve karşıdaki kişiye duyulduğunu ve anlaşıldığını hissettirecek şekilde dinlemeniz gerekir. Bu nedenle de iletişimde ustalaşma gerekir.

Friedemann Schulz von Thun'a göre iletişimde verdiğimiz her mesajın 4 boyutu vardır:

**Gerçekte olan:** O an hakkında bilgi verdikleriniz (Veriler, gerçekler, açıklamalar)

**Açığa vurma:** Kendiniz hakkında açıkladığınız şeyler (Mesajı veren hakkındaki bilgiler)

**İlişki:** Karşınızdaki hakkında ne düşündüğünüz (Nasıl anlaştığınız hakkında bilgi)

**İtiraz:** Karşı tarafın yapmasını istediğiniz şeyler (Mesajı alanı etkileme girişimi)

Yukarıda sayılan 4 boyutu kavramak etkili bir iletişim için önemlidir. Genelde söylemek istediklerimizi her zaman doğrudan söylemeyiz, dolambaçlı yollardan isteklerimizi aktarmaya çalışırız. Örneğin eşinize "Evde şeker kalmamış..." dediğinizde bu aslında ona "Gidip şeker alır mısın?" demektir. Siz bu açıklıkla söylemeseniz de o bu mesajı alır ve gidip şeker alır. Ya da tam tersine bu dediğiniz anlamda alır ve hiçbir eyleme girişmez. Bu 4 boyut farklı anlama eşiklerini de anlatır bize. "Aslında öyle demek istemedim..." cümlesini sıkça kullanmamızın bir nedeni de bu olabilir.

Pek çoğumuz zaman zaman iletişim engellerimize takılabiliriz. Eşinizle, çocuğunuzla, sevgilinizle, iş arkadaşınızla kurduğunuz iletişimin olumlu tarafını gölgeleyen kimi karabulutlarla karşılaşabilirsiniz. Etkili bir iletişim için size lazım olacak özel tekniklerden önce, sizi engelleyen bu iletişim sorunlarına odaklanalım.

**Kaygı ve stresli duygu durumu:** Duygusal yorgunluk, tükenmişlik ve kaygı çevreden aldığınız her tür mesajı doğru okumanızın önünde bir engeldir. Zihninizdeki kaygı veren düşünceler dönüp dururken iletişimde olduğunuz kişinin sözlerini ve beden dilini kafa karıştırıcı ya da olumsuz olarak değerlendirebilirsiniz. Çatışma ve tartışmaların çoğunun temelinde yanlış anlaşılmalar yatar, esasında en sağlıklı iletişimde bile yanlış anlaşılmalar olabilir. Ancak zihninizde ve bedeninizde alarm zilleri çalıyorken her şeye karşı daha tepkili ve negatif bir tutumda olabilirsiniz. Bu gibi durumlarda savunma mekanizmaları daha aktiftir, pek çok şey beyin tarafından tehlike olarak algılanabilir. Bu gibi durumları fark etmek ve kaygınız, stresiniz yatışana dek iletişime ara vermek önemlidir.

**Odaklanma sorunları:** Bugün en büyük problemlerimizden biri de dikkat eksikliği, çevremizde o kadar çok uyaran var ki kendimizi saatlerce bir konuya odaklamak çok zor. Telefonumuzdan gelen bildirimler, daha yüksek tempolu bir yaşam tarzı, her şeyi hemen hızla tahsil etme isteğinin getirdiği acelecilik iletişim kalitesinin de düşmesine neden oluyor. Üretmenin de tüketmenin de hızla yapılması gerektiği bir çağdayız ve samimi, güçlü bir iletişim için derinleşmeye yeterince vakit ayıramıyoruz çünkü zihnimiz fazlasıyla dolu, bu dolulukta da bir şeye odaklanmak çok daha zor. Etkili bir iletişim için o an meşgul olduğunuz şeye odaklanma becerilerinizi geliştirin, biriyle konuşurken telefonunuzla ilgilenmeyin, aklınız ertesi günkü bir toplantıya kaçtıysa hemen tutup geri getirin, gelecekle ilgili kaygıları o anda değil daha sonra düşünün. Etkili iletişim karşınızdakine saygı göstermenizi gerektirir ve biri ilgiyle dinlenmediğini hissettiğinde sizi de fazla önemsemez.

**Yüz ifadeniz ve beden dilinizi uyumsuz kullanmak:** Sözlerinizle beden diliniz ve yüz ifadeniz uyumlu olmadığında karşı tarafa çelişkili mesajlar verirsiniz. Kelimeleriniz olumlu bir mesaj derken örneğin elinizle ve yüzünüzle kızgın bir ifade takındığınızda karşınızdaki kişi olumsuz mesaja odaklanır. Bu uyumsuzluk aynı zamanda güvensizlik de yaratır, özellikle yeni tanıştığınız birisi sözlerinizden daha fazla beden dilinizden gelen mesajları dikkate alır.

**Olumsuz beden dili:** Kolları bağlamak, göz teması kurmamak, dudaklara olumsuz ifadeler vermek, bacakları sallamak gibi mesajlar olumsuzluk içerir. Duyduklarınız daima hoşunuza gitmeyebilir ancak bundan hoşlanmadığınızı ifade ederken bedeninizle negatif sinyaller vermemelisiniz. Bunun yerine sözel olarak net cümlelerle kendinizi ifade etmek daha yapıcı bir iletişimi olanaklı kılar.

## Etkili iletişim için 4 beceri

Birazdan bahsedeceğimiz becerilerin hepsi şu an sizde mevcut olmayabilir, bunların üzerine çalışılması gerekebilir. Kendiniz pratikler yapın, evde ayna karşısında kendinize bakarak, sesli olarak ya da bir arkadaşınızı karşınıza alarak çalışabilirsiniz.

**Etkili dinlemeyi öğrenin:** Dinlemek konuşmaktan çok daha zordur. Anlatmayı genelde dinlemeye tercih ederiz, özellikle kadınlarda sözel ifade becerilerini kontrol eden beyin bölgesi daha gelişmiştir ve bu nedenle konuşmaya daha fazla ihtiyaç duyarız. Ancak fazla konuşmak bazen yorucu olabileceği gibi karşı tarafı dinlemek daha etkili bir iletişim becerisidir.

Etkili dinleme, sadece kelimelerin anlamlarına odaklanmak anlamına gelmez. Sözel olarak konuşurken kelimelerimizde ve ses tonumuzda duygularımız, niyetlerimiz, hayal kırıklıklarımız, sevincimiz de gizlidir. Tıpkı bir hediye paketi gibi sesimizle ağzımızdan çıkan kelimeler açılmaya ve okunmaya ihtiyaç duyar. Özellikle ses tonuna odaklanmak önemlidir, aynı şeyi farklı ses tonuyla söylemek bile anlamı değiştirir. Örneğin şimdi basit bir deneme yapın ve "Gayet iyiyim, bir şeyim yok..." cümlesini farklı ses tonlarında söylemeyi deneyin. Kızgın bir tonda söylediğinizde karşınızdakine vereceğiniz mesajla yumuşak bir tonda vereceğiniz mesajın arasındaki ayrıma dikkat edin.

Karşı tarafın size yollamak istediği ana mesajı doğru algılamak için iki kulağınızı da odaklayın, dinlerken bakışlarınızla, yüz ifadenizle ona odaklandığınızı belli edin. Dinlerken sabırsız davranmayın, ona yeteri kadar zaman verdiğinizi hissettirin. Dinlerken bir yandan kendi düşüncelerinizin akışını da takip edersiniz ama hedefiniz ona vereceğiniz cevapları hazırlamak olmamalı. Karşı taraftan gelen sözel ve sözsüz mesajları keskin sınırlarla kategorize etmemeye çalışın, alanı temiz ve açık bırakın. Olumsuz ya da hoşunuza gitmeyen bir durumla karşılaşsanız da sakinlikle dinlemeye devam edin ve sıra size geldiğinde argümanlarınızı açıklayın. Birisiyle etkili bir şekilde iletişim kurmak için onu sevmenize, fikirlerine, değerlerine veya görüşlerine katılmanıza gerek yok. Ancak, onları tam olarak anlayabilmek için muhakeme yeteneğinizi bir kenara bırakmanız, suçlama ve eleştiriden uzak durmanız gerekir.

Etkili dinleme için birkaç önemli anahtar:

- İlgili görünün.
- Yargılamayın.
- Konuşmacıya odaklanın.
- Konuşmayı bölmeyin.
- Sabırsız olmayın.
- Geribildirim verin.
- Sözcüklerin ardındakini duyun.

**Sözsüz iletişim yeteneklerinizi geliştirin:** Beden diliniz her şeyden daha fazla konuşkandır. Omuzlarınızın duruşu, bakışlarınız, el ve kollarınıza verdiğiniz pozisyonlar, dudaklarınızın aldığı haller, kaslarınızın gerginliği, bedeninizdeki kımıldama ya da hareketlenmelerin hepsi mesaj verir. Sözsüz iletişimi anlama ve kullanma yeteneğini geliştirmek, başkalarıyla bağlantı kurmanıza, gerçekte ne demek istediğinizi ifade etmenize, zorlu durumların üstesinden gelmenize ve hayatınızın her anında iyi iletişim kurmanıza yardımcı olur.

Beden dilinin kullanımı toplumdan topluma, kültürden kültüre farklılık gösterir, bu farklılıkların ayrımında olmanız da önemlidir. Örneğin bizler daha sıcak bir iletişim için bedensel teması sıkça kullanırız, sarılır, birinin sırtını sıvazlar ya da omzunu tutarız. Ancak farklı bir coğrafyada bunlar pek hoş karşılanmayabilir. Genellikle sözsüz iletişimde odaklanmanız gereken ana nokta bedeninizle iletişime açık olduğunuz mesajını vermek olmalı. Kollarınızı bağlamadan, açık bir duruşla durabilir ve göz teması kurarak "Sizinle iletişim kurmaya hazırım..." mesajı verebilirsiniz.

Beden dilinizle olumsuz sinyaller vermek kadar halihazırda verdiğiniz olumsuz sinyalleri de kesmek önemlidir. Bunun için gözlemci olun ve kendinizi gözlemleyin. Gün içinde iletişim kurduğunuz insanlara beden dilinizle nasıl mesajlar veriyorsunuz? Aslında vermek istediklerinizle davranışlarınız çelişiyor mu? Daha iyi bir etkileşim için neleri değiştirebilirsiniz? O an pek içinizden gelmese bile olumlu bir tavır sergilemeye gayret edin, başınız öne eğik, gözleriniz başka yöne dönük ya da mutsuz bir beden diliyle bir yere girmek yerine omuzlarınız geride, dik durarak, gülümsemeyi, göz temasını sürdürmeyi ve sıcak bir merhabayı deneyin. Tüm bunlar kendinize daha fazla güvenmenizi sağlayacak ve karşınızdaki kişiyi rahatlatmanıza yardımcı olacaktır.

Sözsüz iletişim için önemli anahtarlar:

- İletişime açık olun.
- Çelişki yaratmayın.
- Olumlu mesajlar verin.
- Özgüvenli duruş sergileyin.

**Aktif yapıcı yanıtlar verin:** Etkili iletişimin sırlarından biri de olumlu duyguları artırıcı geribildirimler vermektir. Takdir edici geribildirimin doğası gereği destekleyici, ilham verici ve durumun güçlü yönlerine odaklanmış olması gerekir.

Tepkilerimiz 4 farklı türden birisini kapsar:

- **Aktif yapıcı:** "Harika, bu yaptığına bayıldım lütfen devam et!"
- **Pasif yapıcı:** "Hımmm, bilemedim."
- **Pasif yıkıcı:** "Şu an seninle ilgilenemem."
- **Aktif yıkıcı:** "Çok kötü, berbat ötesi olmuş."

Olumlu iletişimi beslemenin yolu aktif yapıcı olmak ve ilgiyle desteklemektir. Yapılan araştırmalar aktif yapıcı iletişimin en etkili yol olduğunu ortaya koyar çünkü memnuniyet, yakınlık ve güvenin inşa edilmesinde en önemli malzemeleri sağlar. Aktif yapıcı yanıt vermek aynı zamanda ilişkideki çatışma ve çıkmazları çözmede de işe yararlar. Güçlü özelliklerin pekiştirilmesi, kişiye başarısızlık yerine başarılı olduğu alanların hatırlatılması aynı zamanda özgüven aşılar ve bu durumda kişiler kendilerini daha rahatlamış ve mutlu hissederler. Aktif yapıcı iletişimin sadece söylediklerinizin içeriğiyle değil, aynı zamanda bunu söyleme şeklinizle de ilgili olduğunu unutmayın, zaten aktif ve pasif tarz arasındaki farkı yaratan da budur. Aynı zamanda gülümsemek, göz teması kurmak gibi sözel olmayan becerilerle beden dilinin olumlu olmasına dikkat edin.

İletişimde aktif olmak için birkaç önemli anahtar:

- Olumlu duyguyu motive edin.
- Güçlü özelliklere vurgu yapın.
- Sözlerinizi beden dilinizle destekleyin.

**Stres ve kaygıyla baş edin:** Bir iş toplantısı, çözülmesi gereken bir sorun, sıkışmış trafikte geç kalınan bir aile yemeği, her şeyin ortasında bozulan çamaşır makinesi... Tüm gün stres üretme makinesi devrededir, kötü haber şu ki: Asla da durmayacak! Bugün stres üreten şeyler yokmuş gibi davranmamız imkânsız, kendi köşemize çekilip pasif bir hayat da süremeyeceğimize göre stres ve kaygıyla baş edebilmenin yollarını öğrenmemiz gerekiyor.

Stres pek çok açıdan bizim için iyi değildir, sadece psikolojimizi bozmakla kalmaz hem bedensel olarak sağlımızı etkiler hem de diğer insanlarla ve dünyayla olan ilişkimize zarar verir. Dünyada stresten azade tek bir kişiye bile rastlamak mümkün değil. Dünyaca ünlü ve tanınmış pek çok başarılı iş insanı, sanatçı, bilim insanının hayatının en büyük kısmı problem çözmek ve bu esnadaki stresle başa çıkabilmekle geçer. Zaten bizi hayatta meşgul eden, duygusal olarak yoran, yıpratan yerler de burasıdır. İyi haber de şu: Madem zayıf yeri biliyoruz o zaman onu nasıl güçlendireceğimizi öğrenmek kalır geriye.

Kaygı ve stres sizin için maliyetli olabilir, öfkeyi yönetemediğinizde karşınızdaki kişi için yıkıcı birine dönüşebilirsiniz örneğin. Aşırı kaygı mevcut durumu objektif bir şekilde görmenizi engeller, o an sadece kendinizle ve zihninizde hapsolduğunuz olumsuz senaryoyla baş etmeye çalışırken size ihtiyaç duyan kişilerin beklentilerini görmekte zorlanabilirsiniz. Kaygı ve stres çoğu zaman yanlış anlaşılmalara sebebiyet verecek söz ve davranışlara da neden olur, aslında istediğiniz şey başkayken başka türlü davranabilirsiniz. Stres ve kaygı gerçekten de zorlayıcı bir durumdur, iletişiminizi sekteye uğratmasının yanında bedensel mesajlarınızın da olumsuz olmasına neden olur. Elleriniz terler, sürekli bacaklarınızı sallamak istersiniz, nefes darlığı gibi panik atak belirtileri sergileyebilirsiniz, huzursuz ve aşırı hareketli olabilirsiniz, odaklanmakta zorlanırsınız.

Stresle baş edebilmek için bazı teknikler:

- ✓ Aşırı baskı altında hissettiğinizde mola verin, ortamdan bir süre uzaklaşın, sakinleştikten sonra geri dönün.

- ✓ Düşünmek için kendinize zaman verin, ani tepki yerine bekleyin, düşüncelerinizi gözden geçirin ve sonra yanıtlayın.
- ✓ Yanlış anlaşılmaların önüne geçmek için net sorular sorun, karşınızdakinin demek istediği mesajı netleştirmesini sağlayın.
- ✓ Sözlerinizi net bir şekilde ifade edin, olumsuz mesaj vermektense dinleme moduna geçin ve bekleyin.
- ✓ Bedeninizi gözlemleyin, neler hissediyorsunuz? Belki derin birkaç nefes bedeninizdeki tepkileri yatıştırabilir, gerginliğinizi rahatlatın.
- ✓ Birkaç duyunuzu aktif hale getirin, örneğin kolonya hem dokunma hem de koklama duyunuzu aktive eder. Ya da bir fincan sıcak kahve size iyi gelir. Plastik stres topunu sıkıp bırakmak, basit birkaç esneme hareketi yapmak, birkaç dakikalık bir meditasyonla içe dönmek stresinizi yatıştırmada işinize yaracaktır.
- ✓ Kısa bir yürüyüş molası verin, yürürken hafiflersiniz, zihninizden akıp giden düşüncelere izin verin ve sadece yürümeye odaklanın. Yürüyüş yapmak olumlu duygularınızı açığa çıkaran hormonların salınmasını sağlar ve daha rahat uyursunuz.

Stres ve kaygıyı yönetmede birkaç önemli anahtar:

- Mola verin.
- Nefes ve beden egzersizleri yapın.
- Stresinizi yatıştıracak olumlu alışkanlıklar edinin.
- Hobi ve sosyalleşmeye yeteri kadar zaman ayırın.

## Dişil Güçte Ustalık

*"Günümüzün kadın kahramanı sezgi kılıcını kullanarak kendisini geçmişine hapseden ego bağlarını kesmeli ve ruhunun hakiki amacını bulmalıdır."*

Maureen Murdock, *Kadın Kahramanın Yolculuğu*

Dişiliğin getirdiği pek çok hediyeden mahrum bir şekilde hayata devam ediyor olabilirsiniz. En temelde söylemek gerekirse erkek ya da kadın olmanın ötesinde amacımız her anlamda bütünleşmek ve mutlu bir şekilde yol devam edebilme gücünü toplamaktır. Ancak bu bölümde özellikle güçten düşmüş ve dişiliğini pek çok nedenden dolayı keşfedememiş, bastırmış kadınlar için öneriler olacak.

Niyetimiz her anlamda gelişmek, güçlenmek ve başkalarının da hayatına dokunabilmektir. Ataerkil bir dünyada yaşamak zorunda kalmak pek çok kadın için acı vericidir. Pek çoğu haklarından mahrumdur, eğitim alamayan, çocuk yaşta evlendirilmek zorunda kalan, evlendiğinde de kendi gücünü ele alıp ayakları üzerinde durması engellenen kadınlar bize hiç de yabancı değil.

Dişiliğin getirdiği iyi niyet, şefkat ve merhamet gibi kimi olumlu özellikler de engellerden bazıları. İlişkideki eş ya da sevgili rolünü unutup anneliğe soyunan, görevinin sadece evi geçindirmek, çocuk bakımını sağlamak olduğuna ikna edilmiş olan kadınlar da var.

Bu gibi durumlarda bize doğamızla birlikte sunulan hediyeleri de unuturuz. Kadınlığımız söner, ışıltımızı yaymaktan vazgeçeriz. Kendini unutma hali zamanla kendini onaylamamaya, takdir etmemeye ve sürekli acımasız bir eleştiriye dönüşebilir. Kadınlar kendilerini evliliklerinde, iş yaşantılarında sıklıkla tükenmiş, yorgun ve umutsuz bulabilirler. Biraz da inandırıldığımız ve kanıksadığımız roller gereği olur bunlar, toplumsal olarak kadına yüklenen anlamlardır tükenişin taşlarını döşeyen.

*Kadınsı nitelikleri*
*uyandırmak yaşama*
*katılmanın dansıdır, dişiliği*
*kutlayın ve ışıltınızı*
*yaymaktan korkmayın.*

Parlayan bir kadın pek çok mesaj verebilir, gerçekten de pek çok insan hayranlıkla bakarken kimileri de bazı etiketler yapıştırmaktan çekinmez. Seksi olmak örneğin pek çok açıdan yanlış okumalara gebedir ya da bir kadının şen kahkahası pek de onaylanmaz. Tüm önyargıları yıkmak kabullenme ve cesaretle başlar. Özgürleşmek için biraz cesaret gerekir...

Özgür bir kadın her zaman parlar. Uğraştığınız mesele her neyse bu böyledir, ister büyükşehirlerde yaşayan bir kadın olun, isterseniz uzak bir köyde çiftçilikle ilgilenin, bir kadın elinin değdiği her yerde değişim ve dönüşümü başlatabilir. Bu güç kadında mevcuttur.

Esasında cinsiyetlerden bağımsız olarak başkalarının sınırlı vizyonlarına hapsolmak herkesin kaderine dönüşebilir. Bir kadının yaşadığı pek çok sıkıntı gibi erkekler de benzer sorunlarla boğuşurlar. Erkeklerin sırtına da pek çok yük yüklenir ve tek taraftaki dengesizlik sonuç olarak her iki tarafı da olumsuz etkiler. Düşünün bir masanın tek ayağı eksikse hiçbir koşulda denge sağlamak mümkün olmayacaktır.

## Dişiliği kabullenmek

Basit gelse de kabullenmek değişimin fitilini ateşler. Kendi içindeki ışığı fark edip de onu inkâr ettiğinizde özgür olduğunuzdan söz edemeyiz. Kabullenmek, kendinize yönelmeye ve kendinizi daha iyi tanımaya yönelik atacağınız bir adımdır. Zihinsel olarak kendinizi kabullendiğinizi düşünebilirsiniz ama kabullenme daha çok içsel bir durumdur.

*Kendinizin ne olduğunu,*
*neleri yapmaya gücünüzün*
*yetebileceğini, içinizdeki*
*potansiyelin sesini*
*duyabilmek gerçek*
*bir kabullenmenin*
*işaretleridir.*

Kabullenmek içsel potansiyelle ilgili olduğu kadar fiziksel görünümünüzle de ilgilidir. Dünyada dayatılan beden imajının gitgide yıkıldığını görebilirsiniz, bugün artık pek çok dev moda markaları büyük beden modelleri ya da fiziksel olarak bir engeli, farklı bir görünümü olan insanları tercih ediyor. Önyargıları yıkmaya yönelik bu değişim elbette umut verici ama hepsinden daha önemli mesaj şu: Bizler her birimiz fiziksel görünümümüzün çok daha ötesinde, çok daha derin varlıklarız.

Çeşitli nedenlerden dolayı içsel gücünü yeteri kadar ortaya koyamadığınızı düşünüyorsanız aşağıdaki sorular üzerine düşünün, defterinize yanıtlayın ve derinlemesine bir analiz için hayatınızın tüm alanlarını gözden geçirerek analiz edin:

- İnsanların takdir edeceği yeteneklere, becerilere ve tecrübeye sahip olduğunuzu kabullenmenin sizin için maliyeti ne olabilir?
- Başkalarının üzerinde etki yaratmanın getireceği gurur ve mutluluğun size maliyeti ne olabilir?
- Başka insanlara ilham vermenin ve onlar tarafından takip edilmenin, bir rol model haline gelmenin size maliyeti ne olabilir?
- İnsanların sizi yargılamasından korkuyor musunuz?
- Güçlenmekle yaşamınızda birilerini kaybedeceğinizden korkuyor musunuz?
- Yeni ışıltılı hayatla başa çıkamamaktan korkuyor musunuz?

Yeni bir yaşam eskisinden vazgeçmekle başlar, korkularınızın ne olduğunu tespit edin ve dönüşüm için adım atın. Evet birilerini kaybedebilirsiniz, eleştiri oklarına maruz kalabilirsiniz, eskisinden daha fazla çaba harcamak zorunda da kalabilirsiniz. Ancak kendinizi var edebilmek için tüm bu zorluklardan geçmeye hazır olmalısınız. Dahası eskiler budanırken yeni filizler vereceksiniz, yeni insanlar ve sizi destekleyen bir dünya inşa edebileceksiniz.

*Kendiniz gibi olma*
*lüksünü daha fazla*
*ertelemeyin, bugünden*
*değişimi başlatın ve*
*dişiliğinizi kucaklayın.*

Gücü kabullenmek demek amaçlı bir etki yaratma üzerinde çalışmak demektir. Ne yapacağınızı belirlediğinizde inançlarınız, alışkanlıklarınız yeni duruma göre şekillenir, hayatınızla ilgili sorumluluk almaya başlarsınız. Hedefe kilitlenmiş bir güç başkalarının üzerinde de dönüştürücü güce sahiptir, dünyada pek çok etkili kadının hikâyesine baktığınızda buna rastlayabilirsiniz. Onlar kendi yaşamlarını değiştirmekle kalmazlar, bu motivasyona ihtiyaç duyanlara da ilham olurlar.

## Yüksek dişil enerjinin 12 işareti

Hem erkekler hem de kadınlar aynı anda eril ve dişil özelliklere sahiptir. Kimi zaman bir kadında erkeksi özellikler daha ön plana çıkabilir ya da tam tersi. Özellikle baskılanmış ya da iş hayatında mücadele veren pek çok kadın eril özelliklerini daha fazla aktive etmek zorunda kalabilir. İstatistiklere göre dünyada iş hayatında erkekler kadınlara göre hem sayıca daha fazla, hem daha yüksek yönetici pozisyonlarında var olabiliyorlar, hem de daha yüksek maaşlar alıyorlar. Çocuk bakımı, aile ve ev geçindirme gibi yükler de kadının omuzlarına bindiğinde bir savunma mekanizması olarak erilleşmek kaçınılmaz bir sonuç olarak görülebiliyor ve bu durum kadın açısından yorucu bir var olma mücadelesine dönüşebiliyor.

Bir kadın hayatının pek çok alanında eril özelliklerini kullanır ve kullanmalıdır da. Örneğin bir hedefe ilerlerken akılcı tarafımızla karar verirken erkeksi yanımızı kullanırız. Daha sezgisel davrandığımızda ya da yumuşak gücümüzü aktive ettiğimizde de kadınsı yanımız ön plandadır. Başarı, maddi güç gibi sürekli takdir edilen özelliklerin pek çoğuna ulaşmak için erkeksiliğe daha fazla değer verilir. Bir kadın bu uğurda kadınsılığını yitirdiğindeyse ruhuyla olan bağlantısı kopar, kendisi gibi olmayan başka bir şeye dönüşür. O artık mutsuz, tükenmiş ve depresiftir.

Eril enerjiler daha eylem odaklı, aktif, verici, analitik, sert, soğuk, bireyci özelliklere sahipken, dişil enerjiler sakin, pasif, verici, empatik, sezgisel, esnek, sıcak ve toplumcu özelliklere sahiptir. Elbette mesele bu ikisi arasında gerekli özelliği gerektiği yerde doğru kullanabilme becerisine sahip olmaktır çünkü hayatta her zaman sezgisel ya da alıcı olmak risklidir. Aynı şekilde esneklikten yoksun bir katılık da hayatı zorlaştırır. Her kadın ve her erkek bu ikisi arasında bir uyumu yakalamalıdır.

Dengeyi korurken dişil özelliklerinizi feda etmemelisiniz, bunun için yüksek dişil enerjinin işaretlerine bakalım:

**Sezgisellik:** Dişil enerjisi yüksek kişiler (erkek de kadın da bu açıdan yüksek sezgilere sahip olabilir) hassas ve derinden iletişim kurarlar. Sözel olarak ifade edilemeyenleri de anlar, kelimelerin ötesine uzanırlar. Sezgisel olanlar başkalarının acılarını, mutluluklarını, yeteneklerini anlamada birer ustadırlar. Sezgi, bir şeyi akıl yürütmeye ihtiyaç duymadan sezgisel olarak anlama yeteneğidir. Çoğumuz, nedenini tam olarak belirleyemesek bile, bir şeylerin tam olarak doğru olmadığına dair içgüdüsel bir hisse kapılmışızdır. Bire bir aynısı olmasa da sezgilerimizin doğruya yakın çıktığı da olur. Sezgiler mistik sonuçlar değildir, çoğu zaman bilinçaltında meydana gelen sezgi, beynimizin durumu anında değerlendirme ve içgüdülerine dayanarak karar verme yeteneğine dayanır.

**Alıcı olmak:** Dişil enerjisi yüksek kadınlar almaya daha açıktır, kendilerini dünyaya açarlar. Yeni deneyimlere, yeni fikirlere, yeni dünyalara daha kolay adapte olurlar. Daha az önyargı ve daha az fanatiklik sergilerler. Evrimsel olarak gelen bir yetenek olarak alıcılık her şeyi ve herkesi gözlemlemeyi ve yeni bilgiler öğrenmeyi beraberinde getirir.

**Paylaşmak:** Yüksek dişilik başkalarıyla paylaşımı destekler, sokağınızdaki bir kedi, camın önüne konmuş bir kuş, yardıma muhtaç bir insan, evde beslenen bir çiçek... Empatik yetenekler başkalarının ihtiyaçlarına duyarlı olmaya neden olur. İyileştirici dokunuşlarınız her yere değecektir, sadece kendi hayatınıza değil.

**Yaratıcılık:** Hem bedenen hem de ruhen doğurganlık, yaratıcı olmak yüksek dişiliğin ifadesidir. Kadınlar kendilerini pek çok yolla ifade ederler, ellerini kullanarak yemek yapar, örgü örer, sanatsal şeyler tasarlarlar. Bunun yanı sıra sözel ifade etme becerileri gelişmiş olduğundan hikâyecilikte de yaratıcıdırlar, hayal güçleri yüksektir ve kendilerini özgürce ifade etmek isterler.

**Empati:** Yüksek dişiliğin bir ifadesi de empatidir. Empati başka insanların duygusal ve zihinsel dünyasını anlayabilme becerisi, kendini onun yerine koyabilme yeteneğidir. Empati de yine evrimsel olarak gelişmiş olabilir, çünkü genelde kadınlar bir araya gelerek problemlerini paylaşmaya ve birlikte çözüm üretmeye ihtiyaç duyarlar.

**Tutku:** Yüksek dişil enerjiye sahip kadınlar tutkularının peşinden giderler, bu uğurda kaybetmeyi de göze alabilecek denli cesurdurlar. Tutku duyulan şey herhangi bir konuda olabilir, bir fikir uğruna mücadele etmek, bazı değerler için savaşmak, yaşamda bir şeyi değiştirmek, bir hobi, bir hayal olabilir. Tutkulu kadınlar hem kendi talihlerini hem de başkalarının tarihini değiştirme gücüne sahiptirler.

**Seksapellik:** Seksapel olmak hoş karşılanmaz ancak bu sadece fiziksel zevk almakla ilgili değildir. Yüksek dişil enerjiye sahip bir kadın seksapeliyle de dikkat çeker, seksapellik cinsel çekim anlamına gelir. Bu çekim her dişide mevcuttur ancak bazı dokunuşlarla güçlendirilmelidir.

**Yumuşak güç:** Yüksek dişilik yumuşak ve çekici kadınsı bir varlığın işaretlerini gösterir, eşsiz bir doğal zarafete sahiptir. İç huzur dışarıya doğru yayılır, herkesi rahatlatır ve insanlar bu kadınların yanında iyi hissederler. Sakin tavırlarıyla en stresli durumlarla bile kolaylıkla başa çıkabilirler, bu da onlara yere sağlam basma gücü verir.

**Çekim alanı yaratma:** Yüksek dişil enerjiler manyetik bir alan yaratır ve insanları kendine çeker. Yaptıkları her şeye güven ve neşe yayanlar, manyetik enerjilerinden yararlanma konusunda eşsiz bir yeteneğe sahiptir. Yürüme, konuşma ve hatta giyinme biçimleri olsun, feminen kadınların insanları bir mıknatıs gibi kendilerine çeken yadsınamaz bir çekiciliği vardır. Peki onların sırrı nedir? Çok basit; kendilerini mutlu ederler ve bunun hayatlarının her alanında parlamasına izin verirler. Özgün benliklerini somutlaştırarak mutluluk yayarlar ve mutlu olacak daha fazla şeyi kendilerine çekerler.

**Kendine güven:** Dişil yanı güçlü kadınlar kendilerinden şüphe etmezler ve kendilerine güvenmeyi öğrenmişlerdir. Güvensizlik hayatın her alanına yayılan bir dalga etkisi gibidir, her şeyden tereddüt etmeye neden olur. Kendine güvenle birlikte gelen derin inanç duygusuyla risk almaktan korkmazlar, cesaret daha fazlasını getirir ve istedikleri gerçekliği inşa ederler.

**Sağlıklı sınırlar:** Yüksek dişil enerjiye sahip bir kadının net evetleri ve net hayırları vardır. Sınırları bellidir, neyi besleyeceğini ve neyi kesip atması gerektiğini öğrenmiştir. Kendi değerini korumak için sınırlarının ihlaline izin vermez, bu uğurda da kırıcı olmaktan çekinmez. Sevgiye, saygıya ve mutluluğa layık olduğunuzu anladığınızda ve hak ettiğinizden daha azına razı olmadığınızda, kadınlığınıza yatırım yapmak ve hayallerinizdeki yaşamı gerçekleştirmek için daha fazla zaman yaratırsınız.

**Kişisel bakım ve öz-şefkat:** Yüksek kadınsı enerjiye sahip kadınlar, kendilerine bakmanın genel sağlıkları için gerekli olduğunu bilirler. Sağlıklı beslenmeye öncelik verir, düzenli egzersiz yapar ve iyi hissetmenizi sağlayacak kişisel bakım faaliyetlerine zaman ayırırlar.

## Basit Bir Meditasyon

Sessiz bir yer bulun, ışıkları kapatın ve arkanıza yaslanın. Ayaklarınıza odaklanın ve her kasınızı gevşetin. Bu gevşemeyi başınızın en üst bölgesine ulaşana kadar yavaş yavaş sürdürün. Şimdi, vücudunuzu rahatlattıktan sonra, beyaz bir ışığın ayaklarınızdan girip başınızın tepesine ulaşana kadar vücudunuza doğru çıktığını hayal edin. Artık tüm vücudunuza dingin ve güçlü bir ışık yayıyorsunuz. Uçuyormuş gibi bir his algıladığınızda, amacınızı, hayalinizi zihninize getirin.

Mümkün olduğunca net bir şekilde görselleştirin. Örneğin, yeni ve başarılı bir iş istiyorsanız bunun görselini canlandırın zihninizde, kendinizi büyük bir özgüvenle işinize giderken hayal edin. Daha güçlü bir kadın olmak istiyorsanız, amacınıza ulaşmanıza yardımcı olacak durumlarda hareket ettiğinizi hayal edin. Romantik bir ilişkide söz sahibi olmak istiyorsanız bu sahneyi imgeleyin ve zihninizden olumlu telkin cümleleri geçirin. "Ben güçlüyüm, ben güzel ve çekiciyim, ben başarılıyım, ben mutluyum..." gibi ihtiyaç duyduğunuz özelliğe dair tekrarlayın. 21 gün boyunca her sabah ve her akşam 15 dakika tekrarlayın.

## Basit Bir Günlük Çalışması

Kendinize yeni bir değerler sistemi kurmadan önce elinizde ne var biraz bakın. Sessiz ve yalnız kalabileceğiniz bir alan bulun ve defterinize yazın.

Duygusal bagaj olarak gördüğünüz şeyler neler?

Neler için keşke yapmasaydım diyorsunuz?

Size yük olan ve hareket etme kabiliyetinizi engelleyen tüm negatif şeyleri bir sayfaya yazın. Çocukluktan bugüne dek gelen şeyler ya da henüz çok taze mutsuzluk kaynakları olabilir. Her şeyi tek tek not edin ve sonra kâğıdı yırtıp atın.

Şimdi yeni bir sayfa alın ve şu soruları cevaplayın:

Bugün nasıl hissetmeyi isterdiniz?

Şimdi olsa pişman olduğunuz şeylerle ilgili nasıl davranırdınız?

Bugün yapabileceğiniz neler var?

Değişim için sürekli çalışmak gerekir, kendinize, ruhunuza, zihninize zaman ayırın. Dans etmek, müzik dinlemek, hafif bir meditasyon müziği eşliğinde sadece durmak derinlerinize inmenizi ve kendinizi dinlemenizi kolaylaştıracaktır.

# 8. BÖLÜM

# CİNSELLİKTEN DOĞAN GÜÇ

*"En erotik organımız beyindir, cinsellik orada başlar."*

## Cinsellik Nedir Ne Değildir?

Cinsellik, duygu, düşünce ve davranışlarımızı güdüleyen en önemli dürtülerdendir. Benzer şekilde iştahla da ilişkilendirilen yemek yeme ya da farklı haz arayışına bizi iten dürtüleri de sayabiliriz.

Dünya cinsellik dürtüsünün sayesinde döner, yani canlıların üremesini sağlayan bu mekanizma canlılar arasındaki iletişimi ve bağlantıyı sağlayan en temel motivasyon sebebidir. Beynimiz ve bedenimiz daha fazla zevk peşinde koşmak üzere şekillenmiştir, hormonlarımız da işbaşındadır. Cinsellik hem fizyolojik hem de psikolojik olarak önemli olsa da hâlâ kırılması kolay olmayan bir tabuya dönüşmüştür.

Cinsellik, sadece cinsel birleşme ve cinsel sağlıkla ilgili değildir, kişinin benlik algısı, psikolojik sağlamlığı, bilişsel ve duygusal bütünlüğünü tamamlayan ve insanın varoluşunda yer alan tamamlayıcı bir kavramdır. Cinsellik her yerde ve hiçbir yerdedir, çünkü onu çok merak etsek de, istesek de onu konuşmaktan kaçınırız, onu yasaklar, ayıplar ve konuşulmaması gereken bir konuya dönüştürürüz.

Dünya Sağlık Örgütü'ne göre cinsellik; fiziksel, duygusal, entelektüel ve sosyal yönlerin kişiliği, iletişimi ve aşkı zenginleştirici etkilerinin bileşiminden oluşur. Cinsel enerji, cinsel arzularımızdan ve dürtülerimizden kaynaklanan temel bir enerjidir. Psikanalizin kurucusu Sigmund Freud, buna "libido" adını vermiş ve onun insan gelişimi ve davranışında çok önemli bir rol oynadığını ortaya koymuştur.

Temelde beynimizdeki limbik sistem 3 dürtü üzerinden bizi harekete geçirir, seks yaparak üreme, seksle bağlantılı olan iştah duygusu üzerinden beslenme, öfkeyle bağlantılı olan kavga etme, savaşma ya da kaçma gibi davranışlar.

Cinselliğin tarihine doğru uzanmak istediğimizde aslında insanlık tarihini mercek altına almış oluruz, neticede ürememizi buna borçluyuz. Yapılan arkeolojik ve antropolojik çalışmalar insanlık tarihinin bir anlamda arzu ve hazzın tarihi olduğunu da ortaya koyar.

**Tarihin ilk seks kanunu: Kama Sutra**

Cinselliğe dair en eski eser MÖ 400'lü yıllara ait olan *Kama Sutra*'dır. Hintçe kama zevk, sutra ise kitap anlamına gelir ve kama sutra zevkin kitabı demektir. Cinsellik hakkında bilinen ilk yazılı kaynak olan *Kama Sutra*'nın içerisinde çeşitli seks pozisyonları, aşk oyunları vardır ancak bu kitap sadece basit bir cinsellik kitabı değildir. *Kama Sutra* güçlü bir felsefenin ifadesidir ve seksi basit bir eyleme indirgemez.

İleride daha detaylı bahsedeceğimiz *Kama Sutra*'ya göre cinsellik, ruh ve beden dengesi kurularak yapılması gereken bir şeydir. Sadece haz almaya değil haz vermeye de odaklanan bu yaklaşım cinselliği ateşli ve güçlü bir aşk oyununa dönüştürme fırsatı verir. *Kama Sutra* bizlere aşk sanatının nasıl yapılacağını özetler, en mahrem ve en özel anların paylaşıldığı yatak odasının hararetini artırmanın incelikli yollarını anlatır.

*Kama Sutra*'da 3 erkek ve 3 kadın prototipinden bahsedilir. Erkekler tavşan, boğa ve aygır olarak üçe ayrılır, kadınlar ise ceylan, kısrak ve dişi fil olarak tasvir edilir. Bu sınıflandırmada erkeklerin penis boyu kadınların ise vajina derinliği dikkate alınmıştır.

*Kama Sutra*, çiftleri bir keşif yolculuğuna davet eder, herkesin kendi bedenini tanımasını, hangi noktalardan haz alındığını, bu noktaların aranarak bulunması gerektiğini ve cinselliğin hediye edilen bir zevk haline getirilmesini önerir.

*Kama Sutra*'ya göre zevk bir sanattır ve bu sanat bu özel anın her anını taçlandırmaya odaklanır. Seks öncesi bedenin hazırlanması, özel banyolar, erojen bölgelerin keşfedilmesi, sarılma pozisyonları, dokunmak, öpmek, arada afrodizyak yiyecek ve içecekler tüketmek, kokulu çiçek ve buhurdanlıklar kullanmak, genital bölgeleri öpmek, masaj yapmak, birlikte yıkanmak, birlikte uyumak gibi her şeyiyle derinleşmiş ve zenginleşmiş bir seksi amaçlar ve 30'dan fazla pozisyonla coşkuyu artırmanın yollarını anlatır. *Kama Sutra* seksten çok daha fazlasıdır, duyusal açıdan tatmin edici bir yaşam için eski bir Hint rehberidir.

Antik Yunan ve Roma'da sanata da yansıyan bir cinsel yaşamla karşılaşırız, vazoların üstlerindeki süslemelerde aşk tanrısı Eros sıklıkla karşımıza çıkar. Mitolojik hikâyeler birbirini arzulayan tanrı ve tanrıçaların savaşlarıyla doludur, kadınlar doğurganlıklarıyla meşhurken Tanrı Zeus dilediği her kadını gücüyle ele geçirir. Roma'ya geldiğimizdeyse özellikle saraylarda sınırsız ve özgür bir cinsel yaşamla karşılaşırız. Afrodizyak yiyecekler masaları süsler, tüm gece verilen ziyafetlere erotizm eşlik eder. Ortaçağ cinselliğin yasaklanması ve baskılanmasıyla bilinir. Dinsel kurallar gereği belli günlerde cinsellik yasaklanmıştır örneğin.

Tarih boyunca cinsellik türlü deneyim ve tecrübeden geçti. Toplumdan topluma da farklı şekillerde yorumlandı ama her şeye rağmen onun yaşamdaki rolü hiçbir zaman göz ardı edilemezdi.

## Cinselliği Neler Etkiler?

Biyolojinizden kültürel değerlere dek her şey cinselliğinizi etkiler. Hatta Freud'un bir sözünde de dediği gibi yatak odasında bulunan iki kişi sadece iki kişiden ibaret değildir, her birinin davranışında, benliğinde yerleşik hale gelmiş pek çok kimse özellikle de kendi anne babaları vardır.

- Cinsiyetiniz cinselliğinizi belirleyen ana etkilerden biridir, kadın ya da erkek olmanızın getirdiği biyolojik faktörler, yaşınız, fiziksel görünümünüz gibi bileşenler önemli etkilere sahiptir.
- Cinsiyet kimliği cinselliğinizi etkiler ve cinsel benliğiniz üzerinde önemli bir güce sahiptir. Cinsel benlik kavramı, "cinsel bir varlık" olarak kendinize ilişkin olumlu ve olumsuz algı ve duyguları ifade eden çok boyutlu bir yapıyı işaret eder.
- Aile dinamiğiniz cinselliğinizi etkiler. Ailenizin cinselliğe bakışı, ergenlik dönemindeki size yaklaşımı, yetişkin yaşamınızdaki özgürlükler gibi konular cinsel hayatınızı şekillendirmede önemli rol oynar.
- Kültürel faktörler cinsellikle doğrudan ilgilidir, inandığınız değerler, benimsediğiniz din, kutsallarınız, ritüelleriniz, töre ve gelenekler cinsel yaşamınızı etkiler.

- İçinde yaşadığınız toplum ve coğrafya cinselliğinizi doğrudan etkiler, kimi yerlerde daha özgür yaşanan cinsellik kimi toplumlarda bastırılır, bu da sizin cinselliğe bakışınızı etkiler.
- Benlik algınız cinselliğinizi etkiler. Bedeninizi sevmeniz, kendinizi çekici bulmanız, iyi bir partner olduğunuzu düşünmeniz olumlu bir benlik algısına sahip olduğunuzu gösterir. Olumsuz benlik algısına sahip insanlar kaygı nedeniyle kendilerini karşısındakine sunmakta zorluk çekerler. Kaygının nedeni kusurların başkaları tarafından görüleceği ya da yatakta sıkıcı bulunacağından kaynaklanır.

## Cinselliğe Dair Yanlış Bilinen Mitler

Cinselliğin gücünü keşfetmek ve onun ne olup ne olmadığını anlamak için cinselliği yönlendiren etkileri anlamak, derinlemesine sorgulamak gerekir. Cinselliğimizi keşfetmeye başladığımız ergenlik yaşlarından itibaren pek çok kulaktan dolma bilgiye maruz kalırız. Özellikle cinselliğin baskılandığı, ayıplandığı toplumlarda cinsellik el yordamıyla keşfedilen bir meseleye dönüşür.

---

*Kadınlık ve erkeklik rolleriyle*
*ilgili karmaşa ve inançların*
*gölgesinde kalan cinsellik gerçek*
*gücünü ve doğasını ortaya*
*koyamaz.*

---

Cinsellikle ilgili yaygın olan yanlış mitler:

- **Önemli olan boyudur:** Çok genel bir tartışma konusu olan penis boyuna dair en sık konuşulan mitlerden biri budur. Bu mit cinsellikten alınan hazzı sadece penise endeksler ancak cinsellik sadece bundan ibaret değildir. Sertleşmiş büyük bir penis güçlü erkeklikle sembolize edilir. Binlerce yıldır pekiştirilen bu imaj cinsel doyumun ancak büyük bir penisle mümkün olabileceği gibi bir şehir efsanesine dönüşmüştür. Bu inanış nedeniyle de pek çok erkek kendisini başkalarıyla kıyaslar, bu da ereksiyon sorunlarına kapı aralayan kaygı, özgüven eksikliği gibi sorunlara yol açar. Ancak kesin olan şudur ki seksten alınan haz partnerlerin ustalığına ve bilgi birikimine bağlıdır.

- **Seks acı vericidir:** Seks keyif vericidir acı değil. İlk cinsel deneyim haricindeki paylaşımlar hazzı ve zevki deneyimleyeceğiniz birlikteliklerdir. İlk cinselliğin sonrasında da acı, rahatsızlık hissediyorsanız bu konuda ilgili uzmanlarla görüşebilirsiniz.

- **Erkekler cinselliğe daha düşkündür:** Bu da cinselliği sadece tek bir cinsiyete endeksleyen bir bakış açısıdır ve doğru değildir, kadın da erkek kadar seks düşkünü olabilir, dahası her iki cins de seks yapmayı arzular, ister ve bu ayıplanacak bir şey değildir.

- **Sekste önemli olan erkeğin performansıdır:** Erkekler de kadınlar da her an sekse hazır olan ve her cinsel yakınlaşmada olağanüstü performanslar sergilemesi gereken kişiler değillerdir. Cinsellik bedensel, psikolojik pek çok etkiye bağlıdır, bu nedenle yatakta alınan doyum ve haz her zaman en üst düzeyde gerçekleşebilir. Stres, yorgunluk, mutsuzluk, yalnız kalma ihtiyacı, uykusuzluk gibi nedenler cinsel performansı doğrudan etkiler.

- **Hamilelikle ilgili mitler:** Özellikle gebelikten korunmakla ilgili çeşitli mitler de cinsel hayata egemendir. Regl dönemindeyken hamile kalınamaz, sadece içeriye boşalmayla hamile kalınır, geri çekilme en iyi doğum kontrol yöntemidir gibi yöntemler her zaman risk barındırır ve %100 koruma sağlamaz.
- **Evlendikten sonra cinsellik biter:** Cinsel yaşamın uzun soluklu olması tamamen çiftlerin tutumuna ve heyecanına bağlıdır. Evliyken de cinsel yaşamınızı renklendireceğiniz pek çok şey vardır.
- **Cinselliği erkek talep eder ve yönetir:** Toplumsal erkeklik rolünü benimseyen bu mit kadını edilgin hale getirdiği gibi kadının cinselliği arzulamasını ve istemesini de olumsuz bir nitelik haline getirir. En başta cinsellik rızaya dayalıdır, kadının ve erkeğin de bunu karşılıklı olarak istemesi gerekir. İkinci olarak ilk davet kadından da gelebilir, bu da ayıp, sağlıksız ya da yanlış bir tutum değildir.
- **Cinsellikte fanteziler olmamalıdır:** Cinsel yaşamı canlandırmak için hayal gücünüzü kullanmak suçluluk duygusu yaratmamalıdır. Cinsellik bedensel, ruhsal ve zihinsel olarak bir bütün halinde yaşanır, heyecanı doruğa taşımak için hayal kurmak, arzuyu ateşleyen sahneler ve imgeleri düşünmek gayet normaldir. Fanteziler ayıp ya da ahlaksızlıkla ilişkili değildir.
- **Erotik filmler ve seks oyuncakları yakınlığı zedeler:** Seks hayatına heyecan katmak için çiftlerin birlikte erotik filmler izlemesi, zevki artırıcı oyuncaklar ve yöntemler kullanması ayıp, sağlıksız ya da ahlaksızlık değildir. Bu

tür eşyaların yalnızca partnerlerinden memnun olmayan kadınların kullanımına yönelik olduğu da bir şehir efsanesidir.

- **Doğum kontrolü sadece kadınlarla ilgilidir:** Bu da şehir efsanelerinden biridir ve cinselliğin olası kimi risklerini kadınlara yükler. Esasında doğum kontrolü her iki cins için de olası önlemler içerir.
- **Cinsellik için mutlaka ereksiyon olmak gereklidir:** Cinselliği sadece vajinal birleşmeye indirgeyen bu mit dokunmanın, öpmenin ve sarılmanın gücünü yok eder. Cinsellik sadece bununla sınırlı değildir, haz almanın çok çeşitli yolları vardır.
- **Cinsel yolla bulaşan hastalıklar sadece vajinal birleşmeyle geçer:** Cinsel hastalıklardan korunma konusu oldukça önemlidir ve pek çok hastalık sadece doğrudan birleşmeyle geçmez. Çeşitli yollarla temas etmek, sürtünmek, birlikte duş almak gibi yollarla da kimi bulaşıcı hastalıklar geçebilir.
- **Sekste zirveye çıkılan belirli yaş dönemleri vardır:** Erkek ve kadınlar için belli yaşların sekste en iyi performansı sağladığı inancı da bir mittir. Her yaş döneminde, her deneyimde "zirve" değişkendir ve her cinsellik paylaşımı benzersizdir. Elbette ilerleyen yaşlarda performans düşer ancak cinsellikten alınan haz tamamen kişisel deneyimlerle alakalıdır.
- **Cinsellik esnasında sessizlik gerekir:** Cinsellik sessiz kalmakla değil sessizliği bozmakla ilgilidir. Seks esnasında konuşmak, partneri yönlendirmek, güzel ve kışkırtıcı sözler söylemek, zevk alındığını belli eden sesler çıkarmak hatta gülmek alınan zevki katlar.

- **Aynı anda orgazm olmak mükemmel seksi ifade eder:** Herkesin zevk alma tarzı ve orgazma ulaşana dek geçirdiği süreç ve ihtiyaçlar farklıdır. Kimisi çok hızlı uyarılırken kimi insan da bunun için zamana ihtiyaç duyar. İlişkide aynı anda orgazma ulaşmak her zaman mümkün olabilecek ve beklenmesi gereken bir şey değildir. İyi seks her zaman iki tarafın da aynı anda mutlu sona ulaşması anlamına gelmez.

- **Mastürbasyon zararlıdır:** Cinsel yaşantınızı renklendirmek için kendi bedeninizle ilgilenmek, mastürbasyon yapmak, erojen bölgelerinizi keşfetmek ayıp, sorunlu ve zararlı değildir.

- **Ereksiyon kaybı karşı tarafın çekici olmamasıyla ilgilidir:** Kimi zaman seks esnasında ereksiyon problemleri yaşanabilir, bunun pek çok nedenle ilişkili olduğundan söz etmiştik. Bir erkeğin ereksiyon olamaması sadece karşısındaki kişinin çekici olmamasıyla ilgili değildir.

- **İyi seks saatlerce sürer:** Kimileri cinselliğini abartmaya meyilli olabilir ancak pek çok çift cinselliği olması gerektiği gibi yaşar. Cinsel birleşmeden orgazma uzanan yol aşağı yukarı bellidir, orgazmdan sonra kadın da erkek de durmaya programlanmıştır. Elbette zevki tüm geceye yaymak mümkündür ancak abartılı deneyim hikâyelerine sarılarak kendi deneyiminizi olumsuz olarak değerlendirmemelisiniz.

- **Hamilelik sırasında seks yapılmaz:** Araştırmalar pek çok çiftin hamilelik esnasında bebeğe zarar vereceği endişesiyle seks yapmaktan kaçındığını ortaya koyuyor. Hamileyken seks yapmak zararlı değildir, aksine kadınlar açısından da zevklidir. Hamileliğin belirli dönemlerine kadar eğer her iki taraf için de rızaya dayanıyorsa cinsel paylaşım yapılabilir.

- **Oral seks kirlidir:** Hijyenik olduğu sürece seks esnasında yapılan her eylem zevk verir. Ön sevişme esnasında ereksiyon ve uyarılma sorunu yaşanıyorsa bedeni hareketlendirmenin en etkili yollarından biri oral sekstir.

## Cinselliğin Gücünü Uyandırmak

Yaşamda pek çoğumuzun hedefleri vardır, başarılı olmak, maddi açıdan refah sahibi olmak, evlenmek, çocuklu bir aileye kavuşmak, kendimizi geliştirmek... Hayat yorucu bir maraton tadında geçer pek çok insan için, daima ulaşılması gereken hedefler vardır. Bu yorucu maratonda yola devam ederken bize sunulan en güzel hediyenin lezzetinin ve gücünün farkında olmayız.

Cinsellik pek çok insan için sadece çocuk yapmakla ilişiklidir, bir kısmı içinse sadece bedenlerin birbirine değdiği bir aktivitedir. Bir kısım insan çeşitli mitlerle kendini sınırlar ve bu eşsiz deneyimin kollarına kendisini özgürce bırakamaz, bir kısım için zaten çoktan yasaklanmış ve ayıplanmıştır. Kimi için kendini ispatlama çabasıdır, kimisi için en karanlık kuytuda kalması gerekendir.

---

*Pek az insan kendi*
*cinselliğinin bilinmeyenlerini*
*keşfedebilme cesareti gösterir,*
*işte onlar cinsellikten doğan*
*gücün ne olduğunu bilirler.*

---

Herkesin cinsel gelişim süreci farklıdır, çocukluktan itibaren öğrenilmiş ve kabul edilmiş şablonlar hayatın her alanında aktif olduğu gibi yatak odasında da aktiftir. Sorgulanmayan, yeniden ele alınmayan hiçbir şey değişimin kapısını aralamaz. Her anlamda güçlenmenin en iyi yolu kendi yeni versiyonunuza odaklanmakla mümkündür.

Belki pek çoğunuz için cinsel yaşamı yeniden ele almak korkutucu, dahası bu kapısından bile geçilmemesi gereken bir konu. Kadın olalım erkek olalım fark etmez, cinsellik denince pek çoğumuzun zihninde alarm zilleri çalmaya başlar.

Cinsellik çok eski zamanlardan beri bir tabuya dönmüştür. Hatta kimi inançlarda sapkınlıkla eşdeğer hale gelmiş, kimi dönemlerde cinselliğe istekli kadınlar fahişe, kötü kadın olarak nitelendirilmiştir. Bu nedenle cinselliğin direksiyonunda pek çok olumsuz duygu ve düşünce oturur: utanç, kaygı, korku, yasaklanma, suçluluk, yetersizlik... Dahası kontrolü bunlardan almak o kadar da kolay olmayabilir...

Yanlış şablonlar sizi yanlış yere götürür. Gerçek manada yaşanması gereken bu eşsiz deneyimle ilişkisiz kurallar ve tabu yığınından özgürleşmek için bu keşif yolculuğuna başlayacağız. Cinsel farkındalık size güç, keyif ve özgürlük verir.

---

*Cinsellik tek bir parçadan*
*ibaret değildir, bedeninizle,*
*zihninizle ve ruhunuzla*
*katıldığınız bir süreçtir.*

---

Yanlış şablonlar cinselliğinizi tek boyuta indirger. Cinsel enerji, sadece cinsel ilişkiden ibaret değildir, daha ziyade, benlik ve amaç duygumuzla özünde bağlantılı olan daha geniş bir duygu ve yaratıcı güç yelpazesini kapsar.

Cinselliğin gücünü uyandırmak için önce onu tanımak, anlamak gerekir. Bizi biz yapan pek çok şeyimizi cinselliğimize katarız, kendimizi ifade etmemizin farklı bir yoludur, en gizemli taraflarımızı, en sakladıklarımızı açtığımız yerdir orası. Buradaki gücü keşfetmek değerlidir ve bu gücü dönüştürüp başka alanlara nakletmek de değerlidir.

## Orgazm Nedir?

Orgazmın pek çok tanımı vardır, genel olarak uzun süreli cinsel uyarılma sonucu ortaya çıkan farklı bir bilinç hali ve zevk almanın doruğudur. Orgazm kişide kendinden geçme hissi yaratan çok güçlü ve rahatlatıcı bir deneyimdir. Orgazm öncesi artan gerilim zirvede rahatlamaya dönüşür, bu nedenle de yoğun bir haz alma duygusu ortaya çıkarır.

Orgazm esnasında kadının ve erkeğin bedeninde farklı tepkiler ortaya çıkar. Orgazm esnasında yaşanan patlama duygusuyla beyinde çeşitli kimyasallar salgılanır. Oksitosin, endorfin ve dopaminin salgılanması şu etkilerin ortaya çıkmasına yol açar:

- Sakinleştirir
- Ağrıkesici özelliktedir
- Anksiyete ve kaygıyı yatıştırır
- Depresif duyguların azalmasını sağlar
- Kasların ve bedenin gevşemesini sağlar
- Bağışıklık sistemini güçlendirir
- Öfori ve haz meydana getirir

## Cinsel Tepki Döngüsü

Uzun yıllar insan cinselliği üzerine çalışmalar yürüten Johnsons ve Masters soyadlı iki bilim insanı hem kadın hem de erkekler için bir cinsel döngü tepkisi ortaya çıkarmayı başardılar. Bu döngü 4 aşamadan meydana geliyordu ve cinsel uyarılma ile ortaya çıkan fiziksel ve duygusal değişimlerin şeklini ve sırasını tarif ediyordu. Buna göre bu 4 aşama şöyleydi:

- Arzu evresi
- Uyarılma evresi
- Orgazm evresi
- Çözülme evresi

Hem kadınlar hem de erkekler bu süreçleri yaşayabilir, evrelerde süreler kişiden kişiye değişebileceği gibi evreler arasında atlamalar da yaşanabilir. Cinsel tepki evrelerini anlamak birliktelik esnasındaki uyumu güçlendirmek ve sekste partnerin ihtiyaçlarına göre hareket etmek adına oldukça işe yarardır. Cinsellik kendimiz kadar karşı cinsin bedenini ve psikolojisini de anlamakla ilgilidir. Altın kurallardan biri sadece zevk almaya odaklanmamak, karşı tarafa haz verdikçe kendimizin de alacağı hazzın artacağını hatırlamaktır.

*Cinsellik karşılıklı bir alışveriştir, sadece almaya odaklanmak onun gerçek gücünün ortaya çıkmasını engeller.*

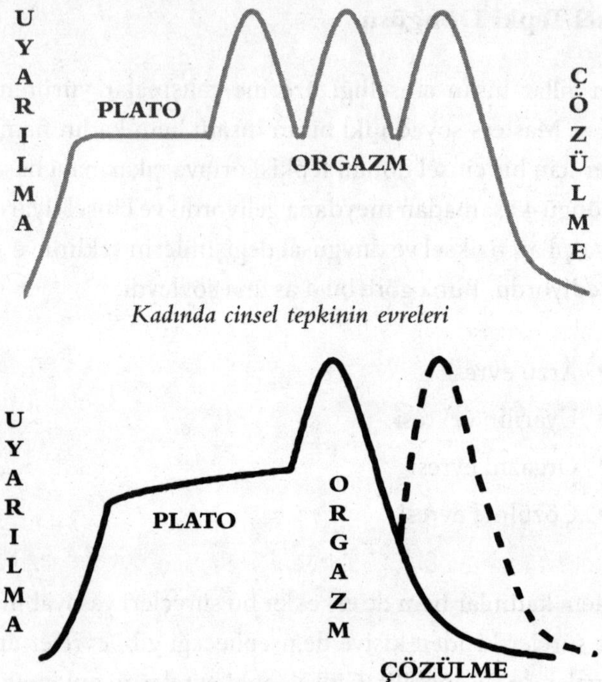


*Kadında cinsel tepkinin evreleri*

*Erkekte cinsel tepkinin evreleri*

## 1. Aşama: Heyecan

Birkaç dakika ile birkaç saat süren bu evrede aşağıdakiler gözlemlenir:

- Kas gerginliği artar.
- Kalp atışları ve nefes alma hızlanır.
- Ciltte kızarmalar meydana gelebilir.
- Meme uçları sertleşir veya dikleşir.

- Cinsel organlara doğru kan akışı artar, bu da kadının klitorisinin ve iç dudakların şişmesine ve erkeğin penisinin ereksiyonuna neden olur.
- Vajinal ıslanma başlar.
- Kadının göğüsleri dolgunlaşır ve vajina duvarları şişmeye başlar.
- Erkeğin testisleri şişer, gerilir ve kayganlaştırıcı bir sıvı salgılamaya başlar.

Herkesin cinsel deneyiminin farklı olduğunu unutmamak önemlidir. Bazıları yukarıdaki değişiklikleri tutarlı bir şekilde deneyimlemeyebilir. Bu sadece bireyler arasında değişiklik göstermekle kalmaz, aynı zamanda aynı kişiyle farklı cinsel karşılaşmalar sırasında da değişiklik gösterebilir. Bazen arzu aşaması uyarılmanın ardından gelebilir.

**2. Aşama: Plato**

Orgazm öncesi bu evrede şunlar görülür:

- İlk aşamada başlayan değişiklikler daha da yoğunlaşır.
- Vajina artan kan akışından dolayı şişmeye devam eder ve vajina duvarları daha koyu bir renk alır.
- Kadının klitorisi oldukça hassas hale gelir, bazen dokunulduğunda aşırı hassasiyet ve acı hissettirebilir.
- Erkeğin testisleri çekilir.
- Nefes alma, kalp atış hızı ve kan basıncı artmaya devam eder.
- Ayaklarda, yüzde ve ellerde kas spazmları başlayabilir.
- Kaslardaki gerginlik artar.

### 3. Aşama: Orgazm

Bu aşama cinsel tepki döngüsünün zirvesidir. Orgazm evresi, döngünün en kısa evresidir ve genellikle yalnızca birkaç saniye sürer. Bu aşamanın genel özellikleri aşağıdakileri içerir:

- İstemsiz kas kasılmaları başlar.
- Hızlı oksijen alımıyla birlikte kan basıncı, kalp atış hızı ve nefes alma en yüksek hızlardadır.
- Ayak kaslarında spazmlar görülür.
- Cinsel gerilimde ani ve güçlü bir boşalma olur.
- Kadınlarda vajina kasları kasılır, rahimde ayrıca ritmik kasılmalar görülür.
- Erkeklerde penis tabanındaki kasların ritmik kasılmaları meninin boşalmasına neden olur.

### 4. Aşama: Çözülme

Bu aşamada vücut yavaş yavaş normal işleyiş düzeyine döner, şişmiş ve dikleşmiş kısımlar eski boyutuna ve rengine döner. Bu aşama, bazılarında genel bir rahatlama duygusu ve sıklıkla yorgunluk ile noktalanır. Bazı kadınlar daha fazla cinsel uyarılmayla orgazm aşamasına tekrar hızlı bir şekilde dönebilir ve çoklu orgazm yaşayabilir. Erkeklerin genellikle orgazmdan sonra, refrakter dönem olarak adlandırılan ve tekrar orgazma ulaşamadıkları toparlanma süresine ihtiyaçları vardır. Refrakter dönemin süresi bireyler arasında farklılık gösterir ve yaşla birlikte değişir.

### Bedenin Zevk Kimyasalları

Bedeniniz cinselliği deneyimledikten sonra kimyasallarla dolu bir havuz haline gelir ve bunun başaktörü de beyindir. Sarılmak, ateşli bir öpücük ya da güçlü bir orgazm sonucunda kendinizi çok daha iyi, daha az kaygılı bulursunuz. Bu iyilik halinin nedeni beyin tarafından salgılanan ve adına nörotransmiter denilen kimyasallardır. Bunlardan en önemli olanlarını ve etkilerini şu şekilde sıralayabiliriz:

**Östrojen:**

Östrojen hormonu, kadınlarda yumurtalıklardan salgılanan, kadınların âdet döngüsünde, cinsel fonksiyonlarda ve doğurganlıkta önemli rol oynayan bir hormondur. Östrojen hormonu hem erkek hem kadınlarda bulunmakla beraber, üreme çağında kadınlarda seviyeleri çok daha yüksektir ve menopozda düşer. Hipofizden salgılanan folikül uyarıcı hormon (FSH) ve lüteinizan hormon (LH), yumurtlayan kadınlarda östrojen üretimini düzenlerler.

Ergenlik çağında hipofiz bezinden salgılanan FSH ve LH, genç kızlarda yumurtalıkları uyarır ve böylece östrojen salgısını başlatır. Östrojenin etkisi ile genital bölgede tüylenme, kalça bölgesinde yağlanma, memelerde büyüme meydana gelir. Âdetin ilk iki haftasında östrojen salgılanmasıyla rahim büyür ve yumurta oluşur. Âdet döneminin son iki haftasında progesteron salgılanarak rahmi hamileliğe hazırlar, gebelik oluşmaz ise progesteron âdet kanamasına yol açar. Östrojenin geçici düşmesi cinsel isteksizliğe, kalıcı düşmesi menopoza, sıcak basmaları, gece terlemelerine yol açar. Aynı zamanda östrojen cinsellik esnasında vajinal ıslanmayı sağlar, cinsel isteği ve içgüdüleri yönetir.

**Testosteron:**

Erkeklerin en önemli cinsellik hormonudur. Testosteron, aynı zamanda erkek fiziksel gelişiminde önemli rol oynar.

Beyin tabanına yakın hipofiz bezinin uyarısı ile testisler tarafından üretilen testosteron, cinsel dürtü ve sperm üretiminin yanında, erkeklerin penis ve testislerin büyüyerek gelişmesini, sesin kalınlaşmasını, kas ve kemiklerin güçlenmesini de sağlar. Testosteron eksikliği erkeklerin cinsel dürtülerinin azalmasına neden olurken ereksiyon sorunlarına, sperm sayısının azalmasına ve depresyona yol açabilir.

**Serotonin:**

Cinsel tepki aşamasının ilk basamağında heyecan duyarsınız, bu evre vücudunuzun seks için ısınmaya başladığı zamandır. Bu gerçekleştiğinde, beyin serotonin adlı hormonu serbest bırakmıştır. Serotonin en meşhur olanlardan biridir, mutluluk hormonu olarak bilinir ve salgılanması sizi mutlu eder. Serotoninin sorumluluklarının arasında ruh halini, davranışları, iştahı, uykuyu, cinsel arzuyu ve tepkileri düzenlemek yer alır. Cinsel deneyim boyunca beyinde üretilir, ancak çok fazlası cinsel aktiviteyi engellemeye neden olabilir.

**Adrenalin:**

Gerçekten hoşlandığınız birini gördüğünüzde veya öptüğünüzde hissettiğiniz "midede kelebekler uçuşuyor" hissi size tanıdık geliyor mu? Bu hissin sebebi adrenalindir ve adrenalin salınımına yol açan kan akışının azalması nedeniyle gerçekleşir. Bu kimyasal kalp atış hızının ve kan basıncının artmasına neden olur, dolayısıyla kaslara daha fazla kan gönderilir. Cinselliğin uyarılma evresinde adrenalin vücutta akmaya başlar, kan cinsel organlara hücum eder ve cinsel uyarılmaya neden olur. Adrenalin vücudun doğal "savaş ya da kaç" tepkisiyle bağlantılıdır. Bu tepki genellikle korku ya da kaygıyla bağlantılı olsa da yapılan beyin tarama çalışmalarından, beynin korku ve sevgi merkezlerinin aslında birbirine oldukça yakın olduğunu biliyoruz.

**Norepinefrin:**

Norepinefrin önemli seks kimyasallarından biridir. Uyarılma sırasında salınan bu hormon, vücudu harekete geçirir. Kalp atış hızının artması, avuç içlerinin terlemesi veya gözbebeğinin genişlemesi gibi fizyolojik değişiklikler meydana getirir. Fazla maruz kalırsanız, kaygıya neden olabilir.

**Dopamin:**

Dopamin vücudun ödül kimyasalıdır. Vücudunuz hoşuna giden bir şey yaptığınızda, bu hormonu karışıma dahil ederek sizi ödüllendirir. Bu kimyasal cinsel isteği artırır ve orgazm olduğunuzda beyniniz dopaminle dolar. Dopamin, olup biteni fark etmesi için beyninize sinyal gönderir, böylece size zevk veren şeylerden (seks, yemek vb.) daha fazlasını elde etmeniz için sizi güdüler. Dopamin aynı zamanda cinsel deneyimi aramaya ve sürdürmeye motive eder. Dopamin seviyeleri cinsel arzular ortaya çıktıkça yükselir ve insanları arzuları doğrultusunda hareket etmeye ve samimi deneyimlere katılmaya teşvik eder.

**Oksitosin:**

Oksitosin muhtemelen en iyi bilinen kimyasaldır. Adı "aşk hormonu" olarak da bilinir ve haklı bir şöhrete sahiptir. Sevgi, bağlılık gibi duygulardan sorumludur. Beynin fizyolojik dengeyi koruyan kısmı olan hipotalamusta üretilir. Doğrudan sinir sistemiyle bağlantılıdır. Sarılma veya dokunma yoluyla sağlam bir oksitosin artışı elde edebilirsiniz. Oksitosin orgazm anında zirveye ulaşır ve bir süre sonra kanda akar.

**Prolaktin:**

Son olarak, cinsel zevk ve orgazmdan sonra tatmin duygusunu destekleyen bir kimyasal daha var: prolaktin. Prolaktin aynı zamanda hamilelikte göğüslerin büyümesinden ve emziren kişilerde süt üretiminden de sorumlu olan hormondur.

## Cinselliğin Anatomisi

### *Kadın için*

Kadınların genital bölgesi kadından kadına değişiklik gösterir, boyut, şekil ya da renk olarak birbirinden farklı görünümler olabilir. Her kadının vajinal bölge girişi, kızlık zarı görünümü ve klitoris yapısı farklıdır. Bir kadının dış genital organları büyük dudak, klitoris, küçük dudak, idrar yolu açıklığı ile vajina girişi olarak sayılabilir. Kadınlarda iç genital organlar olarak ise rahim, serviks, yumurtalık ve fallop tüpleri vardır.

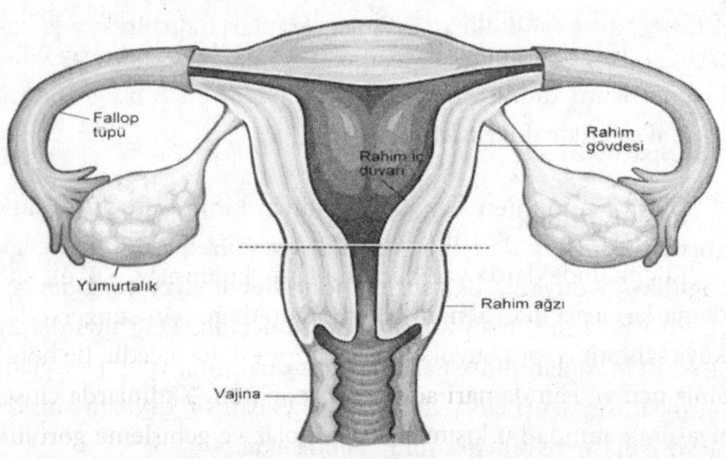

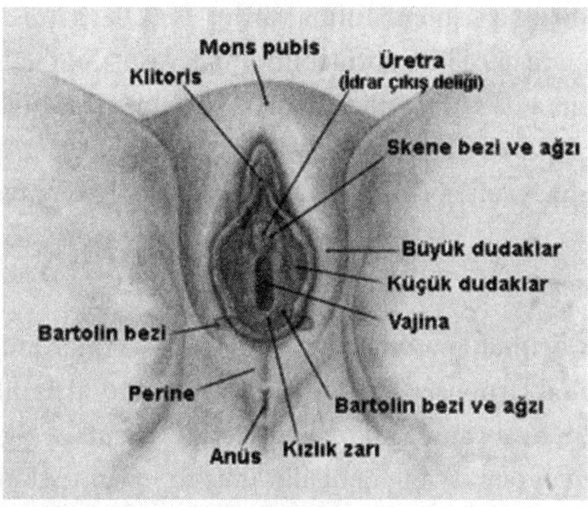


**Dış dudak:**

Dış dudakların temel görevi küçük dudakları, klitorisi, vajinayı ve idrar yolu açıklığını dış travmalara karşı korumaktır. Yapısında büyük oranda yağ dokusu ve ince düz bir kas tabakası vardır. Genellikle tüylü bir yapıdadır ve dışarıdan bakıldığında bitişik iki parça şeklinde görülür.

Dış dudaklarda yağ dokusu yeterli olmadığında sarkmış ve buruşmuş bir görünüm ortaya çıkabilir. Bu durum sağlık bakımından bir sorun oluşturmasa da estetik olarak rahatsız edici olabilir. Kimi kadını estetik açıdan rahatsız eden bu görünüm genital estetikle düzeltilebilir.

**Küçük dudak:**

Küçük dudaklarda yağ hücresi ile tüy bulunmaz. Küçük kan damarları açısından zengin bir yapıda olduğu için süngersi dokuya sahiptir. Yapısı büyük dudaklara göre daha incedir. Bu bölge sinir ucu ve kan damarı açısından zengindir. Kadınlarda cinsel uyarılma anında bu kısımlar kanla dolar ve genişleme görülür. Ayrıca koyu pembe renkten kırmızıya döner. Görevleri arasında klitorisi koruma ve nemli tutma vardır. Renk değişimi doğum ve yapısal travmalarda da görülebilir. Renk değişimi dışında sarkma ve uzama da görülebilir. Cinsel ilişki sırasında sürtünme sebepli tahriş ve enfeksiyon oluşabilir. Yine bu bölgeler de estetik açıdan daha iyi bir görünüme kavuşturulan bölgeler arasındadır.

**Klitoris:**

Kadın genital anatomisinin en önemli kısımlarındandır ve küçük dudakların üst birleşme bölümüyle klitoral başlık arasında yer alan oval yapıya klitoris adı verilir. Genital bölgedeki en hassas organ olarak nitelendirilir. İnce bir uzantı şeklinde olan bu yapı deriyle kaplıdır. Kadınlarda cinsel uyarılma sırasında klitoris genişleme ve kabarma gösterir. Kadın orgazmının çoğu klitoristen kaynaklanır. Her kadın klitorisi doğrudan ,uygun şekilde ve yeterli süre uyarıldığında orgazm meydana gelir. Bu uyarı kadının eliyle, cinsel partnerinin eli, dili ya da penisiyle ya da çeşitli nesnelerle gerçekleşebilir.

**İdrar yolu açıklığı (üretral açıklık):**

Bu bölge kadınlarda idrar kesesinde biriken idrarın dışarı atıldığı nokta olarak nitelendirilebilir. Üretral açıklık bölge olarak klitorisin alt kısmındadır, görevi idrar çıkışını sağlamaktır. Cinsel açıdan ya da üreme yeteneği anlamında bir işleve sahip değildir.

**Vajina:**

Vajinanın diğer adı ise doğum kanalı olarak kullanılmaktadır. Kadınlarda cinsel ilişki sırasında penisin giriş yaptığı boşluk burasıdır. Kadınların cinsel açıdan tatmin olması ve doğum sürecinin gerçekleşmesi adına önemli bir organdır. Ortalama 10 cm boy ile 3-5 cm arası genişliği bulunur. Doğum sırasında esneme özelliğine sahiptir. Cinsel uyarılmayla birlikte 10-30 saniye arasında vajinal ıslanma meydana gelir, bu ıslanmanın sebebi uyarılmayla birlikte kanla dolan damarlardan süzülen bir sıvıdır.

**Kızlık zarı (hymen):**

Kızlık zarı vajinal girişten yaklaşık olarak 1 ila 1,5 cm içeride olup, bağdokusu ve damarlardan oluşan, esnek ve ortasında bir veya fazla sayıda delik oluşan ince bir deri kıvrımıdır. Kızlık zarı kişiden kişiye esnek veya kalın olması sebebiyle değişkenlik gösterebilir. Kızlık zarı âdet kanamasının dışarı atılmasını sağlayacak biçimde açıktır. Çok nadir olarak tümüyle kapalı da olabilir. Bu durumda cerrahi operasyonla bu zarın açılması gerekebilir. Cinsellikle ilgili mitlerde en çok konuşulan konulardan biri olan kızlık zarı ilk cinsel deneyimde kanamayla açılır ancak yapısı kadından kadına göre değişkenlik gösterdiği için her zaman kanamaya sebep olmaz.

**Rahim:**

Rahim kadındaki temel üreme organıdır. Ortalama 7,5 cm boyunda ve 4-5 cm genişliğindedir Endometrium, myometrium ve perimetrium olarak üç farklı tabakadan meydana gelir. Endometrium iç yüzeyde yer alır ve âdet kanaması sırasında dökülerek vücuttan atılır. Myometrium kalın düz kas tabakası şeklindedir. Cinsel uyarılma, doğum, orgazm ve âdet kanaması anlarında kasılma görevini yerine getirir. Premetrium en dış tabaka olarak tanımlanabilir. Rahim leğen kemiği içinde bağlar sayesinde asılı durur.

**Serviks:**

Rahim bölgesinin vajinaya açılmasını sağlayan boyun bölümüdür. Ortalama 3 cm uzunluğundadır ve bir bölümü vajinaya doğru çıkıntı yapmış bir şekildedir. Orgazm esnasında kasılma meydana gelen yerlerden biridir.

**Yumurtalık:**

Yumurtalıklar kadın üreme sisteminin parçalarındandır ve rahim bölgesinin iki yanında yer alır. Her ay fallop tüpleri üzerinden rahim içine yumurta gönderilmesini sağlar. Menopoz dönemiyle birlikte görevini tamamlar. Cinsel uyarılmaya yönelik bir etkisi yoktur.

**Fallop tüpleri:**

Rahim ve yumurtalıkları birleştirir, fallop tüpleri kadınlarda yumurtalıkların döllenme işleminin yapıldığı bölgedir. Tüpün uzunluğu 10 cm civarındadır. Orgazm deneyimi sırasında kasılmalarda rahimle eşzamanlı olarak görev alır.

***Erkek için***

Erkek genital sistemi de aynı kadındaki gibi dış ve iç genital organlar olarak ikiye ayrılır.

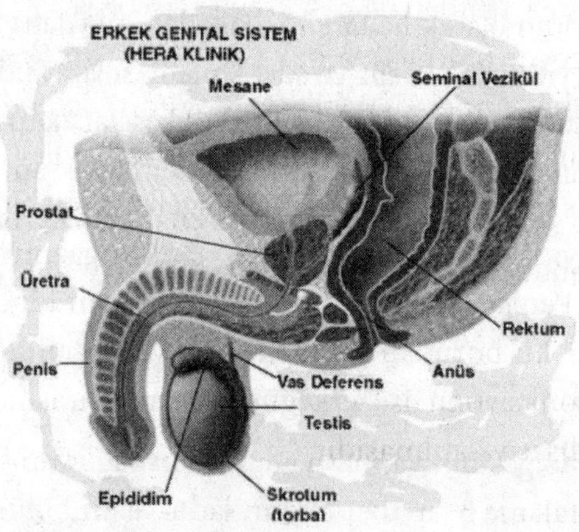

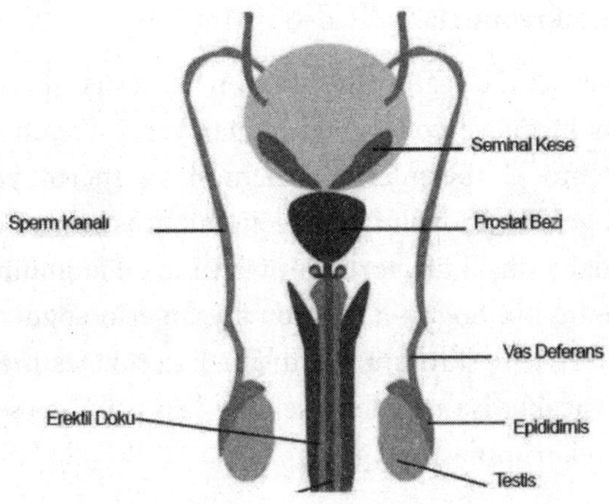


**Penis:**

Penis, erişkin bir erkekte 5-12 cm uzunluğunda, 3-5 santimetre çapında silindir şeklinde süngerimsi bir yapıdadır. İçinde kan damarlarını barındıran özelleşmiş gözenekler bulunur. Cinsel uyarı sonrasında içindeki boşluk ve gözeneklerin kanla dolmasıyla penisin çapı artar ve boyu yaklaşık iki katına çıkar. Uyarıcı etki bittiğinde ise penis kısa sürede eski haline döner. Penis uzunluğu kişiden kişiye göre değişir, şehir efsanelerinde cinsel tatmin açısından en çok konuşulan organdır. Penisin baş (glans) ve gövde (corpus) olmak üzere iki kısmı vardır.

Baş kısmı sünnet derisiyle (prepitium) kaplıdır ve erkek sünnet olduktan sonra bu kısım açıkta kalır. Penis baş kısmı (glans penis) bir erkeğin en hassas bölgelerinden biridir ve içerdiği çok sayıda sinir ucu sayesinde erkek orgazmında oldukça önemlidir. Penisin tam ortasından üretra yani idrar kanalı geçer ve idrar bu borudan geçerek dışarıya boşaltılır. Uretranın diğer bir fonksiyonu ise erkeğin orgazmı sırasında meninin (ejekulat) dışarıya atılmasıdır.

**Torba (skrotum):**

Skrotum içinde sağlı sollu yer alan iki testis, sperm kanallarının bir kısmı ve çok sayıda damar yapısı içeren torbanın ismidir. İçindeki spermlerin ölmemesi ve sperm yapımının (spermatogenesis) bozulmaması için vücut ısısından ortalama 2 derece daha düşüktür, torbanın vücut dışında bulunmasının nedeni de budur. Soğuk havalarda spermlerin soğuktan zarar görmemeleri için skrotum kendisini kasarak testisleri vücut içine alır, sıcakta ise tam tersi şekilde kendisini gevşeterek ısı dengesinin korunmasını sağlar.

**Prostat:**

Mesanenin tabanında yerleşen yuvarlak ve kestane büyüklüğünde bir organdır. İdrar yolunun (üretra) başlangıcında bulunur ve meni sıvısının spermler dışında kalan kısmından, sıvının kendine has kokusundan ve spermin besleneceği maddelerin salgılanmasından sorumludur. Ergenlik dönemine kadar pek işlevi yoktur, ergenlikle birlikte büyür ve salgılama yapmaya başlar. Boşalma sırasında kasılarak idrar kanalının idrar kesesine giren kısmının kapanmasını ve meninin geriye, mesaneye geri dönmesini engeller.

**Testisler:**

Testisler; torba içinde bulunan, spermlerin üretildiği ve testosteron adı verilen erkeklik hormonunun salgılandığı iki adet organdır. Erkek üreme sistemi, beyin tabanında yer alan hipofiz adlı bölgeden salgılanan FSH ve LH adlı iki hormonun kontrolü altındadır. Testislerin büyüklükleri kişiden kişiye farklılık gösterir, her biri ortalama 20-30 gram ağırlığında, 4-5 cm uzunluğunda ve 2-2,5 cm kalınlığındadır. Aynı büyüklükte olmalarına karşın sol testis sağdakine göre biraz daha aşağıda yerleşmiştir. Her testisin içinde oldukça küçük ve kıvrımlı sperm kanalları bulunur. Bu kanalcıklar beyinde bulunan hipofiz bezinden salgılanan hormonlarla sperm hücreleri üretir. Yine aynı şekilde testisler erkeklik hormonu olarak bilinen testosteron üretiminden sorumludur.

**Sperm üretimi:**

Erkek üreme hücresine sperm adı verilir. Ergenlik döneminin başlamasıyla, sperm hücresi oluşturulur. Sperm hücresinde hareketi sağlayan bir kuyruk vardır, çok hızlıdır ve yarım takım kromozom taşıyan silindirik bir yapıya sahiptir. Başının etrafında hücre zarı bulunur, hemen altında, yumurtanın dış kabuğunu eritecek enzimler depolanmıştır, yumurtaya ulaştığında bu enzimler sayesinde yumurta duvarını eriterek genetik materyalin yumurtanın içine bırakılmasını sağlar.

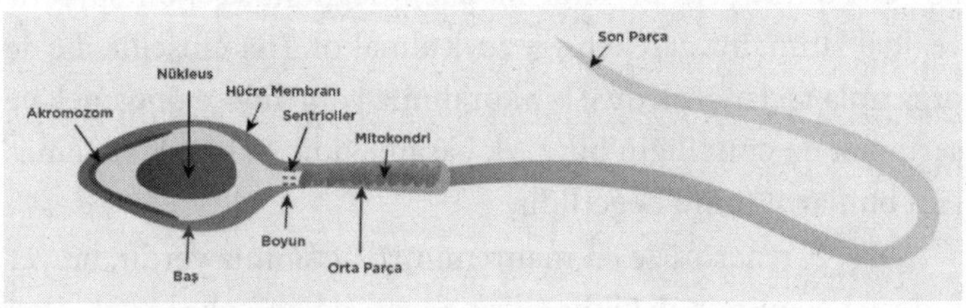


Kromozomu taşıyan çekirdek de baş kısımda yerleşmiştir. Sperm hücresi aynı zamanda oluşacak bebeğin cinsiyetini belirleyecek olan X ya da Y kromozomunu taşır. Orgazm sonrasında rahim kanalına bırakılan binlerce sperm kadının kanalında bulunan özel tüycüklerle yüzdürülerek yumurtanın bulunduğu bölgeye doğru iletilir. Bu yarışı binlerce sperm arasından sadece biri kazanır. Tek bir sperm hücresi yaklaşık 2,5 ayda olgun hale gelir. Sperm üretimi devamlıdır, üretilen sperm sürekli depolanır ve boşaltılmaya hazır bekler.

## Dişil Gücü Hissetmek: Kadın Orgazmı

Kadın orgazmı konusunda da epeyce şehir efsanesine sahibizdir. Gerçek orgazmın nasıl olması gerektiğiyle ilgili bu karmaşanın sebeplerinden biri de kadın orgazm tiplerinin birden çok olmasıdır. Kadınlar tek bir türde orgazm yaşamazlar. Her birinin verdiği zevk farklı olabilir ancak bu çeşitliliğin sebeplerinden biri de her kadının farklı şekillerde uyarılması ve orgazma giden süreçte deneyimlediği basamaklarda kendini ne kadar deneyime bıraktığıdır.

Erkekler kadar kadınlar da orgazm kıyaslamaları yaparlar, bu kıyaslamalar sonucunda da yataktaki performanslarıyla ilgili kaygıya kapılırlar. Ancak unutmamanız gereken şeylerden biri de şudur: Seks bir skor meselesi değildir, seks bir süreçtir ve odaklanmanız gereken şey zevk almaktır. Her cinsellik ille de orgazmla taçlanacak diye bir kuralımız yok, sadece öpüşmek ve sarılmak da cinselliğin bir zevk basamağıdır, yakınlık ve temas için bunların tümü değerlidir.

Seks, partnerimize en mahremimizi açtığımız yerdir, bu yer sadece bedenimiz değildir, aksine hem de en çok değerli olan yerimiz kalbimiz, ruhumuz ve zihnimizdir. Cinsellik esnasında kendimizi tamamen bırakıp teslim oluruz, bu yakınlığın merkezinde yer alan duygu teslimiyettir. Cinsellikte tamamen savunmasızızdır aslında, haz almak için en azından kendimizi bırakmamız gerekir.

Teslimiyetin olmadığı bir cinsellik pek çok soruna kapı aralar, ereksiyon sorunlarından vajinismusa kadar zihnimizde kimi düğmeleri kapatamadığımızda cinselliğin eşsiz hediyesinden de mahrum kalırız.

Seksin hedefi iyi hissetmektir, yukarıda saydığımız faydaların meyvelerini toplamaktır. Seks bir meydan okumadır evet ama bu meydan okumanın amacı her zaman orgazmı deneyimlemek olmamalıdır. Hatta çoğu zaman tek başınıza kendi bedeninizi keşfederken de amaç aynıdır, kendinize zevk verirsiniz, bir şeyler hissedersiniz ve bu size çok rahatlatıcı gelir.

*Orgazm olmak sadece sonuçla ilgili değildir. Bu süreç boyunca keşfetmeniz ve kendinize verdiğiniz özen ve sevgiyle ilgilidir. Bu, gerçekte olduğunuz seksi ve canlı kadını hissetmenize izin vermekle ilgilidir.*

Dişiliğinizin cinsel yönden de farkına varmanız sizi daha canlı kılar. Seksi hissetmek ve seksi görünmekle ilgili tabular dişil gücün üzerini binlerce yıldır örtmeye çabalar. Kadının bedeni, göğüs ya da kalça gibi uzuvları ya da seksi kahkahası belli etiketlerin altına sıkıştırılmaya çalışılır. Kadın doğal olarak seksi ve alımlı bir varlıktır ancak pek çok toplum bunu daima bastırır. Problemli olan bakış açısı şudur ki sanki doğal olanın varlığını sürdürmesi pek çok açıdan sorun yaratır ve bu yüzden bu doğallık engellenmelidir.

*Bir kadın her şeyiyle bir bütün olmalıdır. Saçlarıyla, güzel bakan gözleriyle, bakımlı yüzüyle, özenli giyimiyle, kokusuyla, kadınsı varlığıyla... Kadın kadın olduğunun farkında olmalı ve bunu hissettirmelidir.*

## Kadın Orgazmı İçin Zevk Alanları

Kadın bedeninde orgazm için pek çok alan vardır ve her biri derin zevk almak için keşfedilmeyi bekler.

**Klitoris:** 8.000 civarında sinir ucu sayesinde kadınların orgazma ulaşması için en çok tercih edilen bölge burasıdır. Klitoris adeta zevk vermek üzere tasarlanmıştır ve kadınların %80'i orgazm olabilmek için klitoral bezlerin doğrudan uyarılması gerektiğini söyler. Klitoral orgazmda alınan zevk genelde tamamen klitoriste hissedilir, keskin ve güçlüdür, hızlı ve ani bir orgazm hissi verir. Klitoris hemen her yolla uyarılabilir, parmakla, dille, bedensel sürtünme yoluyla hem çift olarak hem de kendi başınıza klitoral zevki tadabilirsiniz. Pek çok kadın klitorise yapılan dairesel dokunuşlardan hoşlandığını bildirmiştir, sayısı az da olsa kimi kadınlar aşırı hassasiyet hissettiğinden klitorisine dokundurmak istemeyebilir.

**Vajina:** Vajina duvarlarında orgazma ulaşmak için düzenli bir uyarılma ritmine ihtiyaç duyan binlerce sinir bulunur. Klitorisi ve G noktasını kasıtlı olarak uyarmayan penetratif vajinal seksten kaynaklanan orgazm, vajinal orgazm olarak kabul edilir. Klitorisin yanı sıra vajinanın başka erojen bölgeleri de vardır. A noktası veya ön forniks, vajinanın yüksek ön duvarında, rahim ağzının hemen altında bulunur. Bu bölgeye doğru şekilde dokunulduğunda derin bir vajinal orgazm tetiklenebilir. Bazı kişiler rahim ağzına dokunarak da orgazm olabilirler. Bunun nedeni, bu alanların oldukça hassas sinirleri içermesidir.

**Rahim Ağzı:** Bu tür orgazm, adını rahme bağlanan kadın üreme organı olan rahim ağzından alır. Rahim ağzı üç santimetre uzunluğunda ve 2,5 santimetre çapındadır.

**A Noktası:** A noktası vajinada bulunur ve daha yoğun, hatta art arda orgazm yaratır! G noktasının üzerinde, vajina girişinden yaklaşık 7,5 santimetre uzakta ve ön tarafta, rahim ağzına yakın bir yerde bulunur. A noktasını keşfetmek için partnerinize arkanızı dönerek vajinal birleşme yapmasını sağlayabilirsiniz.

**Ünlü G Noktası:** G noktanızı bulmak için aşağıdakileri deneyin:

- ✓ Parmağınızı vajinanıza sokun.
- ✓ Ön duvarı (göbeğinizin bulunduğu taraf) hissedin.
- ✓ Bastırdığınızda veya ovaladığınızda farklı hissettiren bir nokta bulana kadar parmağınızı hareket ettirin.
- ✓ İdrar yapma isteği hissederseniz endişelenmeyin; bu normaldir ve iyiye işarettir.
- ✓ G noktası orgazmının en benzersiz yanı, buna kadın boşalmasının da eşlik edebilmesidir ki bu tamamen normaldir.
- ✓ Üretra boşalma sıvısını serbest bırakır ve prostatik asit fosfatazla birlikte az da olsa idrar içerebilir.

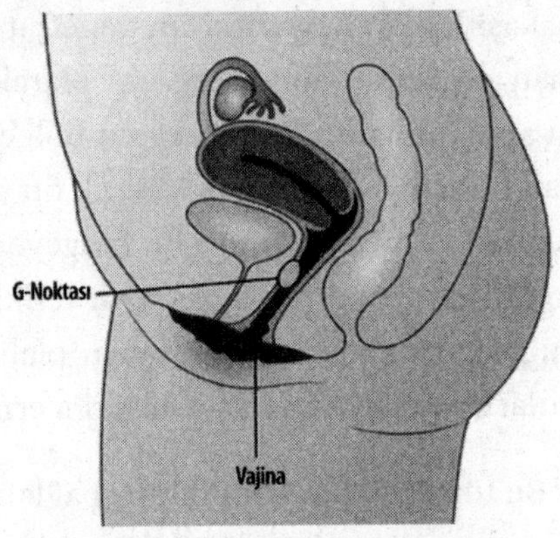


**U Noktası:** U noktası üretranın girişinde, dudakların ortasındaki vajinal deliğin hemen üstünde bulunur. Birçok kadın bu bölgenin parmakla ve dille hafif bir şekilde uyarılmasından hoşlanır.

**Meme uçları:** Pek çok kadın sadece meme uçlarının uyarılmasıyla orgazm olabilir.

Orgazm yaratan zevk alanlarının haricinde bedeninizin her alanından tahrik olmanız olası. Kulaklarınız, boynunuz, ayaklar, dirsek içleri, teniniz, dudaklarınız, eller, kasık bölgesi, dizlerin arkasında yer alan bölgeler, kalçanız... Tüm bu bölgeleri okşamak, öpmek, dokunmak, masaj yapmak yoluyla uyarıldığında cinsellik esnasında alacağınız haz da katlanır. Dozu artırılmış haz tüm beden orgazmı yaşamanızı dahi sağlayabilir.

## Dişiliğin Gücünü Ona Hissettirmek: Erkek Orgazmı

Cinsellik sadece tek başınıza gerçekleştirdiğiniz bir eylem değildir, eğer partnerinizle birlikte bunu deneyimliyorsanız en az kendiniz kadar onu da önemsemeniz gerekir. Elbette benzer şekilde erkekler de sadece kendi hazlarına odaklanmamalı ve partnerini uyarmak, onu iyi hissettirmek için zaman ayırmalı ve özen göstermelidir.

Erkeklerde orgazma giden sürecin yakıtı, testisler tarafından sürekli olarak üretilen bir hormon olan testosterondur. Testisler ayrıca her gün milyonlarca sperm üretir; bunlar olgunlaşır ve daha sonra beyazımsı, protein açısından zengin sıvılarla karıştırılır. Bu sıvılar spermleri besler, böylece spermler boşalma sonrasında sınırlı bir süre daha yaşayabilirler. Semen olarak bilinen bu sıvı ve sperm karışımı, orgazm sırasında üretradan penise doğru hareket eden sıvıdır.

Cinsel uyarılmayla başlayan, sonunda orgazm ve boşalma ile sonuçlanan bir ereksiyon elde edilebilir. Orgazma ve boşalmaya ulaşmak genellikle ortalama beş ila yedi dakika sürer, ancak aralık geniştir, bu süreç bir dakikadan azdan yarım saate kadar yayılabilir. Ayrıca her orgazm boşalmayla sonuçlanmayabilir.

## Erkek Orgazmı İçin Zevk Alanları

- **Penis:** Erkeklerin zevk merkezidir ve pek çok bölgesinde de özel haz verici noktalar vardır. Dünya üzerindeki her erkek, penis bölgesine dokunularak tahrik edilebilir, burası erkeğin uyarılmaya en hazır bölgesidir.
- **Frenulum:** Frenulum bölgesine, erkeklerin G bölgesi demek yanlış olmaz. Sinir uçlarının ve ağının en yoğun olduğu frenulum, testisler ile penis arasında kalan bölgede bulunur.
- **Prostat:** Burası 2. G noktası olarak da bilinir. Bu 2. G noktası, anüsün bir başparmağı kadar içerisindedir ve bu bölgeye prostat bölgesi denir.

- **Perine:** Erkeklerin bir diğer G noktası, makat ile yumurtalıkların arasında kalan ince deri parçası olan perinedir. Deri kalınlığının oldukça ince olmasından dolayı, bu alana dokunmak orgazmın şiddeti ve süresini artırır.
- **Meme ucu:** Kadınlarda olduğu gibi erkeklerde de uyarıcı bir bölgedir, ancak erkekten erkeğe değişkenlik gösterebilir.

## Onu Çıldırtmak İçin 14 Yol

Çeşitli metotlar ve tekniklerle orgazmın süresini, şiddetini ve aldığınız zevki değiştirebilir, daha mutlu bir seks hayatı yaratabilirsiniz. İlişkilerimizin her alanında olduğu gibi yatak odamız da özen, bakım ve ilgiden hoşlanır.

Zamanla ilişki konforunun getirdiği rehavetle partnerimize eskisi kadar yenilikle yaklaşmayı ihmal ederiz. İlişkilerin ilk günlerinde bakım ve özenin tadı da kalmaz, en doğal ve en bakımsız halimizle çıkarız eşimizin, sevgilimizin karşısına. Doğal olmakta bir sorun elbette yok, her daim tetikte olmanızı kastetmiyorum. Ancak asgari düzeyde bakım ve farkındalık her ilişkinin daha uzun soluklu ve taze kalmasını sağlar.

---

*Yatak odanıza*
*göstereceğiniz özen ve*
*ilgi ilişkide güç sahibi*
*olmanızı sağlar, dişiliğinizi*
*sergilemekten korkmayın...*

---

Cinsellik tekdüze bir deneyimler toplamı değildir, geliştirilmeye, öğrenilmeye ihtiyaç duyar. Bedeniniz ve psikolojinizin ihtiyaçları daima dönüşür, bu dönüşümde gerekli olan değişimi keşfetmeniz için kendinize yeni rotalar çizmeli, yeni manzaralar seyretmelisiniz. Hem kendi ruhunuzu hem de partnerinizinkini yenilemenin yollarına ve onun orgazmını güçlendirecek stratejilere bakalım şimdi.

**Perine bölgesine odaklanın:** Cinsellik sadece cinsel uzuvların birleşmesinden ibaret değildir, bu nihai noktaya gelene dek ateşlenmesi gereken pek çok özel bölge vardır ve bunlardan biri de yukarıda tarif ettiğimiz perine bölgesidir. Burası cinsel uyarılmaya en yoğun tepki verilen yerdir ve onu çıldırtmak için mutlaka yönelmeniz gerekir. Sinir uçlarıyla donanmış her bölge aşırı hassastır, araştırmalar bu bölgeye temas edildiğinde ve hafif baskı uygulayarak masaj yapıldığında birden fazla orgazmın yaşanabileceğini gösteriyor.

**Çoklu orgazm için keşfe çıkın:** Seks esnasında sadece tek noktaya odaklanmayın, eliniz, dudaklarınız da işbaşında olsun. Pozisyonunuza göre bedenindeki farklı bölgelerle temas edin, okşayın, öpün ve dilinizi kullanın. Örneğin bir yandan bel çukuru bölgesine dokunurken bir yandan kulaklarına dudaklarınızla temas edebilirsiniz. Bedenin farklı bölgelerine aynı anda temas etmek çoklu orgazma yardımcı olur ve alınan zevki katlar.

**Birleşme esnasında kaslarınızı sıkın:** İleride tarif edeceğimiz Kegel egzersizi sırasında kullandığınız kaslarınızı sıkmak güçlü bir orgazmı ateşler. Bir merdivenin basamaklarını çıkar gibi gitgide yükselen hazzı takip ederken orgazma yaklaştığınızda bu kasları aktif hale getirin, küçük sıkma ve bırakmalar onu fazlasıyla tahrik edecektir.

**Seks oyuncakları kullanmaktan çekinmeyin:** Yatak odanıza farklı nesnelerin misafir olmasını sağlayın. Artık çok kolay yolla ve güvenli şekilde ulaşılabilen değişik pek çok oyuncak var, rutininizi kırmak için ona çeşitli sürprizler hazırlamanız hiç de zor değil.

**Farklı kostümler giyin:** Seksi iç çamaşırları kadar farklı kostümler de seks hayatınızın hararetini artırır. Bir erkeği yatakta çıldırtmanın en iyi yollarından biri de onun hayal gücünü ateşlemektir. Erkeklerin görselliğe olan düşkünlüğünden faydalanın ve karşısına farklı imajlarla çıkın. Farklı renkte peruklar, seksi kostümlerle yatak odanızı bir oyun alanına dönüştürün.

**Hazzı geciktirin:** Erkekler minik ve aralıklı orgazmdan ziyade daha etkili ve şiddetli bir orgazmı tercih ederler. Zevkinizi daha uzun sürelere yayın, aralarda molalar verin ama ısıyı kaybetmemeye özen gösterin. Daha yoğun bir orgazm için öncesinde kasıtlı olarak durun, tempoyu düşürün ve sonra tekrar devam edin. Bedeninizin verdiği sinyalleri takip edin, zirveye çıkana kadar birkaç kez durun, derin nefeslerle yavaşlayın ve finale kendinizi hazırlayın. Ancak zamanlamayı gözden kaçırmayın, çok fazla durmanız cinsel isteksizliğin ortaya çıkmasına yol açabilir. Unutmayın güçlü orgazm demek daha fazla bağlanma demektir, bu da sizi onun gözünde daha güçlü ve eşsiz kılar. Doruğa çıkmanın bir yarış değil, bir yolculuk olduğunu hatırlayın. Kenara çekilmeyi sevmeseniz bile, deneyim boyunca ara ara durmak, daha yoğun bir orgazma yol açarken aynı zamanda daha fazla anda kalmanıza olanak sağlar.

**Masaj yapın:** Orgazma çok yaklaştığınızda testislerine hafif baskılarla dokunmak ve yukarıya doğru dairesel hareketler yapmak güçlü bir orgazm yaşamasını olanaklı kılar. Burada önemli nokta orgazm anında buna devam etmemeniz ve durmanızdır.

**Testosteron seviyesini artırın:** Erkekleri cinselliğe hazır tutan bu hormonu yükseltmek için seks öncesinde ona yardımcı olun. Masaj yapın, rahatlatıcı bir psikolojiye girmesini sağlayın. Onu ateşlemek kadar rahatlatmak da önemlidir. Buna ek olarak muz, bal, bazı kuruyemişler ve deniz ürünleriyle cinsellik öncesinde bir masa hazırlayabilirsiniz.

**Fantezilere izin verin:** Beyin vücudun en önemli cinsel organıdır, bu nedenle orgazmın yoğunluğunu artırmanın en iyi yollarından biri uyarılmayı artırmaktır. Fanteziler tahrik etmede önemli bir bileşendir, ona hikâyeler anlatın, yaşadığınız anın atmosferini değiştirmek için başka dünyalarda dolaşmaya çıkın. Yapılan araştırmalar partnerinizle seks fantezileri kurmanın hem bağlılığı hem de cinsel arzuyu artırdığını gösteriyor.

**Kayganlaştırıcı kullanın:** Zevki zamana yaydığınızda ya da henüz yeni başlamak üzereyken pek çok nedenden dolayı rahatsızlık hissedebilirsiniz. Susuz kalmak, yorgunluk ya da psikolojik olarak havaya girememenizden dolayı sizde de partnerinizde de buna ihtiyaç duyacağınız anlar olabilir. Kayganlaştırıcı kullanmanın orgazmı %50 düzeyinde kolaylaştırdığı bilinir. Eğer prezervatif kullanıyorsanız buna uyumlu olanları seçebilirsiniz.

**Hoşlandığı şeyleri itiraf etmesini sağlayın:** Pek çok erkek seks düşkünü gibi görünse de kendi zevk alanlarını itiraf etmekte zorlanır. Özellikle kimi hassas bölgelerden zevk almak pek çoğu için ayıp ve yasaktır. Kendisini özgür hissedeceği bir alan yaratın, zorlamadan neleri deneyimlemekten hoşlandığını sorun ve kendisini keşfetmesine destek olun. Buna karşı siz de açık olun ve konuyu onu iyi hissettirecek şekilde yatak odanızın doğal bir parçası haline getirin.

**Refrakter süresini önemseyin:** Refrakter süresi erkeklerde orgazmdan sonra ortaya çıkar ve erkeğin ihtiyaç duyduğu durma ve dinlenme aralığıdır. Kimi erkekler bu süreçte yakın temastan da hoşlanmayabilir. İhtiyacına göre bu süre içinde ona alan tanımanız gerekir, orgazm kadar sonrası da önemlidir ve özen ister. Refrakter süresi her erkekte farklıdır, birkaç dakikadan birkaç saate kadar sürebilir.

**Duyusal yoksunluğu deneyin:** Klasik yöntemlerin dışına çıkmanıza izin verecek yöntemlerden biri de duyusal yoksunluk yaratmaktır. Duyularınızdan birkaçını devre dışı bıraktığınızda aktif olanlar çok fazla keskinleşir ve bu da farklı bir cinsellik deneyimi sağlar. Göz bandı kullanmak, ışıkları kapatmak, kulakları kapatmak, ellerinizi bağlamak... Neyi kısarsanız başka bir şeyin hassasiyetini artırırsınız, daha fazla var olmak için bazı sesleri kısın. Her farklı deneyim için partnerinizin rızasını almayı atlamayın, hazzı artırmak için deneyeceğiniz bazı yollar sınırları zorlayabilir ve partneriniz kendini iyi hissetmeyebilir. Deneyiminizin güvenli ve keyifli sularda devam etmesi için birbirinizin ihtiyaçlarının neler olduğunu izleyin ve daima iletişimde kalın.

**Rutininizi değiştirin:** Cinsellik üzerine yapılan çalışmalar rutini bozmanın cinsel hazzı artırdığı yönünde. Cinsel uyaranları değiştirmek ve deneyimi yenilemek özellikle erkeklerde orgazm kalitesini etkiler. Farklı mekânlarda sevişmek, farklı pozisyonlar denemek, rol yapmak, farklı erotik materyaller kullanmak işinize yarayacaktır.

## Ön Sevişmenin Gücünü Keşfedin

Yatağa ulaşana dek izlenen yol da heyecanınızı katlamanıza fayda sağlar. Ön sevişme cinsellik öncesinde yapılan aktiviteleri içerir. Hatta senaryonuzun ille de yatakta bitmesi de gerekmez, bazen ön sevişme ana hikâyenin kendisidir ve çok daha zevklidir.

Diyelim ki çok acıktınız ama hemen bir şeyler yemeniz imkânsız, belki toplantınız uzadı belki de trafikte sıkışıp kaldınız. Tüm bunları atlattıktan sonra aldığınız o ilk lokmanın büyüsünü düşünün şimdi...

*Ön sevişme sizi istediğiniz*
*o büyük lokmayı iştahla*
*ağzınıza atmaya götüren zevkli*
*bir yolculuktur.*

Ön sevişme derin bir cinsel deneyimin anahtarıdır ve cinsellik için gerekli olan her şeyi aktif hale getirir. Ön sevişmeyle başlayan bir cinsellik daha fazla uyarılma olarak size döner. Ön sevişme birazdan anlatacağımız metotlara göre değişkenlik göstermekle birlikte fizyolojik olarak şunları hissetmenizi sağlar:

- Kalp ve solunum hızını artırır, bu da sizi daha fazla heyecanlandırır.
- Orgazmınızı kolaylaştırır ve daha yoğun duygular yaşamanızı olanaklı kılar.
- Partnerinize karşı daha yoğun arzular hissedersiniz, cinsel isteğiniz artar.
- Psikolojik olarak kendinizi daha motive hissedersiniz.
- Ön sevişme partnerinizle sizi daha fazla birbirinize bağlar.
- Duygusal yakınlığınızı besler.

Ön sevişme beklenti ve arzuyu doğurur, zevki ve hissi artırmaya yardımcı olur. Ayrıca uzun vadeli bir ilişkideki kıvılcımın yeniden alevlenmesine de gerçekten yardımcı olabilir. Ön sevişme aynı zamanda sadece fiziksel olarak değil duygusal olarak da yakınlaşmanın etkili bir yoludur, birbirinizi tanımanın, keşfetmenin derin bir aracıdır.

Belki seksten daha da önemli bir hikâyenin ana parçasına dönüşecek ön sevişme için şunları deneyebilirsiniz:

**Notlar bırakın:** Ulaşabileceği bir yere notlar bırakın. Bu notlar onu tahrik edecek cümleler olabilir ya da uzun bir oyunun ilk satırları da... Yaratıcı olun, oyunu gizemli bir hale getirin. Örneğin "Akşam saat 20.00'de seni .......'da bekliyorum..." ya da "Akşam seni öpmek için sabırsızlanıyorum..." gibi cümlelerle aklına çengel atabilir, tüm günü fantezilerle geçirmesini sağlayabilirsiniz. *Vazgeçilmez Olmanın Sırrı* ve *İz Bıraktığın Kadar Varsın* adlı kitaplarımda da anlattığım gibi, onun aklına kendinizi ne kadar canlandırırsanız ilişkinizde o kadar güç elde edersiniz.

**Odanın havasını değiştirin:** Alışılmadık olanın kıyılarına yelken açmayı deneyin ve sahneyi biraz değiştirin. Mum ışığında sevişmek görsel olarak da haz vericidir, hafif bir müzik ve afrodizyak kokularla odanın atmosferine biraz büyü katın.

**Striptiz yapın:** Onu şaşırtmak için basit ama etkili bir sürpriz de seksi bir müzik eşliğinde soyunmaktır. Oyunun süresini ne kadar uzun tutarsanız heyecanını da o kadar uzatabilirsiniz.

**Masaj yapın:** Dokunmak en güçlü iletişim yoludur. Afrodizyak yağlarla tüm bedenine masaj yapın. Başlangıçta kollarını ve bacaklarını rahatlatarak başlayın ve daha hassas noktalara doğru ilerleyin.

**Birlikte banyo yapın:** Birlikte sıcak banyo yapmak hem rahatlamanın hem de yakınlaşmanın bir yoludur. Uygunsa küvetinizi suyla doldurun, mumlar ve hafif müzik eşliğinde keyif yapın.

**Sürpriz dokunuşlar yapın:** Beklenmedik bir anda beklenmedik yakınlıklar sizi zevkli bir geceye taşıyabilir. Bir yemekte masanın altından ayaklarınızla onu tahrik edebilir, dışarıda yürüyüş esnasında tahrik edici cümleler kurabilir, arkadaşlarınızla eğlenirken cüretkâr bakışlar atabilirsiniz. Başkalarının yanındayken onunla yakınlık kurma talebiniz yine partnerinizin zihnine atacağınız çengellerdir ve daima tetikte o anın gelmesini iple çekecektir. Baş başayken değil başka insanların yanında da flörtöz olun, onu ne kadar istediğinizi gösterin, bu onu tahrik edecektir.

**Birlikte erotik film izleyin:** İtiraf edelim etmeyelim erotik filmler, fotoğraflar hepimiz için uyarıcıdır ve içimizi gıdıklar. Sıradan bir akşamı değiştirmek için erotizm kokan güzel bir film açın. Birlikte erotik filmler izlemek hem arzunuzu körüklerken hem de izlediklerinizi deneyimlemek için size ilham verir.

**Ateşli bir fotoğraf yollayın:** Ön sevişmeyi saatler öncesinden başlatabilirsiniz. Önemli bir görüşmenin tam ortasında, beklenmedik bir anda ona sürpriz yapın. Gün boyu onu iz peşinde tutun ve heyecanını adım adım zirveye taşıyın.

**Sevişme öncesi ritüeller yaratın:** Kim demiş bir sevişme hemen başlayacak diye? Eğer hafta sonundaysanız ya da evde geçirecek uzun saatleriniz varsa ön sevişmenizi tüm güne yayın. Bornozlarınızı giyin, birlikte mutfakta kahvaltı hazırlarken tatlı tatlı flört edin. Sonrasında bir fincan kahvenize ya da bir kadeh şarabınıza eşlik edecek sıcak bir banyo hazırlayın. Akşam için kanepede birbirinize sarılarak bir film izleyin, birbirinize masaj yapın, tüm gün birbirinize dokunun, sarılın ve konuşun.

**Bakışın:** Cinsellik bakışmalarla başlar. Ona davetkâr bakışlar yollayın, sevişmeye başlamadan önce gözlerine uzun uzun bakın ve gözlerinizi kaçırmayın. Bakışlar aynı zamanda yakınlaşmanızı sağlar ve sizi birbirinize bağlar.

**Konuşun:** Konuşmak iyi bir ön sevişme taktiğidir, üstelik uzun vadeli cinsel tatminin anahtarı iyi iletişimdir. Cinsel arzularınız hakkında konuşurken daha rahat olmanız kaygıları azaltacak ve ilişkinizde daha fazla yakınlık yaratacaktır. Kendi cinsel jargonunuzu yaratın, sadece sizin anlayabileceğiniz özel anahtar sözcükler icat edin, biraz müstehcen konuşun. Partneriniz uzaktayken seks yapmayı veya ön sevişme tekniği olarak da müstehcen konuşmayı kullanabilirsiniz. Partnerinize, yapmaktan keyif aldığınız şeyleri anlatarak onu cesaretlendirin ve ön sevişmeden ne istediklerini sorun. Kendiniz de isteklerinizi açık bir şekilde sesli olarak ifade edin "Seni arzuluyorum...", "Birazdan seninle yakınlaşacak olmak beni çok heyecanlandırıyor..." ya da "Sana bayılıyorum..." gibi cümleler kullanabilir, dozunu istediğiniz gibi artırabilirsiniz. Cinsellik esnasında kimilerince sevilen dirty talking deneyimini de deneyebilirsiniz.

**Orgazma değil zevke odaklanın:** Her anda aldığınız zevke odaklanmak, sakince yol almak sizi ulaşabileceğiniz en yüksek zirveye taşır. Acele etmeyin, her şeyin tadını almaya çalışın ve hazzı zamana yayın.

**Ne beklediğinizi söyleyin:** Karşı tarafı memnun ederken kendi zevkinizi kaçırmayın, nelerden hoşlandığınızı ifade edin, nerenize dokunmasını ya da öpmesini istediğinizi söyleyin.

## Rahatlatıcı Bir Masaj

Onu keyifli bir yolculuğa çıkarın, iyi bir masaj en az iyi bir seks kadar tatmin edicidir. Üstelik özenli dokunuşlar hem erotizminizi taçlandırır hem de sevginizi ifade etmenin mükemmel bir yoludur.

İyi bir masaj 5 duyuyu da içermelidir, ona dokunun, nefesinizi hissettirin, koklayın, tadın ve güzel sözcükler söyleyin...

- Ortamı hazırlayın önce, kokulu mumlar, yumuşak yastıklar, lezzetli meyveler, etkili masaj yağları ve arzunuza göre erotik tınıları olan bir müzik... İşte sizin için hazırlanmış sihirli bir yer... Dilerseniz alanınıza ekstradan oyuncaklar ve aksesuvarlar ilave edebilirsiniz, nasıl isterseniz...
- Hazırladığınız alana yüzüstü uzanmasını isteyin, ikiniz de çıplak olabilirsiniz. Ellerinize aldığınız masaj yağıyla önce omuzlarından masaj yapmaya başlayın, boyun bölgesi ve ense kısmına doğru yavaş ve dairesel hareketlerle masaj yapmaya devam edin. Ne çok sert ne çok yumuşak olun.
- Bir yandan onunla konuşabilirsiniz, iyi hissedip hissetmediğini sorun, tepkilerini alın. Sonra yavaş yavaş sırtına ve kalçalarına doğru devam edin.
- Kollarına yönelin, üst kısımlardan başlayıp aşağı doğru inin, ellere ve parmaklara masaja devam edin. Sonra diğer kola geçin.
- Bacaklara gelin, üst bacaklardan alt bacaklara doğru inin, ayakların da erojen bir bölge olduğunu unutmayın, bu bölgeye de özenle masaja devam edin.
- Şimdi sırtüstü yatmasını sağlayın, kısa bir mola verip bir şeyler yiyebilir ya da içebilirsiniz ama siz masaja devam

edin, şimdi devreye öpücüklerinizi sokabilirsiniz. Boynundan itibaren öpün, koklayın ve en güçlü temasla onu zirveye doğru taşıyın. Hiçbir şey için acele etmeyin, dokunuşlarınızın onu tahrik etmesine izin verin ama bekleyin.

- Dilerseniz burada oral yolla onu uyarmaya devam edebilirsiniz. Finale onu taşırken mümkün olduğu kadar hazzı uzatın, ertelenen haz daha güçlü orgazm demektir.

## Duyuları İşin İçine Kat: Kokunun Gücü

Bir kez deneyimlendiği zaman unutulmasının mümkün olmadığı, eşsiz duygular yaşatan bir duyudur koku...

Duyu organlarımız arasında en gizemli ve güçlü olan, kendisine has bir hafıza barındıran, sürprizleri seven koku duyumuz beyinde ön beyin denen talamusta süzülmeksizin doğrudan beyne giren tek duyudur. Limbik sistem denen bu bölge bizim yeme, cinsellik ya da tehlike anında savaş-kaç tepkilerimizi yöneten ilkel tarafımızdır. İnsan beyni daha sonra korteksinin gelişmesiyle karar alma mekanizmalarını geliştirip hayvandan ayrılsa da esasında limbik sistemimiz hâlâ aktiftir. Bu nedenle koku duyusu yönetmek, cazibe uyandırmak ve etki yaratmak için başvurulan bir silahtır.

Koku, bugün olduğu gibi eski dönemlerde de birçok amaçla kullanılıyordu. Özellikle eski çağlarda kullanılan parfüm her zaman hoş kokmak için değil kişilerin kendi vücut kokularını gizlemek için de kullandığı bir üründü. Hatta eski zamanlarda sokak aralarında kötü kokular duyumsandığında kişiler yanlarında sürüp o an koklayabileceği kokular taşır ve bunları koklardı.

Tarihte adı duyulmuş, güçlü kişilerin kullandığı kokular güçlü mesajlar vermekteydi. Fatih Sultan Mehmet paçuli, sedir, sandal ağacı, kehribar, menekşe, gül gibi kokuları tercih etmekteydi. Elbette ki bu kokuları seçmesi rastlantı değildi.

Koku seçimleri padişahların kişilikleri ile ilgili bilgiler de barındırır. Özellikle Fatih Sultan Mehmet'in seçmiş olduğu kokular koku dilinde daha çok liderlik vasfını ifade eden kokulardı. Yavuz Sultan Selim'in koku tercihi genellikle vanilya, kakao ve kehribar seçeneklerinden oluşuyordu, öyle ki kehribar kokusu gücü temsil eder.

Padişahlar kokularına bu denli önem gösterirken elbette ki sarayın kadınları da kendilerine çok önem gösterirlerdi. Özellikle Hürrem Sultan esansı en yoğun olan çiçeklerin kokularını kullanmayı tercih ederdi. Portakal çiçeği, karanfil, orkide, gül, frezya, nilüfer gibi çiçeklerin içeriği olan kokular Hürrem Sultan'ın vazgeçilmeziydi.

*Bu ne güzellik, bu ne yüz, bu ne güldür?*
*Acaba saçın amberi görüp mis kokulu olmuş?*
*Bu ne saç, bu ne kâkül, bu ne zülüftür...*
*Aklım saçının kokusuyla doludur,*
*Bu ne güzel koku, bu ne ıtır, bu ne hoştur...*

İşte Kanuni Sultan Süleyman'ın Hürrem Sultan'a olan aşkından dizeler... Elbette kokunun koskoca bir padişahı bile ne denli etkilediği kendi cümlelerinden daha iyi anlatılamaz.

Tarihin iz bırakan kadınlarından Hatice Sultan da, Hürrem Sultan'ın aksine daha hafif ve karakteriyle uyumlu daha masum kokulardan hoşlanırdı. Vanilya, böğürtlen, hanımeli, yasemin gibi birçok farklı karışımı kullanırdı.

Bugün çok eski tarihlerden beri güzelliği ve kokusuyla ün salmış Kleopatra, Romalı General Marcus Antonius'u etkilemek için ylang ylang çiçeğinin kokusundan faydalanmıştı. Bu koku o kadar güçlü ve baştan çıkarıcıydı ki Romalı generalin bu kokuyu duyup Kleopatra'yı o anda gördüğünde âşık olduğu söylenir.

Bugün yıllardan beri kullanılan ve hâlâ tahtını başka parfümlere vermeyen birçok koku vardır. 1921'de piyasaya sürülmüş olan Chanel No 5 aslında tam bir bağımlılık yapan etkiye sahiptir. Bir röportajında güzelliği ve dişiliğiyle ön plana çıkmış Marilyn Monroe'ya uyurken ne giydiği sorulduğunda "Sadece Chanel No 5" diye yanıt vermiştir.

Güzelliği ve gülüşü ile ünlü Julia Roberts'ın bu özelliklerinden ilhamla özel hazırlanan Lancome, yasemin ve portakal özlerini içerir.

Dünyaca tanınmış Madonna'nın da kullandığı Dior Hypnotic Poison parfümü de içerdiği aromadan dolayı kalbin zehri olarak tanımlanıyor. İçeriğinde etken madde olarak gül, sandal, hindistancevizi gibi aromalar mevcut.

Koku en eski tarihlerden beri insanın hafızasına kazınan, hâlâ etkileri günümüze kadar gelen ve iz bırakan bir şey olmuştur. Tutkulu ve yüksek cazibeli ilişkilerde kokunun gücünden yararlanmak ilişkiyi unutulmaz hale getirmede elbette işinize yarayacaktır.

Bu durumu en çok kanıtlayan durum aşk acısı çeken kişilerden de en çok duyduğumuz "Kokusunu çok özlüyorum, kokusunu unutamıyorum..." cümleleridir. İlişki yaşarken de ilişki bittikten sonra da hep özlenmek ve iyi izler bırakmış olmak isteriz. Bazı kokular vardır ki beynimizde iz bırakmıştır...

Koku duyusu diğer tüm duyulardan en kuvvetlisidir ve çapalama etkisi vardır. Bazı kokuları duyumsadığımızda hemen eşleştirdiğimiz o duyguyu o anda yaşamaya başlarız. Eğer ki kötü hisler barındıran bir koku ise eşlik eden duygular da elbette olumsuz olacaktır.

Gördüğümüz bir şeyi unutabiliriz, gördüğümüz nesnedeki renk ve şekiller bir başka nesnede de benzer şekillerde bulunabilir.

Fakat koku öyle bir duyudur ki herkes tarafından farklı şekilde duyumsanır. Kokunun molekülleri beyne ulaşıp koku hafızasını harekete geçirerek duygu ve düşüncelerimizi etkilemeye devam eder, anıları canlandırma gücüne sahip olur.

Aşk, cinsellik gibi olgular tüm canlı yaşamında koku ile tetiklenme gösterir. Koku burunda bulunan reseptörler aracılığı ile beyinde limbik sistemin duyguları yöneten sistem olan amigdala bölgesine ulaştırılır. Kişinin ilgisi ise amigdalanın değerlendirmesi sonucunda olumlu veya olumsuz yanıt verir. Bu da aslında kokunun ilişkiler için hem olumlu hem de olumsuz anlamda belirleyici olduğunu bilimsel olarak kanıtlar.

Bu nedenle biriyle flört etmeye başladığınızda kullandığınız kokuyu değiştirmemeniz önemlidir çünkü ilk andan itibaren onu kokunuzla çapalarsınız. Güçlü bir koku çapalaması ilişkinizde güçlü bağlar yaratmak için önemlidir.

Özellikle afrodizyak etkili uçucu yağlar kullanıldığında hem kendi libidonuz hem de partnerinizin libidosu olumlu yönde etkilenir. Yüksek tutkuyla iz bırakan bir cinsellik yaşarsınız. Özellikle bazı kokular ve karışımlar bunu sağlar:

***Ylang ylang yağı:*** Sıcak, şekerli ve duyguları harekete geçiren bir kokuya sahiptir. Ylang ylang yağı özellikle yasemin, lavanta, portakal yağı karışımları ile kullanıldığında dişil enerjiyi artırarak ilişkilerde yüksek tutku yaratır.

***Gülyağı:*** Romantizm dediğimizde aklımıza bitki olarak nasıl gül gelirse cinsellik, tutku, aşk gibi kavramların konuşulduğu durumda gülyağından elbette faydalanmalıyız. Gülyağı, ylang ylang, lavanta ve yasemin gibi yağlarla birlikte karıştırıldığında afrodizyak etkisi artar.

***Yasemin yağı:*** Özellikle düşük cinsel istekte en fazla kullanılan yağdır. Yasemin yağı kullanıldığında vücut ısısında bile görünür değişimler yaşanır ve psikolojik olarak çok rahatlatıcı etkilere sahip bir içeriktir. Özellikle ylang ylang, yasemin, lavanta gibi yağlarla karıştırılarak etkisi daha da artırılabilir.

İlişkilerde en önemli bileşenlerden biri de kokunuz... İyi duygular hissettiren bir kokunun hafızadan silinmesi imkânsızdır. Özellikle partnerinizin yastığına veya sürekli temas ettiği yerlere sıkacağınız bir koku aklının sürekli sizde olmasına katkıda bulunur.

Kokular partnerinizi etkilemek için de farklı yöntemlerle kullanılabilirler. Özellikle yasemin yağı göğsün biraz üstündeki orta noktaya sürülerek -bu nokta enerjisel anlamda en özel yerlerden biridir- ve sonrasında hafif parmak dokunuşlarıyla baskılar yapılabilir. Bu bölge aynı zamanda insanın enerjisinin, sıcaklığının en fazla yayıldığı bölgedir. Özellikle bu minik vuruşlar yapılırken gözlerinizi kapatıp çok istediğiniz bir şeyin içinde olduğunuzu düşünerek yaklaşık 5 dakika bu ana odaklanın. Örneğin zihninizde size çok huzur veren bir deniz kenarındaysanız kokusunu duyun, sesleri duyun, teninizdeki hissini duyumsayın, görsellere odaklanın. Sonrasında özellikle boyun bölgenizde turuncu bir kolye taşımak bu kokunun enerjisiyle çekiciliğinizi artıracaktır.

Kulağımızın arkasında da etkili aura noktalarımızdan biri bulunmaktadır. Kulağınızın arka bölgesine süreceğiniz gülyağı da cazibeyi artıracaktır. Cinsel anlamda hem size hem partnerinize olumlu duygular yaşatacaktır. Fakat kokusunun yasemin yağı ile karışmaması için aynı anda sürülmemelidir.

Dirsek içlerine sürülen ylang ylang yağı cinsel isteği artırmakta uyarıcı bir kokudur. Aynı zamanda kişide stres giderici etkiler bırakıp kokuyu alanı gevşetip rahatlatır.

Bacak arasına ve diz arkalarına sürülen lavanta yağı cinsellikte yüksek oranda haz artıran uyarıcı bir yağdır. Bundan ötürü bu yağ sadece bu anlarda kullanılıp bu an ile koşullandırılmalıdır.

## Evlilik ve Uzun İlişkide Cinsel Yaşamı Canlandırmak

Yaş aldıkça değişen her birimiz gibi cinsel yaşam da uzun ilişkilerde ve evliliklerde değişir. Genelde uzun süreli ilişkilerde çiftler eski heyecanı yaratamamaktan ve cinsel isteksizlikten yakınırlar. Gece yatağa gitmemek için daha fazla dizi izlemeye devam ederler, yatağa girince de birbirlerine temas dahi etmeden uykuya çekilirler.

Tüm dünyada pek çok insanın sorunudur bu durum, heyecan tekrar nasıl alevlendirilir? Sanki her şeyi yeni baştan keşfeder gibi deneyimlenen o ilk zamanların arzuları nasıl canlandırılır? Özellikle evliyseniz ve bir de tatlı ailenize çocuklar dahil olduysa seksten soğumuş dahi olabilirsiniz, yakınlaşmak için zaman yaratmak, uyarılmak için enerjinizi toplayamıyor olabilirsiniz.

Cinselliğinizi yeniden aktive etmek için neler yapabilirsiniz bakalım:

**Sekse odaklanmayın:** Pek çok seks terapisti sekse odaklanmanın aslında ana konudan uzaklaşmaya sebebiyet verdiğini söylüyor. Elbette amaç yakınlaşmak ve zevkli bir cinsel hayatı tekrar yaşamaya başlamak ancak seks yapmak her şeyin başı ya da sonu değildir. Ana konu daima temasta ve sıcak bir iletişimde kalmaktır. Öncelikle bunun var olup olmadığını kontrol edin. Eskisi kadar duygusal temasınız sürüyor mu? Sohbet ediyor musunuz? Birlikte nasıl vakit geçiriyorsunuz? Belki de yaşamınızda rahatlamanızı engelleyen problemler var, bu konularda birbirinize destek oluyor musunuz?

İyi bir cinsel yaşamın sırrı iyi iletişimdir, eğer iletişiminiz koptuysa ya da eskisi kadar güçlü değilse bu elbette yatak odanıza yansıyacaktır. Doğrudan sekse kilitlenmeden önce yakınlığa odaklanın, daha fazla paylaşıma ve eğlenceye yer açın. Eskiden ağırlık verdiğiniz ama artık ihmal ettiğiniz neler yapabilirsiniz düşünün. Yenilik rutini kırmakla başlar, ilk zamanların heyecanının nostaljik bir masala dönüşmesine izin vermeyin. İnisiyatif alın ve akışın tersine yüzmeye başlayın.

Konfor alanının tuzaklarından kitabın ilk bölümlerinde söz etmiştik, uzun süreli ilişkinin getirdiği rehavete kapılmayın ve sizi kaplayan kalın kabuğu kırın. Birlikte banyo yapmak veya duş almak, birbirinize masaj yapmak ya da kanepeye uzanıp sarılmak kendinizi daha yakın ve daha bağlı hissetmenizi sağlar. Arzular her zaman kendiliğinden uyanmaz, bazen onları çağırmanız ve uyandırmanız gerekir. Kendinizi rahatlamış hissettikçe arzularınız da uyanacaktır.

**Telefonlarınızı kapatın:** Haftada en az bir gecenizi telefonlarınızı kapatarak geçirin ve daha fazla iletişim kurun. Birlikte akşam yemeği yiyin, bir şeyler izleyip üzerine tartışın, gün içinde yaşadıklarınızı anlatın ve iyi vakit geçirmeye odaklanın. Gecenin finalinde seks olup olmayacağına odaklanmayın, belki de bunu iple çekiyor olabilirsiniz ancak odaklanmanız gereken şey yakınlığı güçlendirmek olmalı. Bunun "sizin geceniz" olmasını sağlayın ve rahatlayın.

**Neden seks yapmak istediğinizi anlayın:** Bunu anlamanız rahatlamanıza ve partnerinize de beklentilerinizi sağlıklı bir şekilde aktarmanıza yardımcı olur. Herkesin seks yapmak için farklı nedenleri vardır ve spontane cinsel istek bunlardan sadece biridir. Seksin amacı sadece zevk almak olmayabilir, belki de çocuk yapmak istiyorsunuz bu da gayet doğal bir motivasyon sebebidir. Seksin size verdiği canlılık ve tazeliği de arzuluyor olabilirsiniz, bu da gayet doğaldır. Bu nedenleri kategorize etmeden ve etiketlemeden neden sevişmek istediğinizi keşfedin ve bunu yakınlaştığınız bir anda partnerinizle konuşun.

Cinselliğin yokluğu size ne hissettiriyor? Bu yakınlaşma talebinin arkasında hangi ihtiyaçlar var? Açık olun ve net cümlelerle bunu konuşun. "Seni özlüyorum ve seninle yakınlaşmak bana kendimi daha hissettiriyor..." ya da "Artık bir bebeğimizin olmasını istiyorum bunu denemeye ne dersin?" veya sadece "Seninle sevişmek istiyorum..." diyebilirsiniz. Bu açıklık partnerinizin motivasyonunu anlamanızı sağlar ve belki de havada dağılmayı bekleyen karabulutları dağıtır ve sizi yeniden ortak bir amaca yönlendirir.

**Her gün birbirinizi öpün:** Her sabah evden çıkarken ve akşamları eve girerken birbirinizi öpün. Kısacık da olsa birbirinize merhaba demek ve fiziksel temasta bulunmak iletişiminizi güçlendirir. Her zaman ateşli olmak zorunda değil bu öpücükler, odak noktamız teması sürdürmek.

**Kendinize iyi bakın:** Bazı şeyleri yeniden keşfetmeye gerek yok, eğer kendinizle iyi geçinemiyorsanız, kendinizden hoşnut değilseniz elbette bu ilişkinize de yansır. Fiziksel olarak kendinizi salmış, görünümünüzdeki cazibenizi yitirmiş olabilirsiniz. Her zaman çözüm karşı tarafı memnun etmek değildir ya da ana amaç her zaman ilişki de olmamalı. Öncelikle merkezinize dönün ve sizi mutsuz eden nedenleri bulun. Defterinizle baş başa kalacağınız zamanlar yaratın ve kendinizi gözlemleyin. Neler değişti? Bu değişim sizde neler yarattı? Geldiğiniz noktada neleri eksik buluyorsunuz? Kendinizde neleri ihmal etmiş olabilirsiniz?

Mutsuzluğunuzun faturasını birine ya da ilişkiye kesmek kolaydır, ancak çoğu zaman sorumluluk almaktan kaçmanın kolay bir yoludur bu. Kendiniz için hâlâ yapabileceğiniz şeyler varken şifayı partnerinizde ya da eşinizde aramak hata olur. Hiçbir sihirli değnek sizin yaşamınızda mucizeler yaratmayacak, hiçbir sihirli el sizin mutsuzluğunuzu bir çırpıda gidermeyecek. Değişim ancak kendi başınıza bunun sorumluluğunu aldığınızda başlar. Kendi içinizdeki gücü uyandırdığınızda ilişkinizin, evliliğinizin kısaca hayatta kurduğunuz her şeyin seyri değişir.

**Güvenli iletişim ve saygıya öncelik verin:** Nihayetinde uzun süreli ilişkilerin ve evliliklerin temelinde güvenli iletişim ve saygı vardır. Cinselliğin kompleks bir yapıda olması nedeniyle en derinlerde en temel duygusal ihtiyaçlarımız vardır aslında. Konu vitrinde bedensel bir zevk alma aktivitesi gibi görünse de oldukça çetrefillidir. Sınırlarımızı belirleyemediğimiz ve saygı göremediğimiz hiçbir ilişkide kendimizi teslim edemeyiz. Eğer ilişkinizde sınırlarınız ihlal edilmişse ya da sınırları ihlal eden sizseniz bu cinsel yakınlaşmanın önünde bir bariyer yaratacaktır. Eskisi kadar yakın olmasanız da alanlarınızı taciz etmemeli, birbirinize olan saygıyı korumalısınız. Uzun süreli ilişkilerin olası sonuçlarından birisi aldatmadır. Çiftlerden biri yeni heyecanlar deneyimlemek adına aldatmaya meyledebilir. Eğer böyle bir durumdan şüpheleniyorsanız açık olun, ilişkinizin ve evliliğinizin yeni yol haritası üzerine konuşmaktan kaçınmayın.

**Akşam yemeğe çıkın ve flört edin:** Hayatınızı bir geceliğine askıya alın, çocuklarınız varsa yakınlarınıza bırakın, yapılması gerekenleri erteleyin ve bir akşam yemeği için güzel bir yerde rezervasyon yaptırın. Alımlı görünün, seksi ama abartılı olmayan kıyafetler tercih edin, her zamankinden farklı dokunuşlar yapın, örneğin saçlarınızı her zamankinden farklı toplayın ya da sürpriz yapıp öncesinde saç stilinizi, saç renginizi değiştirin ve karşısına tamamen yeni biri olarak çıkın. Onu uyaracak renkte bir ruj sürün ve farklı bir koku sürün. Eğer varsa ilişki sorunlarınızı masaya taşımayın, kinayeli sözler etmeyin ya da imalarda bulunmayın. Amacınız güzel vakit geçirmek olsun, partnerinizin başarılarından söz edin, onu takdir edin. Bir erkek sevdiği kadın tarafından onaylanmak ister, aynı şekilde bir erkekseniz sevgilinizi sevgi ve şefkatle sarmalayın. Onu destekleyecek ve güvende hissettirecek sözler söyleyin.

**Alışkanlıklarınızı değiştirin:** Eğer akşamları eve gelir gelmez kendinizi kanepeye oradan da yatağa alıp uyku moduna giriyorsanız alışkanlıklarınıza bakmakta fayda var. İlişkinizde sıkıcı olarak tanımladığınız şey tembellik olabilir. Tembelliğin rutinine girdiğinizde hiçbir şey yapmaya enerjiniz kalmayacaktır. Kendinizi meşgul edecek rutinler yaratın, mümkünse birlikte, değilse tek başınıza kendinizi tekrar enerjiyle ve güçle doldurun. Bu yeni bir şey öğrenmek, spor yapmak, yürüyüşe çıkmak, birlikte en az iki üç akşam sosyalleşmek, sinemaya, konsere gitmek olabilir. Bu tarz yeni rutinler gündeminizi de değiştirir, sürekli aynı şeyleri yapmak size üzerine konuşacak ve anlatacak yeni konu başlıkları da vermeyecektir. Hayatınızı havalandırın, üzerinizdeki ölü toprağını atın ve gücünüzü artırmaya odaklanın.

**Vücudunuza bakım yapın:** Tembelliğin ve rehavetin getirdiği erozyonlardan biri de bakımsızlıktır. Cinsel yakınlaşma esnasında partneriniz hijyen ve bakım konusunda normalden daha fazla hassas biri olabilir. Her gün duş almak, berberde saçınızı, sakalınızı kestirmek, varsa fazla kilolarınızı biraz da olsa azaltmak, güzel kokmak, ağız ve diş sağlığınıza özen göstermek, tırnaklarınızı kesmek, saçlarınıza bakım yapmak, makyaj yapmak, kıyafetlerinizin temiz ve ütülü olmasını sağlamak hem özgüven hem de cinsel istek için önemlidir.

**Çocuklarla birlikte uyumayın:** Seks hayatını hızla bitiren şeylerden biri de budur. Belli bir yaşa gelmiş ve artık kendi odasında uyuyabilecek olan çocuklarınızı yatak odasına sokmayın. Artık bebekleri bile kendi odalarına bırakıp telsiz ya da kameralarla kendi alanlarında gelişmelerini sağlamaya yönelik bir eğilim varken üstelik... Bu hem sizin hem de çocuğunuzun sınırlarını tanıması ve daha sağlıklı şekilde yola devam etmeniz için gereklidir.

**Haftada bir gece dışarı çıkın:** Geceler gündüzün telaşından arındırılmıştır ve kaygıları geride bırakmak için en iyi zaman dilimidir. Dans edip eğlenebileceğiniz yerlere gidin, birbirinize temas ederek müzik dinleyin. İster eğlenceli bir parti isterseniz de baş başa dinleyeceğiniz sakin bir müzikle ruhunuzu okşayın ve bu anları birlikte paylaşın.

**Ayrı ayrı tatil yapın:** Amaç her zaman birlikte vakit geçirmek olmasın, kendi arkadaşlarınızla vakit geçirmek için birkaç gün izin isteyin. Özlemek cinsel arzuları ayaklandırır hem de sizin enerjinizi tazelemenize yol açar. Sıkça düşülen yanılgılardan biri partnerimizin her zaman hazır ve nazır bizi bekleyeceği düşüncesidir, bu garantici yaklaşıma kapılmasına engel olun. Kendi isteklerinizle meşgul olun ve sizi rahatlatacak şeyleri yapmaktan kaçınmayın.

**Özverili olun:** Eğer gerçekten de yakınlığı artırmaya niyetliyseniz karşılıklı olarak birbirinize özveride bulunun. Bazen onun sırtından bir yük alın, sonra o da sizden başka bir yükü alsın. Yapmak zorunda olmasanız da hayatın getirdiği çeşitli sorumluluklara talip olmak yakınlaşmak ve tekrar bağlantıda hissetmeniz için güçlü ve etkili bir yoldur.

**Gerekliyse bir uzmanla görüşün:** İletişim kopuklukları ya da cinsellikle ilgili sorunlarınız için uzmanlarla görüşmekten kaçınmayın. Sizin için içinden çıkılması imkânsız sorunlarla örülü gibi görünen bir yumağı bir uzman eşliğinde kolayca çözebilirsiniz. Hedefimiz her zaman dediğim gibi elimizdeki ilişkiyi onarmaya yönelmek olmalı. Kendinize yeni seçenekler sunmayı, yeni başlangıçlar yapmayı arzulayabilirsiniz ancak daima sorunları çözmeye odaklanmak atacağınız ilk adım olmalı.

## Mastürbasyon Hakkında Kimsenin Size Söylemediği Şeyler

İster bir partnerle ister tek başınıza olsun, herkes tatmin edici bir seks yaşamını hak eder. Sizi neyin harekete geçireceğini bilmek, daha hızlı motive olmak için nelere yöneleceğinizi bilmek sadece aldığınız zevki değil aynı zamanda sağlığınızı da etkiler.

Yapılan araştırmalar erkek ve kadınların %95'inin ayda en az bir kez mastürbasyon yaptığını gösteriyor. Elbette bundan açıkça söz etmesek de mastürbasyonun gücünden pek çok insan faydalanıyor.

Orgazmın kimyasından söz ettik, bu zevk dalgalanmasıyla beynimizde ürettiğimiz kimyasalların etkilerinden de... Adeta özel olarak tasarlanmış bu zevk kokteyli adeta bizi hayatta tutmak için vardır dersek abartmış olmayız. Sadece üreme ve bize sunduğu zevkle de sınırlı değil üstelik bu faydalar. Bağlılık, rahatlama, iyilik hali, yakınlık ve şefkat duygusu sağlaması psikolojik açıdan sayabileceğimiz birkaç fayda arasında.

Salgılanan bu kimyasallar aynı zamanda orgazm sonrasında da daha iyi uyuyabilmenizin bir nedenidir. Orgazm olduktan sonra vücudunuz vazopressin salgılar. Bu, uyku döngünüzü kontrol eden melatonine eşlik eder. Oksitosin zihninizi sakinleştirirken, dopamin ve serotonin sizi son derece memnun hissettirdiğinden sağlıklı, derin REM uykusu için mükemmel bir kombinasyon sağlar.

Zevk almanın bir yolu olan mastürbasyon kendinizle temas kurmanın bir yoludur, ayrıca pek çok araştırma mastürbasyonun olumlu beden algısı geliştirmede yardımcı olduğunu ortaya koyar. Eğer cinselliği konuşma ve paylaşma konusunda utangaç ve çekingenseniz bu aynı zamanda bariyerlerinizi yıkmak için de önemli bir pratik. Sekse dair mitler ve olumsuz şablonları yıkmak için işe önce kendinizle başlayabilirsiniz.

Jinekologlara göre kadınların mastürbasyon yapması regl periyotlarında çekilen ağrı ve sancıyı azaltmaya yardımcı oluyor. Bunun yanı sıra eklem, sırt ve baş ağrılarını hafifletiyor. Cinsel birleşme sırasında kadınlarda meydana gelen kuruluk, ağrılı cinsel birleşme gibi sorunları ortadan kaldırmada oldukça etkili olduğu ortaya konmuş durumda.

## Mastürbasyon nedir?

Mastürbasyon, cinsel organlarınızı orgazm noktasına ulaşıncaya kadar kendi kendinize uyarmaktır. Bu davranış çocukluktan beri büyümenin doğal bir parçasıdır. Çocuklar iki yaşından itibaren cinsel organlarını keşfetmeye başlarlar, yetişkin perspektifinden bakıldığında bu durum kaygı yaratıcıdır ancak bu bir çocuk için büyümenin normal bir uzantısıdır.

Çocuklar dış dünyayı keşfe çıkarlar önce, sonrasında ise ilgileri kendilerine yönelir ve gittikçe bir benliklerinin olduğunu anlarlar. Bedensel keşfe çıkan bir çocuk haz veren bölgelerini keşfettiğinde buraya yönelik ilgisi atar. Bu ilgi oldukça masumdur çünkü bir çocuk kendi dünyasında yetişkinler için yerleşik hale gelmiş kurallardan, yasaklardan azadedir. Kurallar ve yasaklar yetişkinlerin dünyasında geçerlidir.

Yetişkinler, çocukken kendi bedenlerini keşfederken, kendi ebeveynlerinin veya çevrelerindeki yetişkinlerin tepkisini gördükleri şekilde çocuklarına tepki verirler. Bu nedenle utanç ve suçluluk duyguları nesilden nesile aktarılır, aşırı katı kurallarla büyüyenler için de hiçbir zaman kendi cinsellikleriyle barışık olma şansları olmaz. Bu nedenle bu döngüyü kırmak hem zihinsel hem de bedensel özgürlüğünüzü kazanmak için gereklidir ve aynı şekilde eğer anne babaysanız çocuğunuza uygun cinsel eğitimi vermeniz de gerekli ve önemlidir.

Cinsel gelişim, bir çocuğun normal büyüme ve gelişmesinin çok önemli bir parçasıdır; tıpkı fiziksel gelişimin, duygusal gelişimin, dil öğrenmenin ve geliştirmenin ve iletişim becerilerinin normal olması gibi. Ayrıca belirtmek gerekir ki mastürbasyonda bir sakınca olmasa da mastürbasyon yapmamak da sorun değildir. Bazı insanlar doğal olarak daha düşük düzeyde cinsel arzuya sahiptir ya da kişisel nedenlerden dolayı mastürbasyondan uzak durmak isteyebilirler. Siz kendiniz için en iyi olduğunu düşündüğünüz seçeneği kendinizi yargılamadan takip edebilirsiniz.

## Kadınların mastürbasyon yapması "kötü bir şey" midir?

Dünyada pek çok ülkede pek çok kadın cinselliği ve bedeni konusunda rahat değildir. Partnerleriyle yakın bir ilişki söz konusu olduğunda kendilerinden hoşlanıp hoşlanmadıklarını dahi bilmeyebilirler. Çoğu kadın vücudunun klitoris adı verilen kısmının farkında bile değildir ve cinsel zevk büyük ölçüde yalnızca penetrasyonla tanımlanır.

Klitoris, kadın üreme sisteminin vulvasında bulunan erektil dokudan yapılmış küçük, hassas bir organdır. Onu son derece hassas bir organ yapan binlerce sinir ucu içerir. Mastürbasyon klitorisi uyarır ve cinsel zevk hissi yaratır. Bedenin herhangi bir uzvunu kullanmak nasıl kötü değilse mastürbasyon da kötü değildir. Bu zevk hissi sadece bedeni tanımakla sınırlı kalmaz, bir kadının partneriyle olan cinsel deneyimini geliştirmeye yardımcı olur.

Seksologlar ve araştırmacılar, mastürbasyonun insanlar için tamamen normal bir süreç ve sağlıklı bir cinsel davranış olduğu görüşündedir. Kötü bir üne sahip olmasının nedeni bunun üzerine çok konuşmak istemediğimiz tamamen mahrem bir cinsel davranış olmasındandır.

## Her gün mastürbasyon yapmak sağlıklı mıdır?

Her gün mastürbasyon yapmak, kimileri için yaşa ve cinsel isteğe bağlı olarak normal sayılırken, bazıları için aşırı olabilir. Aralıklı olarak mastürbasyon yapmak genel enerji seviyenizi, günlük yaşamınızı ve faaliyetlerinizi etkilemediği için bir sorun yaşamazsınız. Ancak her gün mastürbasyon yapmak halsizliğe, yorgunluğa, erkeklerde erken boşalmaya neden olabilir ve partnerinizle birlikte paylaşacağınız cinsel aktivitelerinizi engelleyebilir. Aşırı mastürbasyon aynı zamanda partnerinizle cinsel yakınlığı da engelleyebilir.

Kendi başınıza eğlenmek iyi olabilir ancak evliliklerde ve uzun süreli ilişkilerde partnerinizle seks sırasındaki uyumu kaçırmak stres seviyenizi artırabilir ve genel olarak zihinsel sağlık sorunlarına, hayal kırıklığına ve mutsuzluğa katkıda bulunabilir. Kendinizle tatmin olmanız karşılıklı arzuların sönmesine neden olabilir, birbirinizi istemek yerine ayrı uçlarda vakit geçirmek yakınlığınızı soğutabilir. Bu da ilişkinizde problemlere yol açar.

## Haftada kaç kez mastürbasyon yapmak normal kabul edilir?

Haftalık sıklık, genel sağlık durumuna bağlı olarak kişiden kişiye göre değişebilir. Günde iki üç kez, haftada beş kez, haftada yedi kez mastürbasyon yapan, hatta hiç mastürbasyon yapmayanlar vardır. Bu sıklık bize her zaman bir şey anlatmaz, yaşamdaki herhangi bir değişkene göre artabilir ya da azalabilir.

Cinsel istek doğaldır ancak her şeyin fazlası zararlıdır. Bu nedenle mastürbasyon sıklığını artırmak yerine enerjinizi spor, yaratıcı sanatlar veya diğer hobiler gibi şeylere yönlendirmek de bir seçenektir. En az orgazm kadar bunlarla da dengeli, sağlıklı ve mutlu bir yaşamı desteklersiniz. Sürekli seks düşünmek, sürekli bedeninizle ilgilenmek her anlamda yorucudur.

## Mastürbasyon, partnerle seksin yerini alabilir mi?

Mastürbasyon başlı başına seksten ayrı duran zevkli bir aktivitedir. Aslında mastürbasyon, partnerinizle olan deneyiminizi geliştirebilir çünkü kendi vücudunuzu daha iyi anlamanıza yardımcı olur. Ancak partnerinizle bir şeyleri paylaşmak yerine yalnızca tek başınıza mastürbasyon yapıyorsanız ve partnerinizle olan fiziksel yakınlığı görmezden geliyorsanız veya kaçırıyorsanız, bu bir sorunun işareti olabilir.

Mastürbasyon bazen sizin için kesinlikle bir seçenek haline gelebilir, örneğiniz partneriniz hastaysa, görüşmeniz mümkün değilse ya da seks yapmak için kendini yeterince enerjik hissetmiyorsa deneyebilirsiniz.

**Mastürbasyonun kadınlara faydaları nelerdir?**

- Uyarıldığınızda, ruh halinizi yükselten dopamin ve epinefrin hormon düzeyleri vücudunuzda hızla yükseldiği için depresif duygular azaltır.
- Mastürbasyon, duygusal stresi büyük ölçüde hafifletir.
- Kendinizle olan ilişkinizi güçlendirmenize yardımcı olur çünkü kendinizi fiziksel ve duygusal düzeyde derinlemesine tanıyıp sevdiğinizde, güven kazanırsınız ve kişisel farkındalık yoluyla büyümenize izin verirsiniz. Bu da yaşamın her alanında kendinizi doğru ifade etmeye yol açar ve özgüveninizi artırır.
- Mastürbasyon uykunuzun kalitesini artırmaya yardımcı olur.
- Daha fazla orgazm yaşayan, daha fazla tatmin olan kadınların kalp hastalığına ve Diabetes Mellitus Tip 2'ye karşı daha fazla dirence sahip olduğu bilinir.
- Bir kadın orgazm olduğunda pelvik tabanı güçlenir. Klitoriste kan basıncı artar. Kas tonusu, kalp atış hızı ve solunum artar ve rahim pelvik tabandan yukarı doğru çıkar, böylece pelvik kas gerginliği artar ve tüm bölge güçlenir.
- Kendinizi fiziksel olarak tanıdığınız için partnerinizle olan ilişkinizi geliştirir. Bu da yatak odasında daha özgüvenli bir duruş sağlar.
- Menopoz sonrasında kadınlarda vajinanın daralması cinsel ilişkiyi ve jinekolojik muayeneyi ağrılı hale getirebilir. Mastürbasyon, cinsel organlara kan akışını artırır, böylece saydığımız sorunların azalmasına yardımcı olur.

## Aşırı mastürbasyon yaptığınızı nasıl anlarsınız?

Aşağıdaki durumlar aşırı mastürbasyon yaptığınızın işaretleridir:

- ✓ Sürekli seks düşünmek sürekli kendinizle ilgilenmek size sıkıntı veriyorsa
- ✓ Partnerinizle yakın bir ilişki yerine mastürbasyon yapmayı tercih ediyor ve bu nedenle partnerinizle cinsel ilişkiyi tamamen durdurduysanız
- ✓ Kendinizi memnun etmekle fazla meşgul olduğunuz için arkadaşlarınıza veya ailenize neredeyse hiç zaman ayırmıyorsanız
- ✓ Sürekli şehvet duyuyor ve zevk alma dürtüsüyle savaşıyorsanız
- ✓ Genital bölgenizde ağrı, kızarıklık ve tahriş gibi sorunlar varsa

Aşırı mastürbasyon yapıyorsanız veya yaptığınızı düşünüyorsanız bir uzmandan destek alabilirsiniz.

## Kegel Egzersizleri

Aşk kası olarak da bilinen pelvik kası güçlendirmek ve böylelikle cinsel ilişki esnasında daha kolay orgazma ulaşmanızı sağlamak için bir dizi egzersizle çalışabilirsiniz.

Kegel egzersizleri rahim, mesane, incebağırsak ve rektumu destekleyen pelvik taban kaslarını güçlendirir. Pelvik taban kaslarını eğitmek için yapılan Kegel egzersizleri hem kadınlar hem de erkekler tarafından yapılabilir.

Pelvik kasların güçten düşme nedenleri aşağıdakiler olabilir:

- ✓ Yaşlanma
- ✓ Aşırı kilo
- ✓ Hamilelik ve doğum sonrası süreçler
- ✓ Kadınlarda jinekolojik cerrahi sonrası
- ✓ Erkeklerde prostat ameliyatından sonra

**Doğru kaslar nasıl bulunur?**

İdrar yapma ihtiyacınızın geldiğini ama tuttuğunuzu hayal edin, işte bu kaslar odaklanmanız gereken kaslardır. Egzersiz sırasında doğru kasları bulmak önemlidir.

İdrara çıkmanız gerektiğinde klozete oturun. Vajinanızdaki (kadınlar için), mesanenizdeki veya anüsünüzdeki kasların gerildiğini ve yukarı doğru hareket ettiğini hissedin. Bunlar pelvik taban kaslarıdır. Gerildiğini hissediyorsanız doğru yeri buldunuz demektir. Uyluklarınız, kalça kaslarınız ve karnınız rahat kalmalıdır.

Hâlâ doğru kasları sıktığınızdan emin değilseniz:

***Kadınlar için:*** Parmağınızı vajinanıza sokun. Kaslarınızı sanki idrarınızı tutuyormuş gibi sıkın, sonra bırakın. Kasların gerildiğini ve yukarı aşağı hareket ettiğini hissetmelisiniz.

***Erkekler için:*** Parmağınızı rektumunuza sokun. Kaslarınızı sanki idrarınızı tutuyormuş gibi sıkın, sonra bırakın. Kasların gerildiğini ve yukarı aşağı hareket ettiğini hissetmelisiniz.

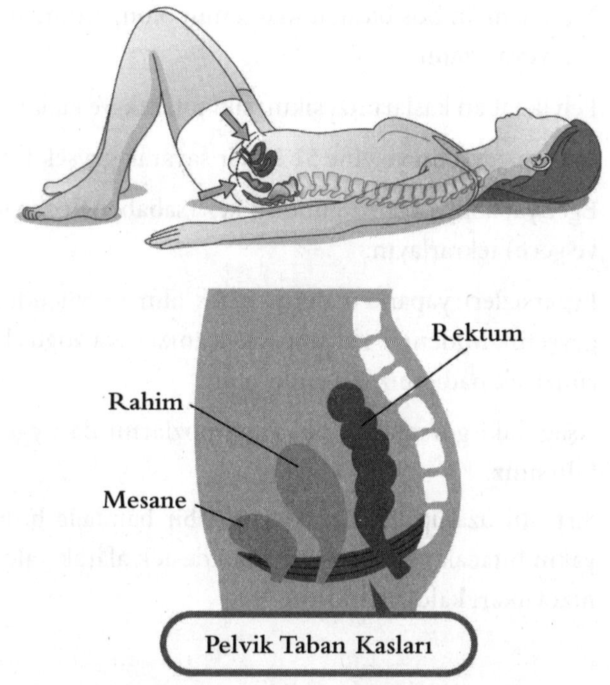


Bu kaslar belli bir yaştan sonra zayıflamaya başlar. Özellikle kadınlarda menopoz sonrası östrojen hormonunun kesilmesiyle yağlanma azalır ve bu da yine kaslarda zayıflamaya yol açar. Kimi kadınlarda bu bölgedeki zayıflama kendini hissizlik olarak da gösterir. Kimi aktivitelerde ya da gülme, hapşırma gibi anlarda idrar kaçırmaya sebebiyet verebilir. Tüm bunlarla ilgili bilgi sahibi olmak önemlidir, çünkü hem psikolojik olarak hem de bedenen sağlıklı olmak sizi çok daha iyi hissettirir.

**Kegel egzersizleri nasıl yapılır?**

Odaklanmanız gereken kasların yerini öğrendikten her gün 10-15 dakika Kegel egzersizleri yapın:

- ✓ Mesanenizin boş olduğundan emin olun, ardından oturun veya uzanın.
- ✓ Pelvik taban kaslarınızı sıkın, sıkı tutarak 5'e kadar sayın.
- ✓ Kasları gevşetin ve yine 5'e kadar sayarak gevşek tutun.
- ✓ Eğer yapabiliyorsanız günde 3 kez (sabah, öğleden sonra ve gece) tekrarlayın.
- ✓ Egzersizleri yaparken derin nefes alın ve vücudunuzu gevşetin. Midenizi, kalçanızı, kalçanızı veya göğüs kaslarınızı sıkmadığınızdan emin olun.
- ✓ Aşağıdaki görseldeki gibi yoga pozlarını da uygulayabilirsiniz.
- ✓ Sırtüstü uzanıp üst bacaklarınızı bir bandajla birbirine yakın tutacak şekilde sırtınızdan destek alarak kalçalarınızı yukarı kaldırıp indirin.

4 ila 6 hafta sonra kendinizi daha iyi hissetmeli ve daha az semptom göstermelisiniz. Egzersizleri yapmaya devam edin, ancak sayısını artırmayın. Aşırıya kaçmak zorlanmaya neden olabilir.

Dikkat etmeniz gereken noktalar:

- ✓ Egzersizleri idrarınızı yaparken uygulamayın, bu idrar yollarınızda ve böbreklerinizde sorunlara yol açabilir.
- ✓ Kendinizi çok zorlamayın, aşırı zorlama kaslarınızda ağrıya ve ilişki sırasında zorlanmanıza yol açabilir.
- ✓ Egzersizleri düzenli yapın, özellikle cerrahi sonrası idrar kaçırma problemleriniz varsa düzenli yaparak bu kasları güçlendirmeniz gerekir ve ara verdiğinizde tekrar eski güçsüz haline geri dönecektir.

## Cinsel Problemlerden Özgürleşmek

Cinsel işlev bozukluğu, bir birey veya çiftin cinsel tepki döngüsünün herhangi bir aşamasında yaşadığı ve cinsel aktivitede tatmini engelleyen bir zorluğu ifade eder. Cinsel tepki döngüsünü heyecan, plato, orgazm ve çözülme olarak sıralamıştık. Cinsel işlev bozukluğu bu döngüdeki aşamalardan herhangi birine dair bir problemden de kaynaklanabilir.

Cinsel işlev bozukluğu her yaşta ortaya çıkabilir, ancak 40 yaşın üzerindeki kişilerde daha sık görülür çünkü genellikle yaşlanmaya bağlı olarak sağlıktaki bozulmayla ilişkilidir.

Cinsel işlev bozukluğunun en yaygın belirtileri şunlardır:

- ✓ Cinsel istek veya ilgi eksikliği
- ✓ Cinsel aktivite sırasında fiziksel olarak uyarılmama
- ✓ Orgazm eksikliği ya da orgazmın gecikmesi
- ✓ Kadınlarda vajinal kuruluk
- ✓ Erkeklerde ereksiyon problemleri ve erken boşalma
- ✓ Ağrılı ilişki

Cinsel işlev bozukluklarında dikkat edilmesi gereken önemli noktalardan biri bu problemlerin yaşamınızda ne kadar sürdüğü ve ne derece yerleşik olduğudur. Bunu tespit etmek endişelerinizi azaltacağı gibi daha ileri seviyede bir probleme dönüşmeden öncesinde önlem almanıza katkıda bulunur.

Bu problemler şu şekillerde olabilir:

- ✓ **Edinilmiş:** Bozukluk kişinin yaşamının bir noktasında başlamıştır ve ömür boyu sürecek bir durum değildir.
- ✓ **Yaşam boyu:** Bozukluk her zaman mevcuttur.
- ✓ **Duruma bağlı:** Sorun belirli bağlamlarda ortaya çıkar; örneğin yalnızca belirli bir partnerle veya partnerle cinsel ilişki sırasında ortaya çıkar, ancak tek başına mastürbasyon sırasında ortaya çıkmaz. Ya da stresli bir dönemden geçerken ortaya çıkar ancak bu stresli durum ortadan kalktığında problem çözülür.
- ✓ **Genelleştirilmiş:** Sorun her durumda ortaya çıkar.

## Cinsel işlev bozukluğuna ne sebep olur?

*Fiziksel nedenler:* Birçok fiziksel ve/veya tıbbi durum cinsel işlevde sorunlara neden olabilir. Bu durumlar arasında diyabet, kalp ve damar hastalıkları, nörolojik bozukluklar, hormonal dengesizlikler, böbrek veya karaciğer yetmezliği gibi kronik hastalıklar ve alkol ya da madde kullanım bozukluğu yer alır. Ayrıca bazı antidepresan ilaçlar da dahil olmak üzere bazı ilaçların yan etkileri cinsel işlevi etkileyebilir.

*Psikolojik nedenler:* Bunlar arasında işle ilgili stres ve kaygı, cinsel performansla ilgili endişeler, evlilik veya ilişki sorunları, depresyon, suçluluk duygusu, beden imajıyla ilgili endişeler ve geçmişte yaşanan cinsel travmanın etkileri yer alır.

Cinsel kaygılar kadınlar arasında yaygındır ve hem fizyolojik hem de psikolojik birçok farklı soruna bağlanabilir. Hormonlar erkeklerde ve kadınlarda cinsel işlev bozukluğunda rol oynar. Düşük erkeklik ve kadınlık hormonları cinsel isteğin azalmasına neden olur. Erkeklerde ve kadınlarda yaşlandıkça hormonlar azalır. Kadınlık hormonları hamilelik sırasında, doğumdan hemen sonra veya emzirirken değişebilir. Menopozdan sonra birçok kadın daha az cinsel istek duyar. Ayrıca menopoz vajinal kuruluğa neden olur ve bu da seks sırasında ağrıya neden olabilir.

Birçok kadın diyabet, hipertansiyon, kalp-damar hastalıkları ve nörolojik bozukluklar gibi kronik tıbbi durumların cinsel tepki döngüsünü etkileyerek cinsel işlev bozukluğuna da neden olabileceğinin farkında olmayabilir. Ek olarak, cinsel istek veya zevk kaybı, kanser tedavisinin yaygın bir sonucudur ve sıklıkla tedavi tamamlandıktan sonra da devam eder.

Cinsel işlev bozukluğu aynı zamanda evlilikteki anlaşmazlıklar, kısırlık sorunları, doğum veya aşırı yoğun bir yaşam tarzı gibi yaşamdaki stres faktörlerinden de kaynaklanabilir. Her yaşta günlük yaşamın stresi cinsel işlev bozukluklarına neden olabilir. Yoğun bir işten yorulmak ya da küçük çocuklara bakmak cinsel isteğinizi etkileyebilir. Ayrıca uzun süredir devam eden bir cinsel rutinden de sıkılmış olabilirsiniz.

## Cinsel İşlev Bozuklukları

### Arzu ve Uyarılma Bozuklukları

Arzu ve uyarılma bozuklukları arasında kadınlarda cinsel ilgi/uyarılma bozukluğu, erkeklerde cinsel istek bozukluğu ve erektil disfonksiyon (iktidarsızlık) yer alır.

**Kadınlarda cinsel ilgi/uyarılma bozukluğu:** Kişiler cinsel aktivitelere ve fantezilere karşı ilgisizlik veya isteksizlik, cinsel karşılaşma sırasında azalmış uyarılma veya duyum veya bunların bir kombinasyonunu yaşarlar. Bu semptomların en az 6 ay boyunca mevcut olması ve cinsel ilişkilerin en az %75'inde ortaya çıkması gerekir. Pek çok faktör bu sorunun ortaya çıkmasına neden olabilir, menopoz, duygudurum bozuklukları, ilaçlar cinsel uyarılmayı ve arzuyu etkileyebilir. İlişkide yakınlık veya güven eksikliği cinsel engeller yaratabilir ve cinsel istek, mastürbasyon veya cinsel tepkiyle ilgili olumsuz sosyokültürel mesajlar da olumsuz etki yaratabilir. Tedavisi için bir uzman eşliğinde ilaç, terapi şeklinde olabilir.

**Erkeklerde hipoaktif cinsel istek bozukluğu:** Bu durum erkeklerde düşük cinsel istek olarak da bilinir. Tanı kriterlerini karşılamak için semptomların en az 6 ay boyunca mevcut olması ve kişinin semptomlardan rahatsız edici düzeyde etkilenmesi gerekir. Cinsel istek bozukluğunun sebepleri arasında ilişkideki sorunlar, erkeklikle ilgili sosyokültürel mesajlar, cinsiyetle ilgili erken olumsuz mesajlar ve yaş, hormon üretimi, hastalıklar ve kullanılan ilaçların yan etkileri sayılabilir. Benzer şekilde bir uzman eşliğinde teşhis konduktan sonra ilaç tedavisi ve terapi gibi yöntemlerle iyileşme sağlanabilir.

**Erektil disfonksiyon:** Erektil disfonksiyon ya da genel kullanımıyla iktidarsızlık erkeklerde cinsel aktiviteyi tamamlayana kadar ereksiyonu elde etmede veya sürdürmede yaşanan zorluğu ifade eder. Bu bozukluk aynı zamanda kendini sertleşme sorunu olarak da gösterir. Sorunun en az 6 ay sürmesi ve etkilenen kişide ciddi sıkıntı yaratması gerekir. İktidarsızlık probleminin nedenlerini bulmak için bir uzmanla ilerlemek gerekir. Hem psikolojik hem de fizyolojik nedenler tespit edilerek gerekli tedavi yöntemleri belirlenebilir.

## Orgazm Bozuklukları

Orgazm bozuklukları arasında kadın orgazm bozukluğu, erken boşalma ve gecikmiş boşalma yer alır.

**Kadın orgazm bozukluğu:** Bu durum orgazmda zorluk veya gecikmeye neden olur ya da orgazm sırasında daha az yoğun tatmine yol açar. Kaygı, stres veya yorgunluk gibi bireysel değişkenlerden kaynaklanabilir. Eş etkileşimi ve iletişimin kalitesi gibi ilişki faktörleri de kadınlarda orgazm yeteneğini etkileyebilir. Bazı durumlarda fiziksel hastalıklar, nörolojik veya jinekolojik sorunlar, diyabetten kaynaklanabilir. İlaç, hormon tedavisi, cinsel terapi gibi yöntemlerle çözülebilir.

**Erken boşalma:** Erken boşalmadan etkilenen kişiler, cinsel ilişki sırasında, genellikle penetrasyondan sonraki 1 dakika içinde minimum uyarıyla boşalma eğilimindedir. Sorunun en az 6 ay sürmesi ve cinsel ilişkilerin en az %75'inde ortaya çıkması gerekir. Nörolojik bozukluklar, stres, ürolojik nedenler, düşük özgüven ve beden algısı ve travmatik deneyimlerden kaynaklanabilir. Egzersizler, ilaç tedavisi ve terapi ile çözülebilir.

**Gecikmiş boşalma:** Boşalması geciken erkekler, yeterli uyarılma, ereksiyon ve orgazm arzusu olsa bile orgazm olmayı ve boşalmayı zor veya imkânsız bulurlar, bu da belirgin bir sıkıntıya yol açar. Bireysel, biyolojik, psikolojik faktörler ve ilişkiden kaynaklanan sorunlar bu probleme yol açabilir. İlaç tedavisi, psikoterapi ve mastürbasyon egzersizleriyle çözüme kavuşabilir.

## Ağrı Bozuklukları

Ağrı bozuklukları arasında disparoni ve vajinismus yer alır. Bu bozukluklar benzer şekilde ortaya çıkar, ancak vajinismus yalnızca kadınlara özgü bir bozukluk olsa da hem erkekler hem de kadınlar disparoni yaşayabilir.

**Disparoni:** Disparoni, cinsel ilişki sırasında vajinada hissedilen ağrı, yanma, gerginlik veya rahatsızlık duygusu olarak tanımlanan bir cinsel işlev bozukluğudur. Bu ağrı, birleşme sırasında veya sonrasında, yüzeysel ya da derin olarak hissedilebilir ve cinsel ilişkiden keyif almayı engelleyebilir. Disparoni, vajinanın fiziksel veya duygusal nedenlerden dolayı kasılması veya rahatlamaması nedeniyle ortaya çıkabilir. Kadınların yaşam kalitesini önemli ölçüde etkilediği gibi ilişki problemlerine neden olabilir. Sinir hasarı veya işlev bozukluğu, aşırı hassasiyet, ameliyatlardan kaynaklanan hasarlar gibi fizyolojik faktörlerin tümü ağrıya katkıda bulunabilir. Psikolojik olarak anksiyete, felaketleştirme, olumsuz düşünceler, beklentiler, öğrenilmiş sosyokültürel şablonlar ya da partnere karşı cinsel çekim eksikliği nedeniyle de ortaya çıkabilir. Tedavisi psikoterapiden ameliyat seçeneğine kadar uzanabilir.

**Vajinismus:** Disparoniye benzer şekilde vajinismus hastaları da genital ağrı nedeniyle vajinal penetrasyonda zorluk yaşarlar. Vajinal açıklığı çevreleyen kaslarda meydana gelen spazmlar cinsel ilişkiyi neredeyse imkânsız hale getirir. Kadınlar vajinal açıklık çevresinde yanma, gerilme veya yırtılma hissi duyarlar ve sıklıkla penetrasyon konusunda aşırı düzeyde korku yaşarlar. Belirli bir nedeni bulmadan önce vajinismus hakkında çok daha fazla araştırma yapılması gerekir. Cinselliğe dair olumsuz bakış açıları, cinsel istismar geçmişi, cinsel eğitim eksikliği ve ilişkideki sorunlar vajinismusun nedensel değişkenleri olarak sayılabilir. Disparonide kullanılan birçok tedavi vajinismus tedavisinde faydalıdır. İlaç tedavisi, kremler gibi tıbbi tedaviyle birlikte, olumsuz düşüncelerin azaltılması, korku-kaçınma döngüsünün ele alınması ve partnerli ilişkinin iyileştirilmesi dahil olmak üzere psikoterapi süreçleriyle çözüme kavuşulabilir.

## Diğer Cinsel Bozukluklar

**Parafili bozuklukları:** Parafili, bir kişinin yoğun fantezi ve anormal arzular içinde bulunmasını tanımlayan psikoloji terimidir. Yani cinsel uyarılma ve orgazm için, alışılmadık nesneler, eylemler veya durumları içeren tekrarlayıcı ve yoğun cinsel dürtü, fantezi veya davranışların olması durumudur.

Parafili, röntgencilik, teşhircilik, pedofili, fetişizm, cinsel sadizm ve mazoşizm gibi sıra dışı cinsel ilgilerdir. Cinselliğin doğal bir parçası olarak fanteziler ve fetiş gibi faktörlerden cinsel yaşamı renklendirmek için faydalanılabilir ve bu doğaldır. Ancak bu konuda sağlıklı sınırlar ihlal edildiğinde, bir başkasının rızası dışında bu davranışlar zorla gerçekleştirildiğinde, istismara ve zorlamayla yapılmaya çalışıldığında bu durumlar psikopatoloji hatta cinsel suç olarak dahi ele alınabilir.

Cinsel sapkınlık ile psikopatoloji arasındaki çizgiler, "normal" cinsel davranış olarak kabul edilen şeye bilimsel bir yanıtın bulunmaması nedeniyle karmaşıklaşmaktadır. Bu nedenle bu doğal taleplerin de ötekileştirmeye maruz kalmaması için sınırların iyi netleştirilmesi gerekir. Cinsel suçluların ve parafililerin tedavisi farmakolojik, psikolojik ve toplumsal destek müdahalelerini içerir, ancak bu tedavilerin etkili olup olmadığı konusu tartışmalıdır.

*Teşhircilik:* En yaygın görülen cinsel eylemlerdendir. Kişinin genel olarak genital organlarını başkasına göstermesiyle gerçekleşir, kişi genellikle daha ileri bir cinsel aktiviteye yeltenmez.

*Fetişizm:* Kadın iç çamaşırı, çorapları, ayakkabı, çizme ya da başka cansız nesnelerle cinsel dürtü ve davranışların yineleyici tarzda ortaya çıkmasıdır. Kişi nesneye dokunarak, koklayarak mastürbasyon yapar ya da cinsel ilişki sırasında partnerinin fetiş nesnesini giymesini ister.

*Pedofili:* Küçük yaştaki çocuklara yönelik cinsel ilgidir. En az 6 aylık süre boyunca, ergenlik dönemine girmemiş çocuk ya da çocuklarla cinsel etkinlikte bulunma davranışıdır.

*Cinsel sadizm:* Kişiye acı vererek, aşağılayarak uyarılma heyecan yaşatan deneyimlere karşılık gelir. Cinsel yönden uyarıcı olan partnerin ya da kurbanın acı çekmesidir. Kronik seyirli olup, antisosyal kişilik bozukluğu ile ilişkili olduğu ortaya konmuştur.

*Röntgencilik:* Habersiz bir şekilde bir kişiyi çıplakken, soyunurken ya da cinsel eylemde bulunurken gözetleyerek ortaya çıkan yineleyici tarzda görülen cinsel dürtü ve davranış bozukluğudur. Gözetleme sadece cinsel uyarılmaya yöneliktir, herhangi bir cinsel eylemde bulunma amacı taşımaz.

## Diğer parafililer:

*Kalıcı genital uyarılma bozukluğu:* Bu durum çoklu orgazmlardan sonra bile azalmayan, istenmeyen ve oldukça rahatsız edici genital uyarılmaya karşılık gelir. Çeşitli tetikleyiciler olarak psikolojik stres ve kaygıdan dar kıyafetler giymeye veya oturma pozisyonuna kadar pek çok neden sayılabilir. Tedavi genellikle bir doktor veya jinekolog tarafından genital veya pelvik muayene ile başlar. İlaç tedavisi ve pelvik taban fizik tedavisinin yanı sıra eşlik eden sorunların değerlendirilmesi de önerilebilir.

*Seksomnia:* Uyku seksi olarak da adlandırılan seksomnia, kişinin uykudayken cinsel davranışlarda bulunduğu bir tür uyku bozukluğudur. Kişi cinsel davranışlar gerçekleştiğinde bunun farkında değildir ve uyandığında bilinçliyken bunu yaptığına dair hiçbir anısı yoktur. Nedenleri çoğunlukla bilinmemektedir. Ataklarda okşama, sürtünme, mastürbasyon, konuşma, cinsel ilişkiye girme görülür. Atak riskini artıran faktörler arasında aşırı yorgunluk, kaygı ve stres yer alır. Aşırı alkol tüketimi ve uyuşturucu kullanımı da seksomnia tetikleyebilir.

## Erkeklerde ve kadınlarda cinsel işlev bozuklukları önlenebilir mi?

Yaşlanmayı ve bedensel olarak değişimi engelleyemeyiz ancak cinsel işlev bozukluğunun etkisini azaltmak için hem erkeklerin hem de kadınların yapabileceği birçok şey var. Buna vücudunuz ve onun nasıl çalıştığı hakkında daha fazla bilgi edinmek de dahildir.

Genel olarak uzun vadede alabileceğiniz kimi önlemlere bakarsak:

- Tansiyon, diyabet, kalp gibi hastalıklarınız varsa ve buna bağlı olarak her gün düzenli ilaç kullanıyorsanız ilaçların yan etkilerini doktorunuza sorun.
- Depresyondaysanız, stresliyseniz veya ilişki sorunları yaşıyorsanız bir danışmanla veya akıl sağlığı uzmanıyla konuşun.
- Alkol tüketiminizi azaltın, sağlıklı beslenin ve düzenli egzersiz yapın.
- Partnerinizle cinsel ilişkinizde neyi sevip neyi sevmediğiniz hakkında konuşun.
- "Duyusal odaklanma" egzersizlerini uygulayın. Burası bir partnerin masaj yaptığı, diğer partnerin neyin iyi hissettirdiğini söylediği ve değişiklik talep ettiği bir alanda birbirinizi anlamak için uygun bir yerdir. Örneğin birbirinize "Daha hafif...", "Daha hızlı..." diyebilir ve ihtiyacınız olan ritmi, dokunuşu keşfedebilirsiniz.
- Kadınlarda Kegel egzersizleri (vajina kaslarının sıkılması ve gevşetilmesi) uyarılmayı artırır.
- Cinsel ilişki dışında masaj, oral seks veya mastürbasyon gibi cinsel aktiviteleri deneyin.
- Keyif verici uyuşturucu maddelerden uzak durun.
- Sorun arzuysa, her zamanki rutininizi değiştirmeyi deneyin. Günün farklı saatlerinde seks yapmayı deneyin ya da farklı bir cinsel pozisyon seçin. Partnerinizle hoşlandığınız ve hoşlanmadığınız şeyler hakkında konuşun.
- Kadınlarda uyarılma bozuklukları, kuruluk için vajinal krem veya cinsel kayganlaştırıcı kullanılabilir. Menopoza girdiyseniz östrojen alma konusunda doktorunuzla konuşun. Uyarılma bozukluklarıyla uğraşan erkekler, uyarılmayı iyileştirmenin yollarını (ön sevişme veya

fanteziler gibi) tartışmak için partnerleriyle konuşmalıdır. Reçeteli tedavi seçenekleri hakkında yine doktorunuzla konuşun (örneğin Viagra). Ancak Viagra ve hormon replasman tedavisinin ani ve uzun vadeli yan etkileri vardır, bu konuda yeterince bilgi sahibi olun.

## Güvenli Seks ve Cinsel Yolla Bulaşan Hastalıklardan Korunma

Güvenli seks, sizi ve cinsel partnerinizi cinsel yolla bulaşan enfeksiyonlara ya da planlanmamış hamileliğe karşı koruyan her türlü cinsel temastır. Seks yaptığınız kişiyle meni, vajinal sıvı veya kan gibi vücut sıvılarının değişimini içermez. Güvenli seks, seks öncesinde ve sırasında enfeksiyon kapmanızı veya partnerinize enfeksiyon bulaştırmanızı önleyecek adımlar atmak anlamına gelir.

Hepatit, HIV, genital siğiller, belsoğukluğu, frengi, mantar, herpes gibi cinsel yollarla bulaşabilecek hastalıklar için bir dizi önlemi içerir. Bu hastalıkların her birinin belirtileri farklıdır ve vücudunuzda ortaya çıkan ağrı, ateş, enfeksiyon, yanma, acı, kaşıntı, kabarıklıklar, akıntı gibi belirtilerle ortaya çıkar. Kimi hastalıklar sadece kan tahliliyle belirlenir, şüpheli cinsel deneyimlerden sonra kan tahlili yaptırmak bu nedenle önemlidir.

Viral yollarla bulaşan hastalıklarda erkekler genelde enfeksiyonu taşıyıcıdır. Kadınlar ise enfeksiyona maruz kalan kesimdir. Genelde erkekler daha fazla klinik bulgu vermesine rağmen, kadınlar cinsel yolla bulaşan enfeksiyonlar açısından daha fazla risk altındadır ve klinik belirti vermezler. Bu nedenle tedavideki gecikmeye bağlı kadın hastalarda önemli sağlık sorunlarına yol açar.

Kadınların özellikle düzenli olarak jinekolojik muayenelerini yaptırmaları, düzenli olarak smear testi vermeleri çok önemlidir. HPV (insan papilloma virüsü) cinsel ilişki esnasında cilt teması yoluyla bulaşır ve 100'den fazla türü vardır ancak birkaç tanesi kanserojendir. HPV ağız ve boğazda da enfeksiyona yol açabilir. Genital bölgede veya boğazda siğiller yapabilir ancak her zaman belirti vermez, kendiliğinden de düzelebilir. HPV rahim ağzı kanserinin en önemli nedenidir. Aşı ile önlenebilir.

Rahim ağzı kanserine yönelik olarak da kadınların ergenlik dönemi başlangıcında korunma için gerekli olan aşıları yaptırması çok önemlidir. Her yıl rahim ağzı kanseri nedeniyle pek çok kadın hayatını kaybetmektedir. Bu nedenle cinsel farkındalık ve bilinçlenme için uzmanlarla görüşmek, genç kız ve genç erkeklere gerekli cinsel eğitimi vermek hayati bir önem taşır.

Teşhis ve tedavi için erkekler üroloji, kadınlarsa kadın hastalıkları ve doğum uzmanına yönelebilirler. Enfeksiyon gibi tedavilerde evli olan ya da uzun süredir birlikte yaşayan partnerlerin her ikisinin de eşzamanlı olarak tedavi edilmesi gerekir. Tek taraflı tedavilerde uygulama başarısız ve etkisizidir.

Bu önlemler:

- Partnerinizi tanıyın ve cinsel geçmişinizi tartışın. Eğer yeni biriyle bir cinsel deneyim yaşayacaksanız daha dikkatli olun ve acele etmeyin.
- Eğer herhangi bir cinsel sağlık sorununuz varsa partnerinize ifade edin. Uzun süreli bir ilişkiniz varsa ve beklenmedik bir problemle karşılaşırsanız bu konuda açık olmanız önemlidir. Evliliklerde aldatılmalarla ortaya çıkabilen sağlık sorunları mevcuttur, bu konuda şeffaf olun.

- Her seks yaptığınızda prezervatif kullanın. Doğal malzemelerden değil, lateks veya poliüretandan yapılmış bir erkek prezervatifi seçin. Prezervatif kullanmak cinsel yolla bulaşan hastalıkları önleyeceği gibi aynı zamanda gebelikler için de bir kontrol yöntemidir. İlişkinin başından sonuna kadar doğru şekilde kullandığınızdan emin olun, yırtılmış ya da zarar görmüş prezervatifleri kullanmayın, son kullanma tarihini kontrol edin. Kullanılmış prezervatifi asla tekrar kullanmayın ve kullandıktan sonra uygun şekilde çöpe atın.
- Cinsellik esnasında kullandığınız seks oyuncağı, çamaşır ya da diğer malzemelerinizi başkalarıyla ortak olarak paylaşmayın.
- Partnerinizin vücudunun farkında olun. Yara, kabarcık, kızarıklık veya akıntı belirtileri olup olmadığına bakın.
- Vücudunuzu ağrı, su toplaması, döküntü veya akıntı belirtileri açısından sık sık kontrol edin.
- Arzularınızı, cinsel ihtiyaçlarınızı ve sınırlarınızı belirtmek için seks öncesinde cinsel partnerlerinizle iletişim kurun.
- Daha düşük riskli cinsel aktivitelere yönelin. Mümkünse tekeşliliği benimseyin, çoklu ilişkiler daha fazla risk demektir. Karşılıklı tekeşlilik, yalnızca sizinle cinsel olarak aktif olmayı kabul eden tek bir kişiyle cinsel olarak aktif olmayı kabul ettiğiniz anlamına gelir. Enfekte olmamış bir partnerle uzun vadeli, karşılıklı tekeşli bir ilişki içinde olmak, cinsel yolla bulaşan hastalıklardan kaçınmanın en güvenilir yollarından biridir. Ancak ikiniz de cinsel yolla bulaşan hastalıklardan etkilenmediğinizden emin olmalısınız. Partnerinizle açık ve dürüst bir konuşma yapmanız önemlidir.

- Düzenli sağlık kontrolü yaptırın. Erkeklerde ürolojik muayene ile HPV tarzı lezyonların varlığı ve kan testleri ile hepatit ve HIV kontrolü yapılabilir. Kadınlarda da aynı şekilde düzenli jinekolojik muayene ile vajinal smear ve kan testleri ile değerlendirme yapılmalıdır. HPV ve hepatit için gerekli aşıları yaptırın.

# 9. BÖLÜM

# CİNSELLİKTE USTALIK: KUSURSUZ ÂŞIK

*"Mutluluk, karşılıklı olarak alınıp verilen ortak zevktir."*

Vatsyayana, *Kama Sutra*

## Kadim Seks Öğretileri

Kadim seks bilgeliği, binlerce yıldır her coğrafyada benimsenmiş öğretileri ve pratikleri kapsar. Hindistan'dan Çin'e dek uzanan bu pratikler seksi sadece bedensel bir birleşmenin ötesine taşıyarak ruhsal bir coşkuya erişmeyi hedefler. Antik bilgeliğin farklı bilinç hallerine erişmek üzere tasarlanmış uygulamalardan oluştuğunu biliriz, bu uygulamalar felsefi bir donanım vermek kadar dünyada deneyimlenen her eylemi olduğu halinin ötesine taşımayı, onda gizli olanın kilidini açmayı hedefler.

Yüzyıllardır öğretilen bu pratikler cinselliğe dair bütünsel bir yaklaşımdır. Bu yaklaşım, yalnızca orgazma ulaşmanın veya fiziksel zevk almanın ötesine geçer; bedenin doğal eğilimlerine uyum sağlamayı ve içimizdeki ruhsal merkezleri uyandırmayı amaçlar.

Ne yazık ki cinsellikle ilgili pek çok olumsuz inanış, onun ruhumuzla olan ilişkisine dair anlayış eksikliği nedeniyle ortaya çıkmıştır. Kadim seks bilgeliğini keşfederek, cinsel enerjinin kutsallığına dair daha derin bir takdir kazanabilir ve yakınlığı birçok düzeyde teşvik eden teknikleri öğrenebiliriz.

İnsanlar olarak, yakınlık ve bağlantı kurma konusunda doğuştan gelen bir arzumuz, eğilimimiz vardır, bunu bastırsak da yok saysak da bu böyledir. Hepimiz sevgiyi, dokunuşu ve fiziksel zevki arzularız. Ancak cinsiyete ve cinselliğe nasıl yaklaştığımız, kültürel geçmişimize, eğitimimize ve kişisel inançlarımıza bağlı olarak büyük ölçüde değişir. Doğal yollarla yaşamamız ve kendimizi özgürce ifade etmemiz gereken zevk, yatak odalarında yaşanan ve bir tabuya dönüşen bir olaya hapsedilir.

Romantik ve cinsel bağlantı, bir insanın karşılaşabileceği en güçlü enerjilerden ikisidir. Etkinleştirildiklerinde en derin fiziksel, duygusal ve ruhsal uyanışı yaşarız. Oyundaki güçlü enerjiler nedeniyle seks ve romantizm bizi kim olduğumuzun uç noktalarına getirebilir. Sevgi, öfke, neşe ve üzüntünün tümü cinsel enerji deneyimimiz aracılığıyla büyütülebilir ve yoğunlaştırılabilir. Bu nedenle, geliştirmek istediğimiz deneyimleri hayata geçirmek için bu enerjiyle ustaca çalışmamız son derece önemlidir.

*Hiçbir yanlış inanış, yaşınız, bedensel görünümünüz, fiziksel kusur ya da hayatınızda, yaşam tarzınızda sahip olduklarınız sizi kusursuz bir âşık olmaktan alıkoyamaz.*

Bedenimiz tam bir mutluluk hali, zihnin, kalbin ve ruhun birleştiği tam bir coşkuya geçiş yeri olarak kullanılabilir. Tarih boyunca cinselliğe dair pek çok farklı bakış açısı benimsenmiştir. Örneğin Victoria döneminde cinsellik oldukça katı kurallara tabidir. Daha eskiye gittiğimizdeyse daha açık, daha özgür ve kabul edici bakış açılarıyla karşılaşırız, ancak tarih boyunca farklı deneyimlerden geçilmiştir.

Cinsel açıdan karşı konulamaz olmanın, cinsel engelleri aşmanın ve sizi mutlu bir ilişkiye ulaştırmanın kilidini açmak için biraz eski metotlara bakalım. Binlerce yıldır uygulanan ve insanlara ilham veren bu metotlar saraylardan tapınaklara dek herkesin başvurduğu derin bir rehberlik içerir.

## Antik Çin Bilgeliği: Tao

Birçoğumuza seksin yanlış olduğu ya da cinsel zevkin diğer zevklerden daha az değerli olduğu öğretilir. İnsanlar cinselliğin yaşamın sağlıklı bir parçası olduğunu kabul etseler bile bize hâlâ cinselliğin belirli kurallara uyması gerektiği söylenir. Elbette bu örnekler insanların deneyimlediği yargılar buzdağının sadece görünen kısmıdır. Çoğu zaman, tüm "zorunluluklar", cinsel deneyimlerimizi ve büyümemizi engelleyen utanç veya suçluluk duygularına yol açar.

Çince Tao kelimesi "yol" anlamına gelir. Tao evrenin gidişatını ifade eder. Manevi bir sistem olarak Tao, doğayı, zihnimizi ve gerçekliği gerçek anlamda anlamanın yolu anlamına gelir. Taocular doğal dünyanın büyük gözlemcileriydi ve iç süreçlerimizi doğanın, Dünya'nın ve Evren'in bir mikro kozmosu olarak görüyorlardı. Ünlü Yin-Yang sembolü, eril ve dişil arasındaki dengeyi temsil eder; iki zıt kutup, ancak tamamlayıcı ve birbirine bağımlıdır. Biri olmadan diğeri olmaz.

Yüzyıllar boyunca Taocu öğretinin birçok dalı bugüne uzanmış ve günlük yaşamımıza farklı şekillerde entegre olmuştur.

Bu öğretilerden bazıları:

- Meditasyon
- Dengeli beslenme
- Çin tıbbı
- Qi Gong
- Dövüş sanatları
- Cinsel bilgelik
- Feng Shui'dir.

Çin cinsel sanatları ve uygulamaları, 4.600 yılı aşkın bir süre öncesine ait en eski kayıtlardan bu yana Taoizm'in bir parçası olmuştur. Taocu ustalar cinsel enerjinin en güçlü insan enerjisi olduğuna inanırlar.

MÖ 2600 dolaylarında İmparator Huang Ti'nin cinsel danışmanı Su Nun şöyle demiştir: "Suyun ateşten daha güçlü olması gibi, kadın da seks ve yapı bakımından erkekten daha güçlüdür." Tao'da dişil olana yüksek bir ilgi ve saygı vardı. Eski Taocular ilk seksologlardı ve 1960'lardaki cinsel özgürlük hareketinden birkaç bin yıl önce cinsel devrime öncülük ettiler. Kadınların cinsel tepkisine ilişkin gözlemleri son derece ayrıntılıydı. Tao'da sevişme sanatı, kişinin fiziksel ve zihinsel sağlığının merkezi ve uzun ömürlülüğe giden bir yol olarak görülür. Bu, cinsiyeti bir ahlak meselesi olarak gören dünya çapındaki diğer bakış açılarıyla keskin bir tezat oluşturur.

## Üç hazinenin birliği

Antik Çin'de cinsel enerji sağlığın, canlılığın ve ruhsal uyanışın önemli bir kaynağı olarak görülüyordu. Taocular, ustaca çalışıldığında cinselliğin evrenle doğrudan bağlantı sağlama potansiyeline sahip olduğuna inanıyorlardı. Bu nedenle, yaşamın titizlikle ve özenle uygulanması gereken kutsal ve mukaddes bir parçası olarak görülüyordu.

Taocular cinselliği doğanın güzel bir parçası, tıpkı çağlayan bir şelale ya da kendiliğinden açan çiçeklerle bezeli bir vadi olarak görüyorlardı. Hiç kimse açan bir çiçeğe kendisini saklaması için örtünmesi gerektiğini söylemez. Çiçeklerin üreme kısımları ortadadır ya da hayvanlar cinselliğini sergilemekten utanmazlar. Burada elbette toplumsal kuralların dışına çıkmaktan bahsetmiyoruz ancak farkındalık düzeyinde bu doğallığı içselleştirmek sağlıklı bir zihin ve beden için gereklidir, Taocuların yaklaşımı budur.

Taoculara göre cinsel enerji vücuttaki en güçlü enerjilerden biridir ve tarih boyunca cazibe kaynağı olmuştur. Çin tıbbında cinsel enerjiye İngilizcede "öz" anlamına gelen "Jing" adı verilir. Cinsel enerjinin varlığımızın özünde var olduğu, hayat verme potansiyeli merkezde yer alan düşüncedir.

Fiziksel bedenin maddi temeli olduğu söylenen Jing, döllenme sırasında ebeveynler tarafından çocuklarına aktarılır. Vücuttaki büyüme ve gelişme süreçlerini yönetir ve vücut yaşlandıkça yavaş yavaş yakılır. Jing, stres, aşırı çalışma, hastalık, yetersiz beslenme ve madde bağımlılığına bağlı olarak azalır.

Qi, bedenin görünmez yaşam gücü ve canlılık enerjisidir. Qi, vücutta meridyen adı verilen kanallarda dolaşan kozmik enerjidir ve bu kanalların tıkanması hastalığa sebep olur.

Shen, insanoğlunun yüksek doğasının bir tezahürüdür, Jing ve Qi enerjilerinin etkileşimi yoluyla artırılır ve geliştirilir. Shen, bilgelik, sevgi, şefkat, nezaket, cömertlik, kabullenme, bağışlama ve hoşgörü olarak ifade edilen, her şeyi kapsayan bir farkındalıktır ve erdem olarak duygulara başkanlık eder. Güçlü bir Shen, sağlam bir Jing ve güçlü bir Qi'nin temelinde bulunur, bu yüzden üçü birlikte geliştirilmelidir.

Üç hazine Tao'ya göre budur: Jing bizim fiziksel ve cinsel enerjimizdir ve alt karnımızda bulunur. Qi duygusal enerjimizdir ve kalp merkezimizde bulunur. Shen bizim ruhsal enerjimizdir ve kafamızda bulunur.

## Aşkta Taocu ustalık

*"İyi seks iyi ilaç gibidir."*

Master Mantak Chia

Taocu cinsellik uygulaması, kutsal ve manevi bir uygulama olarak kabul edilen eski Çin'e kadar uzanır. Cinsel birleşme yoluyla kişinin aşkınlık durumuna ulaşabileceğine ve ilahi olanla bağlantı kurabileceğine inanılır. Taocu cinsel uygulamalar yavaşlamayı ve anda olmayı, nefese ve bedendeki hislere odaklanmayı içerir. Bu, kişinin partneriyle daha derin bir yakınlık ve bağlantı kurmasının yanı sıra kendini daha iyi anlamasına da olanak tanır.

Taocu felsefe, Yin ve Yang'ın tamamlayıcı enerjileri arasındaki dengeyi vurgular. Cinsel uygulamada Yin enerjisi cinselliğin alıcı ve besleyici yönleriyle ilişkilendirilirken, Yang enerjisi aktif ve iddialı yönleriyle ilgilidir. Taocu cinsel uygulamalar, cinsel deneyimi geliştirmek ve daha yüksek bilinç durumlarına ulaşmak için bu enerjileri dengelemeyi amaçlar.

Cinsel uygulama sırasında Yin ve Yang enerjilerini dengelemenin bir yolu, "cinsel kungfu" olarak da bilinen "boşalmasız seks" uygulamasıdır. Bu, cinsel enerjiyi boşalma yoluyla serbest bırakmak yerine vücutta kontrol etmeyi ve yeniden yönlendirmeyi içerir. Bunu yaparak, uygulayıcılar daha uzun süreli ve daha yoğun orgazmların yanı sıra artan canlılık ve genel refahı deneyimleyebilirler.

Tao'daki cinsel enerji, sahip olduğumuz en güçlü enerji olarak görülür; sonuçta başka bir yaratım potansiyeline sahiptir. Taocu pratiklerin amacı, uzun ve sağlıklı bir yaşama yol açan bu hayat veren özü korumak, geliştirmek ve kullanmaktır. Ruhsal gelişime eğilimli olanlar için cinsel uygulama, yüksek bilinç durumlarını hızlandırmak ve aydınlanmayı hızlandırmak için kullanılır. Seks daha derin bir kozmik dengenin, Yin ve Yang'ın uyumunun bir ifadesi haline gelir.

Taocu sekse göre erkeklerin cinsel enerjisi boşalma yoluyla kaybolur. Bu nedenle cinsel enerjinin korunması, güçlendirilmesi, bedende dolaşımı ve dönüştürülmesinin temeli olarak boşalma kontrolü için yöntemler geliştirmişlerdir.

Burada önemli bir not düşmekte fayda var, son yapılan araştırmalar erkeklerde boşalmanın sağlık açısından pek çok faydasına işaret ediyor. Ayrıca bu yöntemleri uygulamadan önce bütünsel pek çok çalışmanın yapılması gerekiyor, beslenmeden egzersize, nefes çalışmalarından meditasyona dek pek çok teknikle birlikte uygulanıyor. Özellikle kronik bir hastalığınız varsa, cinsel sağlık problemlerine sahipseniz denenmemesi ya da dikkatli denenmesi gereklidir.

Yöntem, sevişirken meni sıvısının tutulmasından oluşur; bu, erkeğin vücut sıvıları üzerinde tam kontrole sahip olmasına ve onları tutarak saydığımız gibi alt karın bölgesinden daha yukarıdaki üst yaşam merkezlerine yönlendirerek enerji kaynaklarına dönüştürmesine olanak tanıyan bireysel bir uygulamadır.

Ancak boşalmanın engellenmesi orgazmın yok olması anlamına gelmez. Taocu yaklaşım, özellikle aynı zihin, beden ve ruh birliğine ulaşmak için kullanılan dil ve yöntemler bakımından Tantra'ya benzese de ondan farklıdır.

Her iki sistem de cinsel kontrol fikrini, yalnızca bir olasılık olarak değil, aynı zamanda fiziksel bedenin aracılığıyla en yüksek farkındalığı elde etmek için gerekli bir araç olarak benimser. Aşk ilişkilerinde dengeyi bulabilmek benimsenen diğer hedeflerden biridir. Kadının doğasının suya benzediği ve doğası ateş olan erkeği dengeleyecek güce sahip olduğu fikri vardır. Daha derin anlamda bireysel olarak her insanın iç ateşinin olduğu (yani düşünceler) ve bu içsel ateşin su ile (sperm, sıvılar) dengelenmesi gerektiği anlaşılır.

Taoizm yalnızca birlikteliğin zevkini artıracak egzersizler barındırmaz, aynı zamanda daha fazla sağlık ve canlılık için kişisel farkındalığı ve kendi kendine hâkim olmayı da teşvik eder. Taocular ayrıca sevişme sırasında üretilen enerjinin kişinin sağlığı açısından organların uyarılmasından daha hayati olduğuna inanırlar. Taocu sevişmenin temel amacı, cinsel enerjiyi şifa enerjisine ve canlılığa dönüştürerek bedensel ve ruhsal güçlendirmeyi artırmaktır.

## Ustalık için birkaç özel teknik daha

**Taocu nefes çalışmaları:** Nefes çalışmaları cinsel deneyimleri geliştirmenin yanı sıra, bireylerin erken boşalma ve erektil disfonksiyon gibi cinsel işlev bozukluklarının üstesinden gelmesine de yardımcı olabilir. Cinsel deneyim esnasında nefese odaklanarak ve onu kontrol ederek cinsel tepkilerinizi daha iyi kontrol etmeyi öğrenebilir ve daha fazla cinsel tatmin elde edebilirsiniz. Bu konuda uzman kişilerden danışmanlık alabilir ya da kitaplara erişebilirsiniz.

Partnerler derin, ritmik nefes almaya odaklanarak enerjilerini senkronize edebilir ve daha yoğun ve samimi bir bağlantı kurabilirler. Üstelik Taocu nefes çalışmaları sadece cinsel uygulamalarla sınırlı değildir. Ayrıca iç huzuru ve uyumu geliştirmek için meditasyonda da kullanılabilir. Nefesi kontrol etmeyi öğrenen bireyler kendi içsel benlikleriyle daha iyi bağlantı kurabilir ve daha derin bir rahatlama ve huzur duygusuna ulaşabilirler.

**Erotik dokunuş sanatı:** Taocu cinsellik, partnerlerin derin bir şekilde bağlantı kurmasına ve cinsel enerji akışını artırmasına olanak tanıdığı için dikkatli ve sevgi dolu dokunuşun önemini vurgular. Nazik dokunuş ve masaj yoluyla partnerler güven, duygusal bağ ve cinsel zevk oluşturabilirler. Taocu öğretiler birbirlerinin sınırlarına saygı duymanın, arzuları iletmenin ve karşılıklı rızanın önemini vurgular.

**Dengeli sevişme:** Taoizm'e göre penis gövdesi, klitoris gibi cinsel organlardan herhangi birinin aşırı uyarılması dengeyi bozabilir ve sağlığı olumsuz yönde etkileyebilir. Bu nedenle, ritmin, frekansın ve derinliğin vücudun ihtiyacına göre hizalanması için belirli duruş ve pozlarda sekse önceden belirlenmiş bir şekilde yaklaşmak önemlidir.

**Enerjiyi serbest bırakmak:** Taocu cinselliğin bir diğer önemli tekniği de cinsel enerjinin geliştirilmesidir. Taocu öğretiler, cinsel enerjiyi serbest bırakılacak veya bastırılacak bir şey olarak görmek yerine, partnerleri bu enerjiyi geliştirmeye ve vücutta dolaştırmaya teşvik eder. Bu, canlılığın, yaratıcılığın ve genel refahın artmasına yol açar. Partnerler, cinselliği yaşamın doğal ve olumlu bir yönü olarak benimseyerek bağlarını derinleştirebilir ve daha fazla zevk ve doyum yaşayabilirler.

## Erotizmde Derinleşmenin Ustalığı: Tantra

Tantra sıklıkla yanlış anlaşılır. Pek çok insan tarafından doruklarda yaşanan bir orgazm için teknikler içerdiği düşünülür, evet Tantra güçlü bir orgazma uzanan yolun bir parçasıdır. Ancak içerdiği teknikler bedeni ve ruhu bir araya getiren derin bir ustalığı anlatır.

*Tantranın amacı, ayrı benlik duygusunun ötesinde, yaşamın tamamıyla coşkulu birliğini keşfetmektir.*

İlk kez 5000 yıl önce Tibet ve Hindistan'da uygulanan Tantrik seks, 7. yüzyıldan beri varlığını sürdürüyor. Sanskritçe "örmek, dokumak" kelimesinden gelen Tantra tamamen seksi yavaşlatmak ve daha çok zihin-beden bağlantısını sağlamakla ilgilidir.

## Yavaş seksin sırrı

Çoğu insan Tantra'yla çalışırken nasıl orgazm olunacağı üzerine odaklanır. Tantrik seks daha uzun ve daha tatmin edici orgazmlara yol açabilir, ancak Tantrik seksin tamamı bu değildir. Tantrik seks; güven, kendini sevme ve bilinçli seks yoluyla partnerinizle güçlü bir bağ kurma temeline dayandığından, aşk hayatımıza daha farklı faydalar sunar.

Tantrik seks, partnerlerin nefes çalışması, uzun süreli göz teması, kucaklaşma, masaj ve yavaş, kasıtlı ilişki yoluyla farkındalık ve derin bağlantı kurmayı amaçlayan bir cinsel ilişki yöntemidir. Tantrik seks, Hindistan'da zihin-beden bağlantılarına odaklanan manevi bir inanç sistemi olan Tantra'nın bir bileşenidir. Tantrik seksin amacı, iyileşmeyi, dönüşümü ve ruhsal büyümeyi kolaylaştırmak için cinsel enerjiyi katılımcılar arasında dönüştürmektir.

Bu tür bir yakınlık en yüksek benliğinizi uyandırır ve sizi sevgiyle dolup taşırır. Zaman yavaşlar, sezgileriniz genişler ve kendinizi yalnızca duymuş ya da sadece hayal etmiş olabileceğiniz başka bir âlemde bulabilirsiniz.

*Tantrik seks derinlerde akan bir su gibidir ve her şeyi hissetmenizi sağlar!*

Tantrik seksin benimsediği yavaşlık ilkesi her şeyi "daha fazla" hissetmenizi sağlar. Bugün pek çoğumuzun uyguladığı mindfulness tekniklerinden bunun ne demek olduğunu kavrayabilirsiniz. Yüksek farkındalığa odaklanan bu çalışmalarda da amaç aynıdır. Örneğin ağzınıza attığınız bir lokmayı çok yavaş çiğnemeniz istenir ya da etrafınızdaki dünyayla kurduğunuz duyusal bağlantıya daha fazla odaklanmanız... İşte benzerini Tantra da yapar, yatak odasının farkındalık rehberidir.

**Tantrik seksin faydaları**

- Cinsel dayanıklılığınızı artırır.
- Erken boşalma sorunu yaşayan kişilere yardımcı olabilir çünkü seks sürecini yavaşlatır ve performans baskısını ortadan kaldırır.
- Orgazmınızın kalitesini artırır.
- Ağrıyı hafifletir ve stres giderici olarak kullanılabilir.
- Uykuyu iyileştirir.
- Duygusal tıkanıklıkları ve ruhsal uyanışları iyileştirir.
- Sekste istediğinizden daha fazlasını elde etmenizi sağlar.
- Cinsel blokajları ve utancı serbest bırakır.
- Utanç, travma ve seksle ilgili blokajlardan kurtulmanıza yardımcı olur, erotik enerjinizin dönüştürücü gücünü açığa çıkarır.

- Vücudunuzda serbestçe akması için cinsel enerjinizi uyandırır.
- Tüm vücut orgazmına veya çoklu orgazma ulaşmanıza yardımcı olur.
- Partnerinizle daha derin bir kalp bağlantısı, yakınlık duygusu ve aşkı deneyimlersiniz.
- Daha uzun bir süreye yayılan sevişmeyle tem bir rahatlama sağlarsınız.
- Kendinizle ve partnerinizle bütünsel şekilde zihin-beden-ruh bağlantısı kurarsınız.

---

*Tantra için başvurabileceğiniz bir rehber yoktur, okumanız gereken tek kitap sizin ve partnerinizin bedeni ve ruhudur.*

---

Tantra, seks esnasında size daha farklı deneyimlerin kapsını açar, onun gücü buradan gelir. Başvurabileceğiniz bir kurallar sistemi değildir Tantra, onu ancak keşfedebilirsiniz. Evet bazı yol işaretleri ve uyarı levhaları vardır ama deneyimin kapısını ancak siz açabilir ve girdiğiniz kapıdan kendi sezgilerinizle ilerleyebilirsiniz.

**Tantra'da benimsenen temel ilkeler:**

**Dikkat:** Seks sırasında en ufak şeye dikkat edin. Partnerinizin teninin sıcaklığını, bakışlarını, çıkardığı sesleri, dokunuşları, kokusunu... Dikkatinizi aralıklarla belli bir duyunuza yönlendirin ve geçişler arasında açılan katmanları fark etmeye odaklanın. Bu aynı zamanda bir kabullenme pratiğidir, kendinizi ona açmanın derin bir yoludur. Bu size rahatlama ve şefkat getirir.

**Akış:** Tantra önyargılardan arındırılmış bir yerdir, kendinizi suçlamadan, ayıplamadan özgür bırakmalısınız. Zihninizde sizi uyaran eleştirel içsesi kapatın, kendinizi anın akışına bırakın ve sizi zihniniz değil en derinlerinizde gizlenmiş olanlar yönlendirsin. Zihin sürekli gündelik meselelerle meşguldür, kendinizi Tantra deneyimine bırakırken dış dünya kapıların arkasında kalmalı. Bunu özel bir tören gibi görün ve her anına özenin, saygıyla ve sevgiyle akan her saniyeyi fark edin.

**Nefes:** Tantra'nın en önemli bileşenlerinden biri de nefese odaklanmaktır. Daha yüksek farkındalık için çeşitli nefes pratiklerini benimser.

## Tantra'da enerjiyi döndürme ustalığı

Eski bir atasözü "Sen zihnini kontrol etmezsen o seni kontrol eder..." der. Cinsel enerji için de aynısı geçerlidir. Şimdiye dek incelediğimiz tüm kadim öğretilerde bir şey dikkatinizi çekmiş olmalı: Bunlardan hiçbiri cinsel enerjiyi yok saymaya ya da bastırmaya çalışmaz, aksine özgürce akmasına izin verir. Bu enerji bizim yaşam enerjimizdir, bizler bu enerjiyle üreyerek türümüzü devam ettiririz. Yine benzer enerjilerle bir şeyler üretiriz, âşık oluruz, severiz, dünyaya katkıda bulunuruz.

Freud, *Haz İlkesinin Ötesinde* adlı eserinde ölüm ve yaşam dürtüsünün tüm canlılarda var olduğunu belirtir. Psikomitolojide geçen Thanatos (ölüm) ve Eros (aşk ve yaşam) kavramlarını bunun üzerinden değerlendirir. Eros, Freud'un libido kavramıyla bağlantılı olarak kullanılır. Eros, yaşam içgüdüsünü ve cinsel dürtüleri temsil eder ve bizi hayatta tutan, üreme ve aşk arayışını yönlendiren güçtür.

Freud'a göre, Eros enerjisi, bireyin hayatta kalma ve sevgiye yönelme isteğini ifade eder. İlişki kurma, bağlanma ve üreme dürtülerimizi Eros'a borçluyuzdur. Thanatos ise Freud'un ölüm içgüdüsünü temsil eder. İnsanların ölüm arzusuna sahip olduklarını ve ölümü düşündüklerini ileri süren Freud, Thanatos'un yaşam döngüsünün bir parçası olarak insanlarda var olan, ölüm ve yok olma dürtüsü olduğunu söyler. Bu içgüdü, enerjinin geri çekilmesi, pasiflik, yıkım ve agresyonu içerir. Yaşamsa bu ikisinin çatışmasıyla devam eder, kimi zaman Eros kimi zamansa Thanatos baskın gelir.

Cinsel enerji güçlü bir enerji olarak kendini sürekli gösterecektir, duygularımızdan, davranışlarımızdan, bakışlarımızdan sızacaktır hayata. Ne kadar üstünü örtmeye kalksak da kalbimiz aşk için çarpacak, karnımızda kelebekler uçuşacaktır.

*Cinsel enerjinin ne olduğu iyice anlaşılmalı ve kabul edilmelidir. Onun muazzam yaratıcı gücü bastırılmak yerine ustalıkla yönlendirilmelidir. Tantra, doğanın insanlara sunduğu bu gücün üstünde ustalık edinmeye odaklanır. Sizi bu gücün kölesi değil, efendisi kılar.*

Tantra uygulamasını uygulamak için alışıldık olanın yıkılması gerekir çünkü muhtemelen sizin için tamamen yeni tekniklerle örülüdür. Kadim Hint özellikle çakralar üzerinde yoğunlaşmıştır, kadın ve erkek bedeninde cinsel enerjinin bu çakralar üzerinden nasıl uyandırılması gerektiğini belirtir.

## Meditatif deneyimlere açılmak

Kadim Hint kutsal yazılarına göre, insan vücudunun enerji seviyeleri dikey bir düz çizgi boyunca geçen dokuz çakra (tekerlek) tarafından kontrol edilir. Bazıları yalnızca yedi çakra olduğuna inanırken, eski metinler konu Tantra olduğunda dokuz çakradan söz eder. Bu metinlere göre bu çakraları aktive ederek ve onlarla bağlantı kurarak mutluluğu deneyimlemek, acıdan kurtulmak mümkündür.

Tantrik seks, bir erkek ve bir kadının cinsel birlikteliği sırasında bu dokuz çakrayı aktive eden meditatif bir cinsel tekniktir. Bu cinsel ritüelin amacı, bedeninizle ve duygularınızla bağlantı kurduğunuz ve bir partnerle derin bir bağ deneyimlediğiniz anda orada olmaktır.

Tantrik seks geniş bir dizi erotik aktiviteyi içerir. Tipik bir Tantra seansı, yavaş kucaklaşmalar, nazik okşamalar, beden içinde mevcut olma ve partnerlerin bedenleri arasındaki enerji hareketine odaklanma dahil olmak üzere seksin inceliklerini içerir. Rahatlar ve işleri yavaştan alırsanız ya da aksiyonu hızlandırıp yavaşlatırsanız, saatlerce sevişebilirsiniz ve keyif artmaya devam eder.

*Tantra'yla cinsel güçler denge ve uyum sağladığında, kıvılcımlar uçuşmaya başlar ve seks iyileştirici, güçlendirici bir şeye dönüşür.*

Seks denince, bizi belirli bir şekilde davranmaya zorlayan bir dizi hedef ve beklentinin yanı sıra bizi cinsel bir rutine saplayan rutinler ve alışkanlıklara takılmış olabiliriz. Tantra tüm bunlardan kurtulmak ve arındırılmış bir zihinle yeni bir başlangıç yapmak, seksi orgazm yarışı veya kontrol edilecek bir eylem kalıbına sokmaktan ziyade yakınlık, bağlantı kurabilecek bir deneyim haline getirmekle ilgilidir.

Tantra'da kadın ve kadın bedeni merkezdedir, eşsiz öneme sahiptir. Tantra'da kadın kutsaldır, dişi prensibin gerçek bir rolü vardır, en az erkek prensip kadar önemlidir. Dinsel anlamda ilahi varlığı eril ve dişilin muazzam bir bütünleşmesi, bir androjen olarak sunar yani dişil ve erilliğin mükemmel ve uyumlu birleşimi...

## Tantrik seks hakkında mitler

Tantra sadece cinsel bir uygulama değildir, birçok manevi kavramı içeren bir Doğu felsefesidir. Tantrik seksin amacı, şehvetli bir deneyim sırasında manevi veya enerjik temas sağlamaktır. Bu uygulama yavaştır ve amaç her zaman orgazma ulaşmak değildir. Bunun yerine partnerinizle ya da kendinizle hem yoğun hem de aydınlanmış bir bağ hissetmekle ilgilidir. Cinsel enerjiyi harekete geçirmek esastır.

Bu anlamda Tantra saatler süren bir ön sevişme gibi düşünülebilir. Tantrik seksle ilgili yaygın bir yanılgı, bunun vahşi, sınırlanmamış cinsel deneyimler içermesidir. Oysa aksine Tantrik teknikler sizi yeni duyumlara açarken vahşilikten ziyade derinleşmeyi ve sakinliği esas alır.

---

*Tantra cinsel enerjinizin,*
*tutkunuzun ve arzularınızın*
*ateşini kalbiniz, ruhunuz ve*
*yaşamınızdaki iyilik duygusuyla*
*aynı hizaya getirmektir.*

---

Tantra'yla ilgili bir başka yanılgı da her zaman bir partnere sahip olmanın gerekli olduğudur. Tantra deneyimini kendi başınıza, dilediğiniz şekilde organize ettiğiniz bir ritüel şeklinde de yapabilirsiniz. Tantrik bir deneyim yaşamak için genital temas veya cinsel birleşme şart değildir, elbette finalde bunu deneyimleyebilirsiniz. Aslında Tantrik teknikleri uygulayanların veya Tantrik yolu takip edenlerin genel hedefi ruhu özgürleştirmek ve bilinci genişletmektir. Bu çeşitli şekillerde yapılabilir; Tantrik seks bunlardan sadece biridir.

Tantrik seks aynı zamanda ilginç ve farklı pozisyonlara eğilmekle de ilgili değildir. Partnerinize sizin için rahat olacak şekilde yakın olmakla ilgilidir. Size dilediğiniz gibi hareket etmek ve özgürleşmek için alan açar.

## Tantrik erotizm deneyimi nasıl yapılır?

**Kutsal bir alan yaratın:** Öncelikle kendiniz ve partneriniz için rahat bir ortam hazırlayın. Mümkünse yatağınızı tercih etmeyin, yeteri kadar alanınız varsa yatak odanızda ya da salonunuzda yere oturabileceğiniz ve uzanabileceğiniz bir alan olsun. Hazırlık aşamasında dikkat etmeniz gerekenleri şu şekilde sayabiliriz:

- Dikkatinizi dağıtacak her şeyden ortamı arındırın. Telefon ya da ses çıkaracak aletler olmasın. Odanın yeterince havalandırılmış olmasına özen gösterin. Daha rahat edebilmek için yere bir şeyler serebilir, yastık ve battaniye kullanabilirsiniz.
- Atmosferi duyularınız açısından aktive etmek için tütsü yakabilirsiniz. Aydınlatma için mumlar gayet keyif verici olacaktır. Dilerseniz birer kadeh şarap, meyveler ve çeşitli yiyecekler alabilirsiniz yanınıza. Hafif ve sakinleştirici

bir müzik açabilirsiniz. Ancak ilk Tantra deneyimi için mümkün olabildiğince bu sayılanları daha az tutun, bedene ve ruha odaklanma yapacağınız ilk çalışmanın konusu olsun. Derinleştikçe istediğiniz şekilde deneyiminizi zenginleştirebilirsiniz.

- Eğer ihtiyacınız varsa öncesinde meditasyon çalışmaları yapabilirsiniz, sıcak bir duş alabilir, kendinizi rahatça bu ana bırakmak için hazırlayabilirsiniz.
- Üzerinize sizin ve partnerinizin hoşuna gidecek rahat şeyler giyin, bornoz olabilir ya da tamamen soyunuk yapabilirsiniz. Öncesinde kendisine de bu deneyimin nasıl yapılacağı hakkında bilgi verebilirsiniz, kendisi de en az sizin kadar kendisini bu deneyime açmalı.
- Zihinsel olarak kendinizi partnerinizle birlikte hazırlayın. Orgazma ya da şehvete değil derin bir buluşmada yapacağınız bir yolculuğa çıkmaya niyetleniyormuş gibi yapın bunu. Zihninizden "Onunla ben kendimi tanımak istiyorum...", "Kendimi tüm ruhumla ve bedenimle ona açmak istiyorum..." şeklinde olumlu cümleler tekrarlayabilirsiniz.

**Nefese odaklanın:** Tantrik nefes almanın amacı nefesi cinsel organlarınızda hissetmeye başlayacak kadar derin nefes almaktır. Bir ritim oluşturmak ve stresten arındığınızı, bedeniniz ve duygularınızla bağlantı kurmaya başladığınızı hissetmek için derin nefes pratiklerine devam edin. Burnunuzdan tam bir nefes alın. Nefes alırken karnınızı havayla doldurun. Daha sonra nefes verirken karnınızı boşaltın. Doğru yapıp yapmadığınızdan emin olmak için elinizi karnınızın üstüne koyun ve karnınızın şiştiğini hissedin. Nefesin pelvisinizden, dizlerinizden ve zeminden aşağıya doğru itildiğini hayal edin.

**Ruhunuza bakın:** Tüm hazırlıklardan sonra partnerinizle seçtiğiniz alana yerleşin ve bakışmaya başlayın. Gözlerden hiçbir şey saklanamaz, bu ilk başta size biraz tuhaf gelse de dürüst ve yakın bir ilişkide derinleşmenin en etkili ve güçlü yoludur. Bakışmayla hem partnerinizi görür hem de kendinizin görülmesini sağlarsınız. Onun gözlerine bakın, ne görüyorsunuz, bakışlarından neler geçiyor? Bunlar kendinize dair çok fazla şey anlatır ve sessiz bir iletişimle her şey birbirinize akar. İsterseniz el ele tutuşabilir, tensel teması da işin içine katabilirsiniz. Ancak bunun haricinde haz veren bölgelere dokunmak için şimdilik acele etmeyin ve sadece bakışlarınıza odaklanın. Eğer içinizden geliyorsa birbirinize güzel şeyler söyleyebilirsiniz ama her şey doğallıkla akmalı. İlle de bir şey söylemek zorunda değilsiniz, sessizliğin gücünden faydalanın ve anın içinde bakışarak bir süre durun. Bu an aslında o kadar basittir ki, ama bu basitlikten doğan enerjiyi hissedin. Burada hiçbir çaba, hiçbir taktik, hiçbir telaş yoktur, sadece akan saniyeler ve sizin birliğiniz vardır. Hangi duyguların veya hislerin ortaya çıktığına veya başka yere bakma isteği duyup duymadığınıza dikkat edin. Bu bir bakma yarışması değil, dolayısıyla gözlerinizi kapatabilir, bakışlarınızı partnerinizin bedeninde ve yüzünde gezdirebilirsiniz.

**Kalp nefesi:** Bakışın getirdiği yoğunlaşmayı kalp seviyesine taşıyın. Karşılıklı olarak sağ elinizi birbirinizin kalbine koyun ve çarpan o ufak organı hissedin. Birbirinizin nefesini hissedin, vücudunuzdaki canlılığı hissedin, partnerinizin de sizin gibi benzer duyguları, korkuları ve yetersizlikleri hissettiğini fark edin. Bu bir tanışma anı gibi olsun, bir kabullenme ve sevgiyle kucaklaşma anı olsun. Şimdi burada basit bir nefes pratiğine başlayın, nefes alırken sanki kalbinize alıyormuş gibi burnunuzdan derin bir nefes alın, verirken yine burnunuzdan sanki nefesi sağ elinizden partnerinizin kalbine yolluyormuş gibi bırakın. Karşılıklı olarak bu derin nefes alışverişine bir süre devam edin, isterseniz bakışmaya devam edebilir, isterseniz gözlerinizi kapatabilirsiniz.

**Tantrik masaj:** Masajlar, Tantrik seksin güçlü bir parçasıdır. Partnerinizin uzanmasını sağlayın ya da o size masaj yapacaksa siz uzanın. Masaj yavaş ve incelikli olmalı, hassas bölgeler en sona bırakılmalı. Öncelikle eller, kollar, alt bacaklar, omuzlar, boyun, yüz bölgesi, dudaklar... Etkiyi artırmak için özel kokulu yağlardan faydalanabilirsiniz.

**Yab-yum pozisyonu:** Bu klasik Tantrik seks pozisyonu, eril ve dişilden oluşan iki ilahi enerji olan Shiva ve Shakti'nin birliğini temsil eder. Yab-yum, Hindistan, Nepal ve Tibet Budist sanatta, erkek tanrının kadın eşiyle cinsel kucaklaşmadaki görüntüsü demektir.

Görseldeki gibi pozisyonunuzu alın, yüzünüz birbirinize dönük ve yakın olmalı. Kollarınızı birbirinizin beline ve boynuna dolayın. Bu pozisyon partnerlerin çakralarını hizalar ve cinsel enerjinin omurga boyunca yukarı doğru hareket etmesine izin verir. Hizalandığınızda, nefesinizi senkronize ederek birlikte birkaç derin, yavaş nefes alarak başlayın. Daha sonra yavaş dalgalanmalar halinde, kavis çizerek, daireler çizerek, lezzetli hissettiren bir akış ve ritim bularak, birlikte cinsel enerjinizi harekete geçirin. Cinsel enerjiyi tüm vücudunuza yaymak, her hücreyi o yaşam gücüyle doldurmak için nefesinizle bağlantı kurmaya devam edin. Daha küçük, hafif hareketlerle kalabilir ya da istediğiniz kadar temponuzu artırabilirsiniz, ancak her iki durumda da nefesinizi kullanarak pelvisinizden omurganıza ve üçüncü gözünüze (kaşlarınızın arasındaki noktaya) başınızın tepesine kadar orgazm enerjisini çekin. Bu pozisyonu tamamen giyinik ve hiç birleşme olmadan dahi yapabilirsiniz.

## Kadim Hint Bilgeliği: *Kama Sutra*

Antik Hindistan'da cinselliğe dair manevi bakış açıları toplumsal normlar ve dini etkilerle iç içe geçmişti. Sınıfsal ayrımlar ve cinsiyet rolleri genellikle katı bir şekilde tanımlanmıştı ancak geleneksel uygulamalar, partnerler arasındaki cinsel uyumun önemini kabul ediyordu.

Cinsellik kişinin kendi içindeki sezgisel ve ruhsal merkezleri uyandırmanın bir yolu olarak görülüyordu. Bazı dinler bekârlığı yüksek maneviyata giden bir yol olarak savunurken, eski seks bilgeliği kişinin doğal arzularını benimsemeyi hormon seviyelerini korumanın ve genel sağlık için enerji seviyelerini korumanın bir yolu olarak görüyordu.

Cinselliğin bütünsel doğasını anlayarak, kültürün empoze ettiği sınırlayıcı inançları aşabilir ve hem bedenlerimize hem de ruhlarımıza fayda sağlayacak şekilde doğuştan gelen yakınlık arzumuzu kucaklayabiliriz. Doğu'nun bu ilham verici erotik yolculuğu herkesi daha özgüvenli, cesur ve süper yetenekli âşıklara dönüştürmeye davet eder.

*Kama Sutra*, insanın cinsel davranışı, cinselliği ve aşkı üzerine kayıt altına alınmış en önemli eserlerden biri olarak kabul edilen eski bir Hint eseridir. Kesin tarihi bilinmese de MS 3 ve 5. yüzyıllar arasında yaşayan Hintli bilge Vatsyayana tarafından yazıldığı bilinir.

**_Kama Sutra_'da ne anlatılır?**

Genel kabulün aksine *Kama Sutra*, cinsel pozisyonlara ilişkin bir rehber değildir, bundan çok daha fazlasıdır. Yaşam, aşk ve yakınlık gibi çok çeşitli konuları kapsayan, insan ilişkileri üzerine kurgulanmış oldukça kapsamlı bir elkitabıdır. Yedi cilt halinde hazırlanan bu eserin her cildinde farklı bir konu ele alınır, cinsellik, şehvetli zevk, ilişkiler ve evlilik başlıca konular arasındadır.

Genel olarak konu başlıklarının içeriğine gelirsek:

**Genel İlkeler:** Bu bölüm *Kama Sutra*'nın amaç ve hedeflerine bir giriştir, dharma (görev/doğruluk) kavramını tartışır ve yaşamın amaçlarını araştırır. Bu kadim bilgeliğe göre insanların yaşamlarında dört amacı vardır. Bunlar en düşükten en yüksek önceliğe göre sırasıyla şöyledir:

1. **Artha:** Refah ve ekonomik değerler
2. **Kama:** Zevk, aşk, psikolojik değerler
3. **Dharma:** Doğruluk, ahlaki değerler
4. **Moksha:** özgürlük, manevi değerler

**Cinsel Çekim:** Bu ciltte cinsel çekimin psikolojisine ve erkeklerin karşılaşabileceği kadın türlerine odaklanılır.

**Eş Edinmek:** Bu bölüm, evlilik için uygun bir partnerin nasıl bulunacağı ve hayata çekileceği konusunda rehberlik sağlar.

**Kadının Görev ve Ayrıcalıkları:** Kadının evdeki rolü, kocasının sevgisini ve saygısını nasıl sürdürebileceği anlatılır.

**Diğer Erkeklerin Eşleri:** Bu kitap evlilik dışı ilişkilere ve onlara nasıl yaklaşılacağına değinir.

**Eşlikçiler:** Bu cilt fahişelerin hayatlarını ve toplumdaki rollerini ele alır.

**Okült Uygulamalar:** Son cilt ise tılsımlar ve afrodizyaklarla aşk veya kişisel kazanç için başkalarını etkilemenin yollarını tartışır.

*Kama Sutra* Sanskritçe yazılmıştır ve yalnızca insan cinselliğini incelemesiyle değil aynı zamanda eski Hint toplumsal gelenekleri ve tutumlarına ilişkin içgörülerle örülmüştür. Hemen her dile çevrilmiş olan eser insanlığın bir başucu rehberidir dersek abartmış olmayız.

*Kama Sutra* cinselliğe açık olması nedeniyle takdir edilse de dönemin ataerkil yaklaşımını benimsemesi nedeniyle de eleştirilir. Uygulamaları dikkate alırken bu bakış açısı farklılığını hesaba katmak gerekir ve bugün bize faydalı olabilecek en derin bilgeliği süzerek, seçip alarak kullanmak önemlidir.

Erken Hint toplumunun seks hakkındaki görüşleri, Vedalar da dahil olmak üzere eski kutsal yazılarda açıkça aktarılmıştır. Onlara göre seks evli bir çift arasında ortak bir görev olarak görülür. Karıkoca birbirlerinden eşit derecede memnundurlar. Sıradan insanlar tekeşliliği uygularken, çokeşlilik yöneticiler ve soylular arasında yaygındır. Eski Hintliler cinselliği sanat, heykel ve resim yoluyla da öne çıkarmışlardır.

Çıplaklık ya da az kıyafetle örtünmek normal sayılabilirdi. Tapınaklarda sergilenen cüretkâr görseller bunun en iyi ifadesiydi.

## Erotik bir yolculuk

*Kama Sutra*, metin öncelikle insan isteklerinin, şehvetinin ve sevişme sanatının keşfiyle ilgili olduğundan cinselliği vurgular. Bununla birlikte, *Kama Sutra*'nın cinselliğe yaklaşımının, sadece fiziksel zevk veya hoşgörüden ziyade, âşıklar arasında daha derin bir bağ ve yakınlık duygusu geliştirmekle ilgili olduğunu ortaya koyar.

*Kama Sutra*'da cinselliğin bazı önemli yönleri şunlardır:

1. **Arzuyu Anlamak:** *Kama Sutra* cinsel arzuyu insan yaşamının normal ve gerekli bir parçası olarak kabul eder. Cinsel çekiciliğin psikolojisini, erkeklerin ilgisini çekebilecek birçok kadın türünü ve anlamlı ilişkiler geliştirmede arzunun önemini araştırır.

2. **Yakınlık ve Sevgi:** Eşler arasındaki fiziksel temasın sevgi ve şefkatin göstergesi olduğu vurgulanır, cinsel deneyim bedensel değil aynı zamanda ruhsal bir sevişmedir. Tatmin edici bir cinsel ilişkinin temel bileşenleri olarak karşılıklı saygıyı, güveni ve duygusal bağı vurgular.

3. **Zevk ve Duygusallık:** *Kama Sutra*, aşkta hazzı ve duygusallığı artırmanın birçok yöntemini ele alır. Basit fiziksel taktiklerin ötesine geçerek, keyifli bir cinsel karşılaşmanın sağlanmasında ruh halinin, atmosferin ve duygusal bağlantının rolünü görmemizi sağlar.

4. **Cinsel Pozisyonlar:** *Kama Sutra*'da aktarılan pozisyonlar yaratıcıdır ve her iki tarafa da keyif verme amacı taşır.

5. **Evlilik Hayatı:** *Kama Sutra*, evlilik için en iyi partnerin nasıl bulunacağını, karıkocaların rollerini ve yükümlülüklerini, evlilikte uyum ve tutkunun nasıl korunacağını açıklar. Ayrıca evlilik için önemli olan cinsel uyumun nasıl keşfedileceğine ışık tutar.

6. **Evlilik Dışı İlişkiler:** *Kama Sutra*, evlilik dışı ilişkileri kabul ederken, bunları etik açıdan tartışır ve toplum için olası sonuçlarını da ortaya koyar.

7. **Arzunun Keşfi:** *Kama Sutra*, çalışma boyunca insan arzusunu ele alır. İnsanların kendi arzularını nasıl anlayabileceğini ve yönetebileceğini inceler.

*Hint geleneğinin kadim eseri Kama Sutra arzuyu, cinselliği, tatmini de yaşam hedefleri arasında kabul eder.*

*Kama Sutra*'yı psikolojik bakış açısıyla ele aldığımızda bizlere çok sağlam içgörüler kazandırabileceğini söyleyebiliriz. Yaşamda insan olarak en iyiyi hedefleriz, başarıda, iyi görünmede, özgüvende, maddi refahta... *Kama Sutra* bu iyilik halinin en önemli tamamlayıcısı olan cinselliği es geçmez. Çünkü insan olarak doğuştan gelen tüm güçlerimiz dünyada aktive edilmeli ve ortaya konmalıdır. Yok saymak ve bastırmak bize zarar verir, zaten psikoloji biliminin kurulduğu ilk zamanlarda Freud yaptığı çalışmalarla bu konuda bize bunları açıklamıştı.

*Cinsel yeteneklerinizi keşfetmeniz aynı zamanda tatmini nasıl geliştirebileceğinize ve daha iyi yaşayabileceğinize dair ipuçları da verir. Cinsel zevki anlamak zihin sağlığınızı, duygularınızı, özsaygınızı ve ilişkilerinizi anlamak demektir.*

Cinsel çekim, uyarılma ve tatminin tümü psikolojik değişkenlerden etkilenir. *Kama Sutra*, çeşitli duyumlar ve deneyimler üretebilecek çok sayıda cinsel pozisyonu, taktiği ve senaryoyu ana hatlarıyla çizer. Aynı zamanda cinsel ilişkilerde uyumluluk, iletişim ve rızanın önemini vurgular.

Merkezinde sevişme becerisi ve cinsel zevkle bağlantılı eski bir eser olsa da insan psikolojisine ilişkin yararlı bilgiler de barındırır:

**Kendimizi tanımak:** *Kama Sutra*, cinsel dürtüler de dahil olmak üzere insan isteklerinin normal ve insan varoluşunda önemli olduğunu kabul eder. Pek çok erkek ve kadın türünü ve onların arzu ve eğilimlerinin nasıl farklılaştığını araştırır, bu belki de yapılmış en eski psikolojik çalışmadır.

**Pozisyon almak:** Kitaplar, insanların kur yapma, yakınlık ve ortaklıklar sırasında yaşayabileceği birçok psikolojik durumu araştırır. Kişinin eşiyle daha güçlü bir bağ kurabilmesi için bu durumları nasıl değerlendirip bunlara nasıl tepki vermesi gerektiğini özetler.

**Duygusal yakınlık:** *Kama Sutra*, cinsel birlikteliklerde duygusal bağın önemini vurgular. Eşinizle güçlü bir duygusal ilişkiye sahip olmanın genel fiziksel yakınlığınızı da iyileştirdiği inancını destekler.

**Aşk:** *Kama Sutra*, aşkın dönüştürücü gücünden ve insanlar üzerindeki psikolojik etkisinden bahseder. Aşkla bağlantılı duyguları, sunduğu hazzı ve zamanla aşkı korumada yaşanabilecek zorlukları ele alır.

**İnsan davranışı ve toplum:** *Kama Sutra*, büyük ölçüde yakın ilişkilerle ilgilenirken, aynı zamanda insan davranışı ve toplumsal dinamiklerle ilgili daha büyük konulara da değinir. Kültürü, topluluk içinde yaşayanların bireysel sorumluluklarını ve toplumsal değerlerin ilişkiler üzerindeki etkisini araştırır.

**Cazibe ve baştan çıkarma:** Kur yapma sanatı ve insanların tercih ettikleri eşlerini etkilemek ve kazanmak için kullanabilecekleri taktikler anlatılır.

**Kadınları anlamak:** *Kama Sutra*'nın önemli bir kısmı kadınları ve psikolojilerini anlamaya ayrılmıştır. Erkeklere kadınların duygularını ve ihtiyaçlarını nasıl anlayacaklarını ve bunlara nasıl yanıt vereceklerini öğretir.

**Kıskançlığı ve çatışmaları yönetmek:** *Kama Sutra*, kıskançlık gibi olumsuz duygularla nasıl başa çıkılacağı konusunda rehberlik sağlar.

**Doyum:** *Kama Sutra*, cinsel hazzın ötesinde, daha geniş bireysel doyum kavramını ve kişinin kendi arzularını ve gereksinimlerini bilmenin mutluluğa nasıl yardımcı olduğunu araştırır.

## Özel pozisyonlar

*Okuyucu Notları:*

.......................................................................................................

.......................................................................................................

.......................................................................................................

.......................................................................................................

.......................................................................................................

.......................................................................................................

.......................................................................................................

.......................................................................................................

.......................................................................................................

.......................................................................................................

.......................................................................................................

.......................................................................................................

.......................................................................................................

.......................................................................................................